深圳普微教育科技有限公司出品

担保业务相关概念释义大全

胡泽恩　主编

中国商务出版社

·北京·

图书在版编目（CIP）数据

担保业务相关概念释义大全 / 胡泽恩主编. -- 北京：中国商务出版社，2025.2. -- ISBN 978-7-5103-5578-3

Ⅰ. D923.25

中国国家版本馆 CIP 数据核字第 2025SF6189 号

担保业务相关概念释义大全

DANBAO YEWU XIANGGUAN GAINIAN SHIYI DAQUAN

胡泽恩　主编

出版发行：中国商务出版社有限公司

地　　址：北京市东城区安定门外大街东后巷 28 号　　邮　　编：100710

网　　址：http://www.cctpress.com

联系电话：010—64515150（发行部）　　010—64212247（总编室）

　　　　　010—64515164（事业部）　　010—64248236（印制部）

责任编辑：王世鹏

排　　版：北京天逸合文化有限公司

印　　刷：宝蕾元仁浩（天津）印刷有限公司

开　　本：710 毫米×1000 毫米　1/16

印　　张：23　　　　　　　　　　　　字　　数：346 千字

版　　次：2025 年 2 月第 1 版　　　　　印　　次：2025 年 2 月第 1 次印刷

书　　号：ISBN 978-7-5103-5578-3

定　　价：98.00 元

《担保业务相关概念释义大全》
编 委 会

主 编　胡泽恩

副主编　李城璋　古劲龙

成 员　陈文章　史　焜　陈　静
　　　　赵玉婷　邹　涵

前　言

在当前经济和金融环境持续演变的背景下，融资担保行业作为连接资本市场和实体经济的重要纽带，正面临着前所未有的机遇和挑战。传统、单一的贷款担保业务模式已逐渐难以满足中小微企业多元化的融资需求。基于此，国内担保行业涌现出了一批净资产规模较大的国有融资担保集团，它们在保持核心业务合规、稳健发展的同时，通过持有其他地方金融业务牌照或体系内业务协同的方式逐步探索出多元化的业务发展路径。具体来看，部分地方金融控股集团旗下的融资担保机构借助集团内丰富的地方金融牌照资源，不断提升中小微企业融资服务的广度和深度，通过业务协同方式打造出综合性的金融服务体系。探索更为丰富的普惠金融服务模式，已然成为担保机构实现自身可持续发展的关键策略之一。

在担保行业可持续、高质量发展新趋势下，担保业务类型也逐渐丰富，既涵盖借款类担保、发行债券担保及其他融资担保业务，又包括非融资性担保业务。让读者全面了解丰富、专业、实用的担保业务概念正是本书的核心价值所在。

本书共分为七篇，在详尽涵盖了担保业务相关概念的同时，也汇集了开展担保业务时需要掌握的关于业务尽调、业务流程、保后跟踪、风险处置等方面的重要概念，同时，还纳入了反映企业经营与财务状况的重要词条，以及担保业务涉及的法务方面常用术语。第一、二、三篇主要以融资性担保业务和非融资性担保业务的相关概念释义为主。第四篇至第六篇则汇集了投保联动、商业保理及融资租赁等更为多元化的业务词条。本书第七篇整理了担保业务中出现频率较高的财务、法务方面词条。编者旨在将本书打造成为担保业务从业人员的工具书，帮助读者快速解惑，提升业务水平，为担保行业的高质量发展提供坚实的理论支撑。

作　者

2024.12

目录

CONTENTS

第2篇 ∕ 075

·发债担保·

第3篇 / 133

·非融资性担保·

第4篇 / 171

· 投保联动 ·

第 5 篇 / 237

· 商业保理 ·

第6篇 / 251

· 融资租赁 ·

第7篇 / 281

·财务与法务·

融资担保

1.1 担保

担保指法律为确保特定的债权人实现债权，以债务人或第三人的信用或特定财产来督促债务人履行债务的制度。担保法中的担保，又称债权担保、债的担保、债务担保，是个总括的概念，内涵丰富，外延极广。《中华人民共和国民法典》（以下简称《民法典》）第三百八十六条规定："担保物权人在债务人不履行到期债务或发生当事人约定的实现担保物权的情形，依法享有就担保财产优先受偿的权利，但是法律另有规定的除外。"

从经济活动来看，担保是常见的信用手段。其具体含义为：当债务人无法履行债务或者交易存在风险时，第三方愿意承担一定的责任，保证债务能够按照约定完成或交易顺利进行。在贷款、合同签署等经济活动中，担保通常用于增强信任度，降低风险。担保方通常通过签订担保合同的方式，明确其责任范围。

从字形演变来看，担保是一个历史悠久的词语。在甲骨文中，"保"字的中间部分像幼儿，左右两撇形似襁褓，整体来看是幼儿在襁褓中的样子，而"亻"也可以看作是大人在呵护小孩的形象，如图 1-1 所示。

在担保业务中，担保机构对一些信用基础较差的中小微企业提供信用支持，自身承担一定风险，凸显了上述这种"呵护"的社会价值。

1.2 担保行业

担保行业指提供担保及与担保相关的产品或服务的企业或组织群体的集合。我国担保行业的发展可以划分为三个阶段：萌芽探索期（1993—1998年）、高速增长期（1999—2011年）、规范发展期（2012年至今）。

（1）萌芽探索期（1993—1998年）。1993年，中国经济技术投资担保公司（即后来的中国投融资担保股份有限公司）注册成立，标志着国内担保行

图 1-1　"保"字的字形演变历程

业正式起步。中国人民银行于 1994 年 8 月印发《金融机构管理规定》，明确把信用担保机构列为金融机构，由央行审批设立与主管。在此期间，全国各地均展开了对担保机构建立与发展的探索。不过，由于当时市场对担保服务的需求动力不足，行业发展较为缓慢。

（2）高速增长期（1999—2011 年）。1999 年，原国家经贸委发布《关于建立中小企业信用担保体系试点的指导意见》，担保机构试点工作启动。同时，该意见明确各类中小企业信用担保机构转为非金融机构。2001 年，原国家经贸委公布了两批列入全国中小企业信用担保体系试点范围的担保机构名单，将试点范围扩大至全国。2009 年 2 月，融资性担保业务监管部际联席会议建立，由当时的监管部门牵头，国家发展改革委、央行等部门参加，负责拟定融资性担保业务监督制度，地方政府按照"谁审批设立、谁负责监管"的要求，确定对应的监管部门。2010 年 3 月，原银监会等部委发布《融资性担保公司管理暂行办法》，进一步建立了较为系统的担保行业监管框架。此后，各地担保机构数量快速增长。据官方统计，全国各类信用担保机构数量从 2000 年底的 203 家快速增长至 2011 年的 8402 家，年均增长率达到了 96.22%。

（3）规范发展期（2012 年至今）。尽管担保行业迈入了高速发展轨道，但由于各家担保机构的风控标准不一致、大多数担保机构的资本实力偏弱等原因，许多行业问题快速显现。2012年之后，担保行业进入了规范发展期，相关政策密集出台，对担保机构的清理整顿工作也逐步展开。在推动行业出清的同时，融资担保公司的设立门槛也进一步提高。未取得融资担保业务经营许可证但实际上经营融资担保业务的住房置业担保公司、信用增进公司等机构，也被纳入金融监管部门的监管范围。

目前，国家政策层面主要从担保信用体系建设、完善银担合作机制和激励制度、优化监管考核内容等方面支持担保行业进一步发展。2018年7月，国家融资担保基金正式设立，该基金以再担保和股权投资为主要业务模式，旨在与融资担保、再担保机构一起，分散融资担保业务风险，破解中小微企业和"三农"融资难题，形成一个政府主导下的完整担保体系。

1.3 担保机构

担保机构指依法设立，经地方金融管理机构批准，可以为个人或企业提供担保服务的机构，包括从事直保业务或再担保业务（或两者兼具）的股份有限公司或有限责任公司。担保机构在经济活动中扮演着重要角色，其主要目的是保障债权实现，当被担保人（通常是债务人）未能按照约定履行债务时，担保机构会承担相应的代偿责任。它也可以定义为一种专门从事担保业务的地方金融组织，属于金融行业的一部分。

从股权结构来看，担保机构可以分为国有担保机构和民营担保机构。国有担保机构指各级政府及其授权机构控股（含绝对控股和相对控股）的融资担保机构，通常由各地相关政府部门管理、监督。民营担保机构也是我国融资担保生态的重要组成部分，其股权模式一般主要有以下两种。第一种是以国有资本或外资为引导，以民营资本为主体的混合所有制模式。这种模式可以借助国家政策支持和外部资源引入，提高担保公司的信誉和竞争力，同时也可以充分发挥民营资本的灵活性和创新性。第二种是以民营资本为主导，以市场化机制运作的纯民营模式。这种模式可以根据市场需求和客户特点，提供个性化和多元化的融资担保服务，同时也可以降低运营成本并提升管理效率。

1.3.1　政府性融资担保机构

政府性融资担保机构是指依法设立，由政府及其授权机构、国有企业出资并实际控制，以政策性融资担保业务为主业的融资担保、再担保机构。政府性融资担保机构应当坚持准公共定位，弥补市场失灵，在可持续经营前提下保本微利运行，不以营利为目的，积极发挥为小微企业、"三农"等普惠领域经营主体融资增信的政策功能作用。

1.4　融资担保

融资担保指担保人与银行业金融机构等债权人约定，当被担保人不履行对债权人负有的融资性债务时，由担保人依法承担合同约定的担保责任的行为。融资担保是担保业务中最主要的种类之一，是随着商业信用和金融信用的发展需要以及担保对象的融资需求而产生的一种信用中介行为。融资担保具有金融性和中介性的双重属性，其通过利用自身的第三方信用为资金供给和需求双方提供融资担保服务，以此促进双方交易的完成。

根据《融资担保公司监督管理条例》，融资担保指担保人为被担保人借款、发行债券等债务融资提供担保的行为。在融资担保业务开展过程中，担保机构需要对被担保人的信用、能力情况进行评估，当被担保人因各种原因确实无法履行其还款责任时，担保机构需要承担相应的代偿责任。根据《融资担保责任余额计量办法》，融资担保业务可以分为借款类担保、发行债券担保和其他融资担保。

1.4.1　借款类担保

借款类担保，指担保人为被担保人贷款、互联网借贷、融资租赁、商业保理、票据承兑、信用证等债务融资提供担保的行为。以银行贷款担保业务为例，担保机构与银行通过合同约定，当贷款人无法向银行履行债务时，由担保机构依法承担合同约定的担保责任。银行贷款担保的本质上是担保机构为信用尚未建立或者信用较低的市场主体提供信用援助和信用增进，一方面市场主体依靠担保机构的信用增进来获得银行贷款，使自己的经营得以正常进行；另一方面市场主体还能借助担保机构的信用增进与支持而逐步建立起自己的信用。

1.4.2　发债担保

发债担保，全称发行债券担保，指担保人为被担保人发行债券等债务融资提供担保的行为。在融资担保业务中，发债担保是一种被广泛应用的债券增信手段，是担保机构利用自身的信誉和资本实力为债券发行主体提供的一种金融服务。目的在于提升债券的信用等级，从而有助于债券发行人更顺利地筹集资金。发债担保的核心在于确保债券到期时，债券持有人能够如期足额收回本金和利息，担保机构在此过程中承担连带责任，确保债券持有人的权益得到有效保障。总体来看，发债担保有两方面优势：（1）担保机构提供发行债券担保可有效提升债项评级，并能够通过降低票面利率、增加融资额度或延长融资期限等方式合理降低融资成本；（2）担保机构介入债券发行可以减少信息不对称，并在债券出现违约情况时进行代偿。

1.5　融资担保牌照

融资担保牌照，也称融资担保业务经营许可证，指由地方金融管理部门经过严格的审批流程后颁发的一种经营许可，允许持牌机构开展下列部分或全部融资担保业务：（1）借款类担保；（2）发行债券担保；（3）其他融资性担保业务。融资担保机构经相关监管部门批准，可以兼营下列部分或全部业务：诉讼保全担保、投标担保、预付款担保、工程履约担保、尾付款如约偿付担保等履约担保业务，以及与担保业务有关的融资咨询、财务顾问等中介服务。

融资担保公司依法取得融资担保业务经营许可证后，方可向履行工商行政管理职责的部门申请办理注册登记。融资担保牌照的申请条件和流程需符合当地政策和要求，申请人一般需要向所在地的金融管理部门提交申请，相关部门对设立融资担保公司的必要性、可行性、风险性进行审核；审核通过后，申请人需要将审核意见、申请材料连同有关部门的风险评估证明一并报送至对应的省市级金融监督管理局，由相应的金融监督管理局进行复审并出具书面意见，最终决定是否同意颁发融资担保牌照。融资担保机构跨省、自治区、直辖市设立的分支机构，由拟设分支机构所在地金融监督管理部门颁发、换发、吊销、注销融资担保业务经营许可证。申请融资担保牌照需要满足严格的条件，一般情况下，对于申请新成立的融资担保机构，其注册资本须不低于人民币2000万元，且为实缴货币资本。此外，地方金融监督管理部门对申请人的股东结构、财务状况、总资产和净资产等指标也有严格要求，需要申请人提前同有关部门进行沟通与确认。

1.6　再担保

再担保指为担保机构提供的一种担保服务，其本质上是社会信用体系建设的一种制度设计，是用再担保这一新兴金融工具来完善担保体系和防范金融风险的探索创新，有利于担保机构转移部分其所承担的风险。从业务操作层面来看，再担保机构按再担保合同约定比例向担保机构提供比例再担保或为一般连带责任担保。再担保是担保链条的延续，是再担保机构对原担保机构信用的增级或信用损失的弥补，也对维护与实现债权人利益起到了保障作用。再担保业务模式的基本逻辑是原担保机构以缴付再担保费为代价将部分担保风险责任转移给再担保机构。

再担保业务主要分为固定比例再担保、溢额再担保和联合再担保三种。

（1）固定比例再担保：由担保机构和再担保机构约定，对于在一定担保责任限额内的业务，担保机构将全部同类担保业务都按照约定的同一比例向再担保机构进行再担保，每项业务的担保费和发生的损失，也按双方约定的比例进行分摊和分配。

（2）溢额再担保：由担保机构将其超过预定限额的担保责任转移给再担保机构进行再担保，或由担保机构和再担保机构共同对被担保人担保，由再担保机构承担超过担保机构预定限额的担保责任。同时，每一项业务的担保费和发生的损失也按双方承担的比例进行分摊和分配。

（3）联合再担保：指针对金额较大的或超过担保机构规定担保能力较多的单项担保业务，经协商一致，由担保机构与再担保机构签订委托保证协议，共同与银行签订保证合同，双方按各自承担责任的比例行使相应的权利和承担相应的义务。

目前主流的再担保业务分担模式为"4321"比例分担模式和"4222"比例分担模式。其中，限额再担保业务主要采用"4321"模式，具体为政府性融资担保机构、省级再担保机构、合作银行和地方政府按4∶3∶2∶1的比例共同承担风险责任。

"4222"模式是针对符合国家产业政策的中小微企业自身抵押和担保条件不足的问题而建立的"国家融资担保基金—省级再担保机构—基层融资担保机构"三层融资担保体系，具体是指基层融资担保机构、省级再担保机构、国家融资担保基金和合作银行按4∶2∶2∶2的比例共同承担风险责任。

1.7　担保机构注册资本

担保机构的注册资本必须严格按照《中华人民共和国公司法》（以下简称《公司法》）、《民法典》以及《融资担保公司监督管理条例》的相关规定，以确保担保机构自身具备足够的履约能力和风险控制能力。设立融资担保机构，应当经监督管理部门批准，注册资本不低于人民币2000万元，且为实缴货币资本；融资担保机构跨省、自治区、直辖市设立分支机构，须经拟设分支机构所在地金融监督管理部门批准，且实缴注册资本不应低于人民币10亿元。

1.8　担保机构内控管理

内控管理，从广义来讲，涵盖战略控制、风险管理、运营控制以及合规控制等多个层面。从狭义来看，内控管理是担保机构为保证经营管理活动正常有序、合法的运行，采取对财务、人、资产和工作流程实行有效监管的系列活动。内控管理要求担保机构保证自身资产、财务信息的准确性、真实性、有效性、及时性，保证对员工、工作流、物流的有效管控，建立对自身经营活动的有效监督机制。融资担保机构面对当前新形势、新要求，应高度重视并切实提升内部控制管理工作的战略高度。

1.8.1　合规管理

担保机构的合规管理指确保担保机构的各项业务和操作严格遵循相关法

律法规、行业标准及内部政策，以防范法律风险和提升经营稳健性的系统性活动。根据《融资担保公司监督管理条例》相关规定，融资担保机构在开展业务时，应当遵守法律法规，审慎经营，诚实守信，并建立相应的合规制度。具体而言，融资担保机构需要建立健全担保项目的评审、保后管理、代偿责任追究等业务规范以及风险管理等内部控制制度；按照国家规定的风险权重，计量担保责任余额；确保自有资金的运用符合国家有关融资担保机构的资产安全性、流动性规定；遵守不得从事吸收存款或变相吸收存款、自营贷款或受托贷款、委托投资等活动的规定。

1.8.2　风险管理

担保机构的风险管理指识别、评估和控制担保业务过程中的各种风险，以确保自身承担的风险在可控范围内，并维护财务稳定性和机构信誉。

担保机构的风险管理内容主要包括：（1）建立风险识别和评估方法，通过对风险的定性分析与定量测算，有效评估风险的状态与程度，为风险控制提供基本依据；（2）健全内部授权审批机制；（3）完善岗位责任制，落实绩效考核制度；（4）将风险防范作为内部审计监察的主要目标，实行风险评级制度。

在操作层面上，对于风险度较高的岗位，设置与之相应的风控经理岗位，风控经理由风险管理委员会领导，负责对业务部门经营中所涉及的风险进行日常监测、评估、管理和报告。风险管理人员应实行垂直管理制度，以确保风险管理的独立性。

1.8.3　内部控制

内部控制指担保机构为实现经营目标，通过制定和实施一系列制度、程序和方法，对风险进行事前防范、事中控制和事后评价的动态过程和机制。担保机构内部控制的目标一般有：（1）保证公司制定的各项规章制度能够贯彻执行；（2）保证公司发展战略的全面实施和经营目标的充分实现；（3）保证公司风险管理体系的有效性；（4）保证业务记录、财务信息和其他管理信息的及时性、完整性和真实性。

融资担保机构应着力完善内部控制体系建设，以系统化、体系化为目标，全面梳理和完善现有制度，制定内部控制手册等纲领性文件，以确保内控制度的有效实施。在此基础上，融资担保机构应将内部控制要求融入业务流程，强化合规经营，通过数智化平台实现业务线上管理，提升管理效率与合规水平。同时，担保机构应提升全流程风险控制能力，严格执行评审制度，落实保后管理制度，制定化解风险的目标和策略。在内部审计与监督方面，担保机构应完善内部审计制度，确保审计的独立性与专业性，形成审计、监督与防范相结合的良性循环，为自身稳健运营提供坚实保障。

1.8.4 审慎经营原则

审慎经营原则指以审慎会计原则为基础，真实、客观、全面地反映担保机构的资产价值和资产风险，负债价值和负债成本，财务盈亏和资产净值以及资本充足率等情况。同时，担保机构应及时监测、预警和控制业务风险，有效防范自身风险。

1.9 业务条线

担保机构应建立负责具体业务执行、管理支持和风险控制的"前台""中台""后台"部门，形成相对独立、相互协同、相互制衡的组织架构。其中，"前台"部门指业务拓展、保前调查、保中办理、保后管理、风险处置、代偿办理、债权追偿、代偿资产处置等业务的一线部门，通常也被称为业务条线；"中台"部门包括合规审查、风险评估、担保评审、合同管理、出保审核、保后监督、代偿审核、代偿资产处置审核、业务稽核等参与风险管理的部门；"后台"部门主要包括信息技术、财务管理、创新业务产品研发等提供技术、资金支持的部门。

1.10 担保机构资产分类

担保机构资产分类管理指根据自身资产的风险程度和流动性进行系统化分类，以便优化风险控制，制定针对性的管理策略。融资担保机构的资产等级划分主要依据《融资担保公司资产比例管理办法》来确定。该办法将融资担保机构的资产分为三个等级：Ⅰ级资产、Ⅱ级资产和Ⅲ级资产。

1.10.1 Ⅰ级资产

担保机构的Ⅰ级资产包括：现金、银行存款、存出保证金、货币市场基金、国债和金融债券、可随时赎回或三个月内到期的商业银行理财产品、债券信用评级 AAA 级的债券、其他货币资金等。

1.10.2 Ⅱ级资产

担保机构的Ⅱ级资产包括：商业银行理财产品（不含可随时赎回或三个月内到期的）、债券信用评级 AA 级和 AA+级的债券、对其他融资担保公司或再担保公司的股权投资、在保客户股权投资 20%的部分（包括但不限于优先股和普通股）、在保客户且合同期限六个月以内的委托贷款 40%的部分、不超过净资产 30%的自用型房产等。

1.10.3 Ⅲ级资产

担保机构的Ⅲ级资产包括：在保客户股权投资 80%的部分以及其他股权类资产（包括但不限于优先股和普通股），债券信用评级 AA-级以下或无债券信用评级的债券，投资购买的信托产品、资产管理计划、基金产品、资产支持证券等，在保客户且合同期限六个月以内的委托贷款 60%的部分以及其他委托贷款，非自用型房产，自用型房产超出净资产 30%的部分，其他应收款等。

1.11 科技担保

科技担保指担保机构为满足处于种子期、初创期或成长期科技型中小企业融资需求而提供的担保服务。处于初创期和成长期的科技型企业一般具有三个显著特点：一是轻资产；二是高不确定性导致的高风险；三是高成长性及其可能带来的高收益。

值得注意的是，科技担保业务承认和接受更多类型的反担保，传统担保业务对抵押物的要求大多以房产、应收票据等为主，而科技担保业务能够接受知识产权质押或纯信用模式，如表 1-1 所示。

表 1-1　科技担保与一般担保业务关注点对比

业务判断侧重点	一般担保	科技担保
企业科技创新水平	—	√
企业成长能力	√	√
抵（质）押物	√	—
不动产（住房、厂房、商业用房）	√	√
票据存单、应收账款	√	√
知识产权	—	√

1.12　"三农"担保

"三农"担保是专门为"三农"（农业、农村、农民）领域提供的担保服务，旨在解决"三农"领域融资难、融资贵问题。农业担保服务一般由政策性农业担保机构提供，农业担保机构是政府为了支持乡村振兴战略，促进农业发展和美丽乡村建设而设立的专业化担保机构，专门为"三农"主体提供担保服务，帮助其获得银行贷款，提高获贷率和贷款额度。"三农"担保业务产生的背景为以下两点：（1）现代规模农业的发展离不开资金的支持，但农业融资普遍存在无抵押物、融资成本高等问题；（2）农业"三项补贴"政策效能逐渐减弱。自 2015 年起，我国决定在全国范围内普遍建立财政支持的农业信贷担保体系，来破解长期制约农业、农村和农民发展的资金难题。

1.13　创业担保

创业担保指以符合规定条件的创业者个人或中小微企业为借款人，由融资担保机构提供担保，由经办银行发放，由财政部门给予贴息，用于支持个人创业或中小微企业吸纳就业的融资担保业务。创业担保业务是一个多方协作的业务模式，涉及政府、银行、担保机构。它的核心目标是通过提供资金支持和降低融资成本来促进个人创业和中小微企业发展。

创业担保业务一个显著的特点是其通常享有财政部门提供的贴息政策，

即借款人需要支付的利息由财政部门部分或全部负担，从而减轻了借款人的财务负担。这种贴息政策的存在，使创业担保业务更具吸引力，有助于鼓励创业或扩大中小微企业规模。

1.14　绿色担保

绿色担保是担保机构面向绿色低碳产业推出的一项创新型担保业务。绿色担保旨在加大对绿色低碳领域民营企业的支持力度，充分发挥金融在节能减排、低碳环保等绿色产业中的支撑作用，助力实现可持续发展目标。

绿色担保适用于从事绿色低碳领域研发、生产和服务工作的企业。其支持重点包括可再生能源、核能、氢能、安全储能、智慧能源、能源互联网等清洁能源领域，高效电机与变频器、半导体照明、节能服务、先进环保、资源循环等节能环保领域，新能源汽车整车制造、燃料电池、动力电池与驱动控制、充电设施、自动驾驶、智慧出行等新能源汽车领域，生态农业、生态保护与修复等生态环境领域，建筑节能、绿色建筑、绿色交通、环境基础设施等基础设施绿色升级领域，低碳咨询、绿色低碳项目运营、产品认证与推广等绿色低碳服务领域。

1.15　综合授信担保

综合授信担保指担保机构为客户提供信用支持，使其能够依据设定的额度和条件，灵活使用贷款或其他金融资源。综合授信担保业务主要包括流动资金周转贷款、银行承兑汇票及贴现、商业汇票、国际结算业务项下融资的担保。企业可以在批准的授信额度、期限和用途内根据自身情况将各种贷款方式进行组合，一般可循环使用。综合授信担保也可以理解为担保机构给客户提供的信用背书。

1.16　纯信用担保

纯信用担保指担保机构在借款人没有任何抵（质）押物的情况下，基于借款人的信用状况、经营状况和还款能力等因素，为其提供融资担保服务。

纯信用担保依赖于借款人的信誉和担保机构的风险评估能力，不涉及实物资产的抵（质）押。

在纯信用担保业务中，风险评估内容包括但不限于对借款人过去的信用记录、当前的财务状况、经营历史、管理团队的素质和未来的经营前景等方面的评估。同时，担保机构需要通过税务、诉讼数据和信息，结合丰富的风险评估经验，来判断借款人违约的可能性以及其偿还能力。

担保机构在开展纯信用担保业务时会采取一系列的风险管理措施。除了严格的信用审查外，担保机构一般会要求借款人提供个人反担保。同时，担保机构会对借款人的经营状况和财务状况进行持续跟踪，一旦发现风险征兆，会及时预警，并通知风险部门介入。

1.17 跨境担保

跨境担保指担保人向债权人书面作出的，具有法律约束力，承诺按照担保合同约定履行相关付款义务并可能产生资金跨境收付或资产所有权跨境转移等国际收支交易的担保行为。跨境担保是跨境融资中非常重要的风险缓释措施，一般由银行出具保函。然而，一些银行为了降低风险，会选择与担保机构合作出具保函。根据国家外汇管理局发布的《跨境担保外汇管理规定》，跨境担保可分为三种类型：内保外贷、内保直贷和外保内贷及其他形式的跨境担保。

1.17.1 内保外贷

内保外贷指银行接受境内企业申请，作为担保行，开出以境外代理行为受益人的借款保函，为境外企业（保函被担保人）在境外代理行办理的融资或授信业务提供担保。这类业务适用于中资"走出去"企业（在境外设有关联公司并从事经营活动，或是在境外有购置固定资产、收购、并购等大额资本性支出及相应融资需求的企业）希望借助境内银行信用，有效解决因境外融资主体资信或担保能力不足而无法获得融资的情况，或是希望打通境外融资渠道，获取较低成本的资金来源。

1.17.2 内保直贷

内保直贷指银行接受境内企业申请，作为担保行，以境外代理行为受益人，为境内企业（保函被担保人，与保函申请人可为同一主体）向境外代理行申请的跨境融资业务提供担保。按照国家跨境融资管理规定，内保直贷适用于想从境外融资的境内非金融企业（政府融资平台及房地产企业除外）打通境外融资渠道，以获得境外较低成本资金。

1.17.3 外保内贷

外保内贷指银行接受境外银行（担保行）开立的以银行为受益人的借款函件，并以此为担保，为境内企业（保函被担保人）办理融资或授信业务。该业务适用于跨境经营的，母公司在境外或在境外拥有关联方，但境内融资主体因资信不足或担保能力不足而无法获得融资的境内企业。

1.18 银行授信

银行授信指银行与担保机构之间建立的一种合作模式，银行为接受担保机构担保的借款人提供一定额度的信用授信。在这种合作模式中，银行依赖担保机构的担保，降低贷款的风险，向那些可能无法单独获得银行贷款的借款人提供资金支持。

这种合作关系的建立通常涉及多方面的内容。首先，双方需要对授信额度进行商定。银行根据担保机构的资信情况、担保能力以及历史合作情况，确定一个授信额度，这是银行愿意在担保机构担保下，向借款人提供贷款的最高金额。

其次，银行和担保机构还需要对具体的操作流程进行约定，包括借款人的资质审核、贷款发放流程、还款监控以及风险处置等。银行通常会根据自己的风险评估体系，对借款人进行独立的信用评估，但担保机构的担保意见和资信审核也起到重要的参考作用。

在实践操作中，银行授信合作的成功与否，很大程度上取决于担保机构的专业能力和信誉度。担保机构需要具备较强的风险管理能力，能够对借款人的信用风险进行准确评估，并在必要时有效履行担保责任。同时，银行也需要对担保机构进行严格的资信审查，确保其具备足够的担保能力。

1.19　银担合作

银担合作指银行与担保机构之间建立的一种合作关系，通过担保机构为借款人提供担保，银行提供贷款，从而实现风险共担。在银担合作模式下，银行与担保机构在准入条件、授信额度以及免收保证金等方面，通常会享有一系列优惠政策支持。根据国务院发布的《关于有效发挥政府性融资担保基金作用切实支持中小微企业和"三农"发展的指导意见》，银担合作各方应协商确定融资担保业务的风险分担比例，融资担保机构不再需要承担100%的代偿风险，而是由银行、政府担保基金等机构共同承担至少20%的代偿风险。这种风险分担机制通常被称为"82"分担模式。

1.20　国家融资担保基金

国家融资担保基金是为破解中小微企业和"三农"融资难、融资贵问题，支持实体经济发展而设立的具有一定数量的资金。国家融资担保基金是由财政部联合20家银行及金融机构，于2018年共同发起成立的，首期注册资本661亿元人民币。国家融资担保基金坚持政府性融资担保的准公共定位，按照"政策性导向、市场化运作、专业化管理"的运行模式，通过再担保风险、股权投资等方式，积极推进和支持政府性融资担保体系建设，以进一步发挥财政资金"四两拨千斤"的"放大器"作用，引导更多金融资源流向中小微企业、"三农"、创业创新和战略性新兴产业等普惠领域，促进大众创业、万众创新，推动供给侧结构性改革和经济社会全面发展。截至目前，国家融资担保基金是我国最主要的再担保基金。

1.21　"总对总"批量化担保

"总对总"批量化担保业务是由银行与担保机构共同确定合作业务政策和操作流程，在双方约定的合作期限、合作额度范围内开展业务合作，银行负责对具体贷款项目履行审批、放款、贷后管理和追偿责任，并向担保机构批量推送业务信息及相关资料，担保机构对符合条件的企业给予批量担保的一种业务合作模式。

批量化担保业务具有覆盖面广、审批速度快、设置代偿上限、风险分担等特点。批量化担保业务改变了传统银担合作方式，实现了担保业务批量化，由银行按规定条件对贷款项目进行风险评估和审批，担保机构实施"见贷即保"，不做重复性调查，进而提高融资担保服务效率。

1.21.1 政策性批量化业务

政策性批量化业务指担保机构根据国家政策和特定目标，针对特定群体或行业，通过标准化流程批量提供担保服务的业务模式。这种业务模式的核心在于规模化和程序化操作，以便更高效地实现政策目标和服务更多的受益对象。

政策性批量化业务通常由政府出资设立的或支持的担保机构实施，目的在于促进某些特定政策目标的实现，如支持中小企业发展、推动创新创业、促进特定产业升级等。政策性批量化业务通常具有以下几个特点。

（1）政策性批量化业务具有明确的政策导向。这类业务不仅关注经济效益，更注重社会效益和政策目标的实现。例如，政府可能会设立专项基金，委托担保机构为中小企业提供担保，旨在解决中小企业融资难的问题，提高其存活率和竞争力。

（2）批量化操作是其显著特征。担保机构会制定标准化的操作流程和审批标准，对相似融资需求的企业或项目进行批量处理，以降低运营成本，加速审批和放款过程，帮助企业尽快获得资金支持。

（3）政策性批量化业务通常具有较低的担保费率。这是因为政策性融资担保机构不以营利为目的，而是通过降低企业融资成本，鼓励和支持特定领域的发展。政府可能还会提供一定的风险补偿机制，以降低担保机构的风险暴露。

（4）为了确保政策性批量化业务的顺利实施，政府和担保机构之间往往会建立紧密的合作和监督机制。例如，政府会定期审查担保机构的业务运行情况，确保其符合政策导向和风险管理要求。同时，担保机构也需要建立健全相应的风险评估和监控体系，对批量化的担保项目进行持续跟踪和管理。

1.21.2　市场化批量化业务

市场化批量化业务指担保机构在市场驱动下，通过标准化和规模化的操作流程，为大量具有相似需求的借款人批量提供担保服务的业务模式。这种模式的核心在于利用市场机制和商业化手段，提高担保业务的效率和覆盖面，同时实现盈利目标。市场化批量业务的运作通常涉及以下几个方面。

（1）市场需求驱动是其基本特征。担保机构会根据市场调研和分析，识别出具有较大需求且风险相对可控的特定客户群体。

（2）标准化流程是市场化批量化业务的关键。为了提高操作效率和降低成本，担保机构会制定统一的审批标准和操作流程。标准化流程包括客户准入标准、风险评估模型、合同模板以及贷后管理等。通过标准化流程，担保机构可以有效缩短审批时间，提高服务效率。

（3）市场化批量化业务通常依赖先进的技术手段。大数据、人工智能和区块链等技术在这个过程中发挥了重要作用。大数据可以帮助担保机构进行精准的客户画像和风险评估；人工智能可以用于自动化审批和监控；区块链技术则可以提高交易的透明度和安全性。

（4）在定价方面，市场化批量化业务通常采取市场化的费率定价策略，相比政策性担保业务，市场化担保业务的费率更具灵活性，能够更好地反映市场风险和成本。

然而，市场化批量化业务面临一定的挑战，主要包括风险控制和盈利平衡。批量化操作可能带来集中风险，如果某一领域或行业出现风险，可能会对担保机构造成较大冲击。因此，担保机构需要建立健全批量化业务的风险管理体系，确保业务的可持续发展。

1.22　贴息贴保

贴息贴保指政府对企业在信贷过程中产生的利息和担保费用进行补贴，以减轻企业的融资成本。特别是在某些特定领域如新型战略产业，政府会设立专项资金，对相应的贷款利息和担保费用进行补贴。

例如，企业可以通过知识产权质押贷款获得资金，或者通过外贸发展资金支持其国际业务。为了享受贴息贴保政策，企业通常需要先在政府相关部门进行备案。企业要提前向政府提交申请材料，证明其贷款目的和担保需求符合贴息贴保政策的范畴。备案通过后，企业就可以向金融机构申请贷款。金融机构审核通过并放款后，企业需要按时支付贷款利息并在贷款到期时归还本金。企业在支付利息或担保费后，可以向政府相关部门提交支付凭证和其他必要的证明材料，以申请利息或担保费用的补贴。贴息贴保的目的是通过降低企业的实际融资成本，鼓励创新和特定产业，从而有效推动经济发展。

1.23 担保规模

担保规模指担保机构在一定时期内所担保的总金额。这一指标不仅是衡量担保机构业务覆盖程度的重要参数，也是评估其风险承担能力的关键因素。

根据《融资担保公司监督管理条例》规定，融资担保机构的担保规模有总量和个量两个限制。

（1）融资性担保机构的融资性担保责任余额不得超过其净资产的10倍。

（2）融资性担保机构对单个被担保人提供的融资性担保责任余额不得超过净资产的10%，对单个被担保人及其关联方提供的融资性担保责任余额不得超过净资产的15%，对单个被担保人债券发行提供的担保责任余额不得超过净资产的30%。

担保规模的大小会影响担保机构的以下三个方面。（1）它关系到担保机构的风险管理策略。较大的担保规模意味着承担更多的风险，因此需要实施更为严格的风险控制措施，以防范可能承担的违约和代偿责任；（2）担保规模也影响担保机构的资本充足率，较高的担保规模要求其拥有更充足的资金储备；（3）担保规模与盈利能力也密切相关，较大的担保规模可能带来更高的收入，但同时也伴随着更高的风险。

1.24　在保余额

在保余额是按担保合同约定已由担保机构承担担保责任的余额，也称担保责任余额。期末在保余额为担保金额的期末数。在保余额反映出担保机构的业务规模和潜在风险水平，对于监管机构、担保机构自身以及被担保人来说都非常重要。例如，监管机构通过监控在保余额，可以评估担保机构是否合规经营以及其风险暴露程度。

1.25　担保放大倍数

担保放大倍数指担保机构所承担的担保责任总额与其自有资本金的比率。担保放大倍数的大小反映了担保机构所能承受的风险水平和其业务扩展能力。根据《融资担保公司监督管理条例》规定，国内担保机构的担保放大倍数一般不应超过 10 倍，即如果一家担保机构拥有 1 亿元的注册资本金，那么它最多可以为 10 亿元的银行贷款提供担保。这一规定旨在确保担保机构在提供担保服务的同时能够有效地管理和控制风险，避免过度担保。《融资担保责任余额计量办法》规定融资担保公司在计算担保放大倍数和集中度时，应当在净资产中扣除对其他融资担保公司和再担保公司的股权投资。此外，《融资担保公司非现场监管规程》规定：

（一）融资担保责任余额放大倍数（该指标为监管指标）= 融资担保责任余额/（净资产−对其他融资担保公司和再担保公司的股权投资）；

（二）融资担保在保余额放大倍数 = 融资担保在保余额/（净资产−对其他融资担保公司和再担保公司的股权投资）。

对于那些专注于中小微企业和农户融资担保业务的担保机构，《融资担保公司监督管理条例》给予了一定的灵活性。如果一家融资担保机构在其担保业务中，对中小微企业和农户的担保余额占总在保余额的比例达到 50% 以上，并且担保的户数占总户数的比例达到 80% 以上，那么它可以将其担保放大倍数上限提高至 15 倍。这种政策倾斜旨在鼓励担保机构更多地支持中小微企业和"三农"主体的融资需求。

1.26　融资主体

融资主体指需要进行融资活动以获取流动资金的企业法人或个体。融资主体通常是企业、非营利组织或个人通过金融市场或其他融资渠道筹集资金，以支持其业务运营、项目实施或个人消费等。

在融资担保行业中，融资主体通常以中小微企业和个体工商户为主，这些融资主体可能需要融资支持来购买设备、扩展店面、增加存货等。一般来讲，政策性担保机构旨在帮助上述融资主体获得银行贷款并提高融资效率。

1.27　在保客户

在保客户指已经通过了担保机构的风险评估和审批程序，签订了相关的担保合同或协议，并且在合同有效期内的客户。

担保机构在为企业提供融资担保服务前，会进行严格的尽职调查与项目评审。这包括对企业的财务状况、信用历史、经营状况以及其他相关因素进行分析，以确保企业有能力按时偿还贷款。企业在通过评审，签订了融资担保合同并且合同有效期尚未截止时，即可称为在保客户。

1.28　存量客户

存量客户指那些已经与担保机构建立了稳定业务合作关系的客户。这些客户通常在过去的某个时间点获得过该担保机构提供的融资担保服务。存量客户包括当前正在接受融资担保服务的客户，以及那些未来可能再次需要融资担保服务的客户。

存量客户对于担保机构具有重要意义，他们构成了担保机构的业务基础。与新客户相比，存量客户通常已经具备了一定的信任基础和信用记录，担保机构在与他们进行业务合作时工作可以更为高效。

在管理存量客户关系方面，担保机构需要持续关注这些客户的经营状况、信用状况以及潜在融资需求。良好的客户关系管理不仅有助于维持现有业务，还能通过增加客户黏性使其未来再次选择与该担保机构对接融资担保业务。

此外，通过对存量客户的深度了解，担保机构还可以提供更具个性化和针对性的融资服务。

1.29 担保物权

担保物权指债权人所享有的为确保债权实现，在债务人或者第三人所有的物或者权利之上设定的他物权。当债务人不履行到期债务或者发生当事人约定的实现担保物权的情形时，债权人可以优先受偿。

在实际操作中，首先，担保业务经理应确认担保物权的设立是否合法有效，特别是对于抵押权和质押权，必须确保相关财产已经依法办理了抵押或质押登记手续。其次，担保业务经理需要评估担保物的价值和变现能力，尤其是在市场波动较大的情况下，担保物的价值可能会显著下降，影响担保物权的实际保障作用。最后，担保业务经理还应关注担保物是否存在其他优先权或潜在的法律纠纷，这些因素可能会削弱担保物权的优先受偿地位，从而增加项目的潜在风险。

（一）担保物权的担保范围

担保物权的担保范围指担保物权所保障的债权范围，即当债务人不履行债务时，担保物权人可以通过担保物的价值来优先受偿的债权种类和金额。担保物权的担保范围通常不仅限于主债权的本金，还包括与债务履行相关的其他费用。根据《民法典》及相关法律规定，担保物权的担保范围通常包括：主债权的本金及其利息、违约金、损害赔偿金、保管担保财产和实现担保物权的费用。

（二）人保和物保并存时的处理规则

被担保的债权既有物的担保又有人的担保，债务人不履行到期债务或者发生当事人约定的实现担保物权的情形，债权人应当按照约定实现债权；没有约定或者约定不明确，债务人自己提供物的担保的，债权人应当先就该物的担保实现债权；第三人提供物的担保的，债权人可以就物的担保实现债权，也可以请求保证人承担保证责任。提供担保的第三人承担担保责任后，有权向债务人追偿。

(三) 担保物权的物上代位性

担保物权的物上代位性指在担保物因某种原因灭失、毁损或被征收等情况下，担保物权人对该担保物产生的替代性财产或赔偿金仍然享有优先受偿权。这一原则的核心在于即使担保物本身不再存在，担保物权的效力也可以转移至相应的代位财产或赔偿款项，以确保债权人的利益不受损害。物上代位性通常适用于保险赔偿金、征收补偿款或其他与担保物相关的代替性利益。

在实际操作中，担保业务经理首先需要确保担保物的保险、赔偿等机制是否完善。例如，对于抵押物为机器设备的，担保业务经理应确认好该设备是否已投保，并且保险合同中是否明确规定了担保物权人作为保险受益人之一；此外，业务经理还应定期检查担保物的状态，确保在担保物发生损毁或灭失时，能够及时启动物上代位程序，避免因未能及时主张代位权而造成损失。

(四) 债务转让对担保物权的效力

债务转让指债务人将其债务转移给第三人承担。根据《民法典》的相关条款规定，债务转让需要债权人同意，且通常不会影响担保物权的效力。也就是说，即使债务人发生了变化，担保物权也仍然有效，并继续为原债务提供担保，除非担保合同中另有约定或担保人明确表示不同意继续担保。

在实际操作中，担保业务经理需要确保债务转让的合规性。债务转让协议必须经过债权人的同意，否则担保物权可能会失效。担保业务经理还应重新评估担保物的价值，尤其是在新债务人的信用状况与原债务人存在显著差异的情况下，需要确保担保物价值仍然足以覆盖债务风险。此外，担保业务经理应与担保人或第三方保持沟通，确保他们知晓债务转让的具体情况，并确认他们是否愿意继续提供担保。如果担保人拒绝继续担保，担保业务经理可能需要采取新的担保措施或重新评估项目的整体风险。

(五) 更正登记

更正登记指在担保物权登记过程中，因登记错误、遗漏或其他原因导致登记内容与实际情况不符时，相关当事人向登记机关申请对登记内容进行更正的行为。如果企业在担保物权登记中频繁出现更正登记的情况，可能是企业在资产管理上存在疏漏，甚至可能是企业试图通过不准确的登记信息来规避某些法律责任。

（六）异议登记

异议登记指在不动产登记或其他权利登记过程中，当事人或利害关系人对登记内容的真实性、合法性提出异议，并申请登记机关将该异议情况记载在登记簿上的行为。异议登记的目的是对登记内容的合法性或真实性提出警示，防止因登记错误或争议导致权利受损。异议登记并不改变原登记的效力，但它可以对外公示，提醒第三方在交易或权利处分过程中注意潜在的权利争议。

如果某一担保物权上有异议登记，可能意味着有以下几种情况。

（1）权属争议风险：企业可能并非该物权的唯一合法持有者。这种情况下，业务经理需要进一步核实担保物的权属情况，避免担保物权因权属问题导致无效。

（2）债务纠纷风险：异议登记可能是由于第三方对企业的债务或其他权利提出异议，这可能意味着企业存在未披露的债务或法律纠纷。业务经理应通过尽职调查了解企业是否存在其他潜在的债务或法律风险。

（3）担保物价值受损风险：异议登记可能影响担保物的市场价值或流动性，如果担保物上存在异议，可能导致其在处置时难以变现或价值降低。业务经理应确保担保物的价值足以覆盖担保的债务。

1.30　获客渠道

担保业务的获客渠道指担保业务经理用于发现融资担保业务需求的新客户的方法和途径。获客渠道主要依赖于担保业务经理合作关系网络的建立。首先，银行客户经理在遇到缺少抵押物或风险评估较为复杂的中小企业时，常会将这些企业推荐给担保业务经理，这种推荐的频率和项目质量通常与双方的关系密切程度相关。经验丰富的业务经理通常会与多家银行保持联系，拓展项目信息来源，形成项目信息网络；其次，担保业务经理之间的传承关系也是常见的获客方式，老业务经理可能因"传帮带"或离职后的项目托管，将客户资源传递给新业务经理；再次，担保业务经理还可以通过主动上门拜访企业来获取客户，这要求他们具备敏锐的商业嗅觉、丰富的业务经验和出色的沟通能力；最后，企业之间的互相推荐也是有效的获客渠道之一，企业主往往会将那些专业、严谨且值得信赖的业务经理推荐给有相似融资担保需求的同行或朋友。

1.31　担保合同

担保合同指在融资活动中，担保机构与债权人签订的一种法律协议，担保机构承诺在债务人（借款人）未能履行其融资义务时，按照合同约定的条件和范围，代为履行或承担相应的偿还责任。融资担保合同中参与的三方主要包括债务人、债权人和担保机构。债务人是需要资金的实体或个人，债权人是提供资金的一方，而担保人则是提供担保的一方。一般来说，融资担保合同具体规定以下几个方面的内容。

（1）担保合同会明确各方的基本信息，包括债务人、债权人和担保机构的名称、地址以及联系方式等。(2) 合同会详细规定融资的基本条款。这些条款包括融资金额、融资用途、融资期限、利率、还款方式等。对于担保机构而言，担保合同会明确其担保的范围和责任，如担保金额、担保期限、反担保措施以及在债务人无法履行义务时担保人应承担的具体责任。(3) 合同还会规定担保的形式和方式，担保形式可以是保证、抵押、质押等。(4) 合同还包括各方的权利和义务、违约责任及争议解决方式等条款。比如，合同会明确担保机构在什么情况下可以解除担保责任，以及债权人在债务人违约时的追偿权利等。(5) 融资担保合同的签订需要符合相关法律法规，确保合同的合法性和有效性。在各方签订合同前担保业务经理通常会进行尽职调查，以评估债务人的信用状况和担保物的价值，从而确定合理的担保条件。

1.32　担保业务流程

担保业务流程指担保机构业务运营规范、部门职能和岗位职责明晰的制度性保障，也是管理过程可溯源和责任可追究的制度依据。

一般来说，担保业务操作流程分为保前和保后两类。保前阶段包括咨询对接、尽职调查、项目评审、合同办理四个环节；保后阶段一般包括保后跟踪、风险预警、风险处置等环节。

1.33 尽职调查

尽职调查亦称审慎调查，指担保机构在为某个项目提供担保之前，由负责该项目的融资担保业务经理对企业进行全面的背景调查和"健康检查"。尽职调查包括对企业的经营情况、资产和负债等财务情况、诉讼情况以及所面临的潜在的风险进行详尽掌握，是担保业务保前阶段最重要的环节之一，也是重要的风险防范措施。尽职调查包含的要素如下。

（1）尽职调查工作底稿：指担保业务团队在尽职调查过程中获取和制作的，与业务相关的各种工作记录和重要资料的总称。具体内容包括调查的基准日、计划安排、调查人员、调查地点、调查内容、调查程序、方法结论以及其他注意事项等。尽职调查工作底稿应当真实、准确、完整地反映尽职调查工作。

项目团队撰写尽职调查工作底稿时，应始终保持专业审慎的态度，以获取充分和适当的证据为基础出具对相关事项明确的核查结论，核查的方法和结论应当能通过工作底稿进行验证。

（2）实地调查：指担保业务经理亲赴现场（包括企业生产经营现场、担保人生产经营现场、项目建设地、抵押物或质押物所在地以及与业务相关的其他现场），通过实地走访、账务核实、面谈等方式获取企业信息的调查方式。

（3）间接调查：指业务经理从企业以外的第三方机构获取企业信息的调查方式。其主要包括但不限于以下几种。

①通过人民银行征信系统，查询企业信用记录、负债规模、对外担保等信息。

②通过工商、税务、海关、国土、环保等行政主管部门，司法机关，行业协会、金融同业等机构网站，对企业信息的真实性进行核实。

③通过咨询企业上下游企业（包括主要供应商和主要销售企业）和竞争对手，了解企业生产、经营、信用、行业地位等情况。

④通过收集整理第三方网站、互联网媒体等有关企业的数据及报道，获取企业相关信息。

（4）还款来源调查。还款来源是指借款企业（人）债务到期后，用于偿还债务本息的资金来源。通过对企业财务状况的调查分析，结合企业生产经营活动、投资活动、筹资活动的现金流量及净现金流量的动态分析，判断企业经营性现金净流入来源是否稳定、可靠，是否能保证还款计划的实施和落实。

1.33.1 企业核心资产

企业核心资产指那些对企业的长期竞争优势、持续盈利能力和市场地位至关重要的资源和能力。核心资产不仅包括财务报表上可以量化的有形资产，还涵盖无形资产和企业独特的竞争优势，这些核心资产是企业在市场中保持竞争力、吸引和保留客户、实现盈利的关键因素，能够为企业带来长期的可持续发展。常见的企业核心资产类型包括专利技术、品牌价值、关键客户关系、战略资源供应协议、专业技术人才、独特的业务模式，如表1-2所示。

表1-2 常见的核心资产类型

专利技术	企业独有的技术或研发能力，能够为企业提供技术壁垒，防止竞争对手轻易复制
品牌价值	企业在市场中的声誉和品牌影响力，这能够帮助企业吸引客户并维持长期的客户忠诚度
关键客户关系	与长期合作的核心客户之间的稳定关系，这些客户可能是企业收入的主要来源
战略资源供应协议	与供应商签订的长期合作协议，确保企业在供应链中的优势地位和资源获取的稳定性
专业技术人才	企业内部的核心技术团队或管理层，他们的能力和经验对企业的创新和运营至关重要
独特的业务模式	企业独有的运营模式或商业模式，能够帮助企业在市场中保持差异化竞争优势

识别和评估企业的核心资产是项目评估中的关键环节。以下是业务经理

在评估核心资产时需要重点关注的方面。

(一) 识别核心资产的类型与重要性

核心资产不仅限于财务报表上的有形资产（如固定资产、设备等），还包括无形资产（如专利、品牌、客户关系等）。业务经理需要通过深入的尽职调查，识别出哪些资产对企业的长期竞争优势和盈利能力至关重要。尤其是无形资产，虽然难以量化，但其对企业的长期发展和市场地位有着深远影响。

(二) 核心资产的价值评估

业务经理需要对核心资产的价值进行全面评估，分析其对企业收入的贡献、市场竞争力的提升以及在行业中的地位。例如，企业的专利技术是否能够带来持续的技术优势？品牌价值是否能够帮助企业在市场中占据领先地位？关键客户关系是否稳定且具有长期合作潜力？这些问题的答案将帮助业务经理判断核心资产的实际价值。

(三) 核心资产的风险评估

核心资产也面临着各种风险，业务经理需要仔细评估这些风险对企业的影响。例如，专利技术可能会随着技术的快速迭代而过时；品牌价值可能会因市场竞争加剧或负面事件而受损；关键客户关系可能会因为市场环境变化或竞争对手的进入而不再稳定。此外，法律环境的变化（如知识产权保护政策的调整）也可能对核心资产构成威胁。业务经理需要预判这些风险，并评估企业应对这些风险的能力。

(四) 核心资产的可担保性

核心资产中，部分无形资产如专利、品牌等虽然对企业至关重要，但在实际操作中可能难以作为反担保物。因此，业务经理需要判断哪些核心资产可以用于反担保，并评估其可执行性。例如，专利技术可以通过知识产权质押的方式作为反担保物，而品牌价值则较难直接用于反担保，但可以通过其他方式（如股权质押）间接反映其价值。

(五) 核心资产与企业战略的契合度

业务经理还需评估核心资产与企业整体战略的契合度。企业是否能够利用这些核心资产实现长期战略目标？这些资产是否能够帮助企业在行业中建立长期的竞争优势？这些问题的答案将帮助业务经理判断企业的核心资产是否能够为企业带来持续的价值增长。

1.33.2 回款

回款指企业销售商品或服务后，从客户处收到的货款。在代销模式下，企业销售商品后并不立即结款，而是先打欠条，定期结款。而业务员从客户处收回的款项即为回款。

回款的管理对于企业的现金流非常重要，尤其在采用赊销或代销模式时，回款的及时性直接影响企业的资金周转。如回款管理不当，可能会导致企业资金链断裂，特别是在账期较长或客户信用较差的情况下。担保业务经理通常可以通过观察企业是否采取加强催收、合理设置账期、以及引入第三方信用支持（如承付、保兑、保险等）等措施来判断回款风险。

1.33.3 账期

账期指从供应商供货后，直至企业付款的这段时间。账期的长短直接影响企业的现金流和资金周转能力。企业可以通过合理设置账期，优化资金使用效率。

在供应链中，账期的长短往往反映了企业的议价能力和市场地位。通常，行业龙头企业能够获得较长的账期，而中小企业则可能只有较短的账期。如果企业的实际账期与合同约定的账期不一致，可能导致应收账款的增加。例如，合同约定的账期为 30 天，但实际账期为 60 天，这会导致企业的应收账款的时间增加一倍，从而影响企业的流动资金状况。

业务经理在核查企业的账期管理时，通常需要关注以下几个方面。

（1）核查采购合同中的账期条款。业务经理可以通过采购合同了解供应商规定的账期，以此作为核查依据。

（2）核查应付账款明细。业务经理应抽查企业的应付账款明细，重点关注贷方发生额（采购金额）和借方发生额（付款金额）的时间间隔。通过计算企业从采购到付款的时间差，可以判断供应商的实际账期。

（3）验证账期与合同的一致性。如果企业的实际账期与合同约定的账期差异较大，业务经理应询问企业原因，了解是否存在供应商宽限期、付款延迟等情况。

1.33.4 销售模式

销售模式指企业通过特定的渠道或方式将产品送达消费者的过程，涵盖了从产品制造、流通到售后服务的整个环节。不同的销售模式对企业的财务结构和经营表现有不同的影响。常见的销售模式包括批发、代理、加盟、直营和网络销售。每种模式在资金占用、库存管理、应收账款和利润率等方面表现各异。

各类销售模式及其财务影响如表1-3所示。

表1-3　各类销售模式及其财务影响

批发模式	特点：企业将产品以大批量低价销售给中间商，资金周转较快
	财务影响：应收账款较多，存货压力较小，但利润率较低
代理模式	特点：企业授权代理商销售产品，代理商从中赚取佣金或差价
	财务影响：销售费用较低，但应收账款风险较大，利润率相对较低
加盟模式	特点：企业通过加盟商扩展市场，加盟商支付加盟费并自行承担运营费用
	财务影响：资金压力较小，利润率较高，但需加强对加盟商的管理
直营模式	特点：企业直接开设门店销售产品，掌控整个销售过程
	财务影响：资金占用大，存货和应收账款较多，利润率较高，但扩展过快可能导致财务压力
网络销售模式	特点：企业通过电商平台或自营网站直接面向消费者销售产品
	财务影响：资金周转快，销售费用较高，库存管理压力较大，但利润率通常较高

作为担保业务经理，理解不同销售模式对企业财务的影响至关重要，通常需要关注以下几点。

（1）资金占用与周转：不同模式下，企业的资金占用情况不同。理解企业的现金流状况有助于评估其偿债能力。

（2）应收账款管理：关注企业的应收账款周转率，确保企业有足够的流动资金来应对短期债务。

（3）存货压力：高存货可能导致资金被占用过多，影响企业的现金流，因此需要评估企业的存货管理能力。

（4）利润率：结合企业的销售模式和利润率，评估其盈利能力和财务健康状况。

1.33.5　销售渠道

销售渠道指商品和服务从生产者向消费者转移的过程。渠道结构可以笼统地分为直销和分销两大类。其中直销又可以细分为几种，比如制造商直接设立的大客户部、行业客户部或制造商直接成立的销售公司及其分支机构等，此外，还包括直接邮购、电话销售、公司网上销售等。分销则可以进一步分为代理和经销两类。代理和经销均可能选择密集型、选择性和独家等方式。据行业、企业发展阶段和产品类别的不同，各企业会采取不同的销售渠道，或多层级的销售渠道，销售渠道通畅与否直接影响到企业销售能力。

相比于大企业，中小企业在营销渠道及管理上存在的不足凸显了企业竞争力不强的问题。主要表现在以下几方面。

（1）经销层级繁多、交易成本高且效率低，导致渠道推动力不足。许多中小企业由于自身在人员、资金和资源上的限制，不得不依赖于二、三级批发商和零售商，直到产品或服务最终到达消费者手中。由于经销层级过多，传统金字塔式的销售渠道通过层层加价，使原本价格低廉的产品失去了其低成本的价格优势。

（2）企业受制于经销商，渠道控制能力弱。在传统渠道的金字塔模式下，无论营销渠道层级是高是低，企业总是比较容易受制于经销商。选择大型经销商渠道有可能不被这些经销商所重视，特别是对新企业、新产品，经销商为降低承销风险，通常会抬高进入门槛并提出条件，如赊销、货款铺垫、宣传促销、降价、退货及限制供应其他经销商等；而选择小型经销商又面临着其产品推广能力低，对终端的开发、维护能力弱的问题。

（3）中小企业的资金链在营销渠道中脱节甚至中断的可能性高。国内经销商长期以来习惯凭借小部分现金，甚至不付现金就可以实现货物上架，这使经销商和零售商的规模和网络迅速膨胀。这种做法对于一些资金充裕的大型企业来讲，可以达到快速拓宽营销渠道的效果。但就中小企业来说，此举却使应收账款增大，存在极大的资金风险。一旦现金流中断，企业就会陷入经营窘境。

1.33.6　市场占有率

市场占有率，亦称市场份额，通常通过企业某一产品或品类的销售量或销售额在同类产品中的占比来计算，反映了企业在其行业或特定市场中的竞争实力，是衡量企业在市场中所占地位的关键指标。

三类市场份额的测算方法及相关启示。

（1）总体市场份额：表示企业的销售量或销售额在整个行业中所占的比重。这一指标反映企业在整个行业中的相对规模和影响力。市场占有率较高的企业通常具有更强的抗风险能力和更多的市场话语权。

（2）目标市场份额：表示企业在其特定目标市场中的占有率，即在其所服务的细分市场中的销售量或销售额占比。这一指标更能反映企业在其核心市场中的竞争优势。如果企业在目标市场中占据较高份额，意味着其在特定细分市场中具有较强的客户黏性和市场控制力。

（3）相对市场份额：表示企业的销售量与市场上最大竞争者的销售量之比。如果该比值大于1，则表明该企业是市场的领导者。如果企业是市场领导者，通常意味着其在价格、渠道、品牌等方面具有较强的竞争力，担保风险相对较低。

1.33.7　产品良品率

产品良品率指在生产过程中最终通过质量检测的合格产品数量占投入材料理论生产出的总产品数量的百分比，是生产出来最终能卖的产品与所有生产出来的产品的比率。成熟的产品良品率会比新兴的产品的良品率高，而同样的产品，生产能力较好的企业的良品率会比生产能力较差的企业高。新兴的产品随着技术的不断成熟，其良品率也会越来越高。产品的良品率也会影响企业的财务表现，比如生产同一种产品，良品率高的企业，损耗的成本较低，那毛利率会较高；良品率低的企业，损耗的成本较高，毛利率相应较低。

另外，客户也会选择良品率较高的企业，因为零部件的工艺、质量好坏也会影响到产品整体的质量。

案例解读：A公司是一家从事高精度、高密度双面板及多层印制电路板（PCB）生产的企业，成立于2002年，注册资本1000万元，营业额超2亿元。该企业以生产多层板为主，为实现产品升级，企业购置了大量设备，资金较为紧张，故申请1000万元流动资金贷款担保。业务经理调研之前已了解该行业竞争较为激烈，除了购置设备，产品工艺及品质控制也极为重要，良品率达到何种水准是考评企业的一个重要指标。于是业务经理在考察生产现场时，在企业无任何准备的情况下提出要看一下报废率情况，在质控部采集到近半年信息，如表1-4所示。

表1-4 A公司7—12月报废率

A公司7—12月报废率						
月份	7月	8月	9月	10月	11月	12月
总体报废率	7.54%	7.64%	8.46%	8.70%	8.48%	9.97%

由以上数据可知，企业总体报废率有一定上升，原因在于企业6层以上板已开始批量生产，新购置设备主要用于多层板，从数据分析，其良品率偏低，说明其工艺及品控还是有一定问题，进而其成本会高于同行以至影响其竞争力。由于企业以往信用还款记录良好，该项目先操作500万元，待其技术成熟时再适当增加额度。

1.33.8 或有负债

或有负债指企业因过去的交易或事项形成的潜在义务，其最终是否会导致经济利益的流出，取决于未来不确定事项的发生或不发生。或有负债并不是企业当前的实际负债，但可能在未来某些条件满足时转变为实际负债。企业在编制财务报表时，通常会在附注中披露或有负债，而不是将其直接列入负债表中。或有负债主要包括：重大法律纠纷、未结诉讼；期货、期权等衍生工具投资；其他，如对外担保、大额票据贴现等。

或有负债影响偿债能力一般通过或有负债比率来体现，或有负债比率是指企业或有负债总额与股东权益总额的比率，反映企业股东权益应对可能发生的或负债的保障程度。一般情况下，或有负债比率越低，表明企业的长期偿债能力越强，股东权益应对或有负债的保障程度越高；或有负债比率越高，表明企业承担的相关风险越大。

业务经理需要注意的是，因大部分的或有负债项目在企业的会计报表中没有反映，如已销售的商品可能会发生的质量赔偿或败诉而引起的现金赔偿，这些事项特别是金额较大的或有负债项目，对企业未来的现金流出可能有重大影响。

1.33.9　企业对外担保

企业对外担保指某企业为其他公司或个人的融资行为提供保证，承诺在被担保方无法按期履行债务时，其代为偿还。这种对外担保关系会在企业的征信信息中披露，显示企业是否与其他公司形成担保关系，是一种或有负债。如果企业有对外担保行为，需要特别关注，因为这种担保有成为企业负债的风险。

1.34　AB 角制度

AB 角制度是一种通过角色分工与相互监督来增强担保机构业务过程中的内部控制和风险管理的机制。其中，A 角通常是融资担保项目的主要负责人，负责项目的具体工作；B 角则负责对 A 角的工作进行复核和监督。通过这种相互制衡的机制，B 角可以对 A 角尽调工作中可能存在的错误进行检查和纠正，确保业务的合规性。同时，B 角的监督也有助于防止腐败和舞弊行为。AB 角制度不仅能够确保融资担保项目流程的连续性，还有助于提升内部控制水平，减少操作风险和道德风险，对担保机构整体的稳健运营十分关键。

1.35　征信记录

征信记录指依法采集、整理、保存和加工自然人、法人及其他组织的信用信息，并形成的信用档案。这些记录由专业化、独立的第三方征信机构负责建立和管理，其目的在于为银行等授信机构提供翔实的信用信息支持，从而协助这些机构有效评估和管理信用风险。通过征信记录的共享与使用，银行能够更加高效地了解客户的信用状况，简化信贷审批流程，提高工作效率，并在获得客户授权的前提下，迅速做出授信决策。在我国，由中国人民银行征信中心负责管理和提供此类信用信息服务，为商业银行等机构的信用风险管理提供重要的数据支持。

对于融资担保业务经理而言，在尽职调查过程中调查企业的征信记录是评估企业信用风险和财务健康状况的重要步骤。通过征信记录，业务经理可以获取企业的信用历史、还款能力以及过往的违约情况，从而判断其履约的可靠性。在进行征信记录调查时，业务经理需注意确保信息的完整性和准确性，避免因信息不全或误读导致风险评估失误。

1.36　税务记录

企业税务记录是一份详尽记录企业纳税情况的重要文档，涵盖了企业的应纳税额、实际纳税额、税款所属期间以及税种等关键性信息。这些信息对于企业的财务管理和税务申报工作起到不可或缺的作用。企业必须严格依照税法相关规定，按时向税务机关进行申报并缴纳税款。

融资担保业务经理为了能够及时掌握企业的纳税情况，需要在尽职调查过程中要求企业提供一定时期内的税务记录，可以要求企业相关负责人通过国家税务总局或各地税务局的官方网站、电子税务局系统或税务局办税服务厅等途径进行查询。通过掌握企业的税务记录，担保机构可以有效规避因被担保人税务问题所可能引发的法律风险，并确保被担保人业务的真实性和合规性。

1.37　企业诉讼记录

企业诉讼记录指在司法程序中，对各类案件的立案、调查、审理、裁决等过程进行记录的文件、信息等资料。企业在走司法诉讼程序过程中，每一步每一个环节的过程、进度都会以文件的形式被记录下来，这些记录是司法系统的重要组成部分，是司法公正的基础，也是法律执行的重要依据。被记载下来的文件也会在相关的官方平台上进行公示。包括企业作为原告或被告参与的各类诉讼和仲裁案件的详细信息，例如案件的名称、案号、立案时间、庭审过程、判决结果等。

查询企业诉讼记录可通过以下方式。

（1）登录国家企业信用信息公示系统，通过公司名称或统一社会信用代码进行查询。该系统可以查询到企业的工商登记基本信息、行政处罚信息、经营异常名录、严重违法失信企业名单等，但可能不包括详细的诉讼案件信息。

（2）登录中国裁判文书网查找已经公开的判决书、裁定书、调解书等法律文书，这些文件中会记载相关的诉讼情况。

（3）登录地方司法信息公开平台，搜索公司名称，查看涉及该公司的诉讼记录。

（4）通过第三方商业查询平台查询（如天眼查、企查查等），这些平台整合了大量的企业数据，包括诉讼信息。

1.38　不良信用记录

不良信用记录也称信用污点，指企业或个人由于未能按时履行还款义务而被记录在案的负面信用表现。这种记录通常发生在借款人未能按时偿还贷款或拖欠信用卡账单的情况下，导致企业或个人在信用档案中留下不良信用的痕迹。

不同银行和金融机构可能对不良信用记录的界定和处理有所不同，但通常这种记录会对申请贷款产生负面影响。国务院法制办于 2011 年 7 月份公布的《征信管理条例（第二次征求意见稿）》规定："征信机构对采集的个人不良信息的保存期限为 5 年，自不良行为或者事件终止之日起计算；超过 5 年的，征信机构应予以删除。"

1.39　信用修复

信用修复指企业通过合法合规的手段申请删除过往的诉讼记录。企业消

除过往诉讼记录可以通过以下方式进行。

（1）确保诉讼案件已经结案，并且出具了法院给出的调解书或和解协议等法律文书。

（2）企业通过特定通道委托信用服务机构向司法诉讼相关单位提出撤销申请。需要提供的材料包括营业执照复印件、相关当事人身份证复印件、公章、和解书或法院出具的调解书、结案书等。

（3）相关主管单位在收到申请后，会根据提供的资料作出删除或不公示的决定。一旦决定作出，信息将被删除，企业会收到通知。

（4）委托信用服务机构在国家源头网站（如中国裁判文书网）以及第三方平台（如企查查、天眼查等）删除诉讼记录，一般需要 15~45 个工作日。

1.40 企业实控人

企业实控人（企业实际控制人）指通过投资关系、协议或者其他安排，能够实际支配公司行为的人。企业实控人不一定是企业的法定代表人或董事长，但他对企业的重大决策和经营活动有最终决定权。通俗地说，企业实际控制人就是在背后说了算的人。实践中，辨别公司的实际控制人可能会遇到一些困难，因为其并不总是显而易见的，他们可能隐藏在复杂的股权结构背后，或者通过多层持股、代理协议等方式实现对公司的控制。在融资担保业务中，业务经理识别和了解企业实控人是一个关键环节。企业实控人一般有以下两种表现形式。

（一）单一实际控制人

单一实际控制人即单一主体拥有公司控制权。这种情况下，单一股东或其持有的公司股权比例（包含直接持股、间接持股）较高，或其对于股东（大）会决议、董事会决议、董事会成员的提名及任免等可以产生重大影响。

（二）共同实际控制人

（1）基于亲属身份关系所形成的共同控制。该情形一般是基于夫妻关系、父母子女关系等密切的亲属身份关系所形成的共同控制。亲属之间具备一定的血缘关系，而这种血缘关系在彼此之间可以天然产生较强的信任度，进而天然地较为容易产生共同实际控制人的现象。

（2）基于一致行动关系所形成的共同控制。该情形一般是由多名不存在亲属关系的股东，基于种种原因或者目的（如人身信任关系、稳定团队成员等）通过一致行动人关系（如多名股东之间存在股权控制关系、多名股东共同受同一主体控制、签订一致行动人协议等）形成共同控制。

（3）基于事实的一致行动所形成的共同控制。实践中，各个股东之间既不存在亲属身份关系，亦无一致行动协议，但在公司过往长期的经营管理、重大决策过程中，实际存在一致行动事实，如历次股东（大）会及董事会决议意见的一致性、董事及高管提名和任免的一致性、公司日常经营决策的一致性等，此时可以基于事实的一致行动，将多人认定为共同实际控制人。

1.41 一致行动人

一致行动人指那些通过协议或其他安排，与其他投资者协作以扩大其对某一上市公司股份表决权影响力的个人或实体。在狭义层面，一致行动人通常指在上市公司收购过程中，联合收购目标公司股份并就收购相关事宜达成协议的两个或多个主体，即联合收购人。然而，从广义角度来看，一致行动人不仅限于联合收购人，还包括在证券交易及股东投票过程中采取协同行动的各方。在融资担保项目的尽职调查中，业务经理应注意识别一致行动人及其关联关系，并评估其对项目公司的影响，这样可以更有效地评估项目风险。

1.42 融资担保方案

融资担保方案指业务经理根据尽职调查所获得的企业各方面的情况为借款企业提供的方案，包括担保金额、担保期限、贷款利率、担保费率、月还以及反担保措施等。反担保措施具体包括保证、抵押、质押等，以及可能附加的其他条件或要求。融资担保方案不仅要满足企业的资金需求，还要符合担保机构内部的风险控制要求，确保在提供担保的过程中，担保机构自身的风险也得到有效管理。通过科学的担保方案，融资担保机构能够在平衡风险和收益的基础上，实现企业和自身的双赢。

1.42.1　第一还款来源

第一还款来源指借款企业（人）在生产与经营活动中产生的直接用于归还借款的现金流量的总称。第一还款来源能够反映借款人自身的偿债能力，它是担保机构通过对企业进行认真周密的调查和财务分析后所做出的预测，是一种未来偿债能力预期，是还款来源中相对稳定、可靠且可预测的部分。

它包括但不限于企业的营业利润以及其他通过正常业务运营所获得的收入。这些收入直接用于偿还贷款，体现了借款人的预期偿债能力。担保机构在评估贷款风险时，首要关注的就是借款人的第一还款来源是否稳定、可靠。

1.42.2　第二还款来源

第二还款来源指当借款人无法偿还贷款时，担保机构通过处理处置抵押物、质押物或者对保证人进行追索得到的款项。第二还款来源主要包括借款人借款时提供的反担保措施，主要为保证、抵押、质押。由于处理抵押物、质押物时会面临法律实践上的烦琐流程，因此担保机构不能将贷款回收的预期重点压在第二还款来源上。常见的问题有：异地抵（质）押、抵（质）押物变现能力差、抵（质）押物存在法律瑕疵、抵（质）押所有人不配合债权人进行资产处置、抵质（押）物价值虚高、保证人的偿债能力不足、保证人的偿债意愿不足等。

1.42.3　担保费

担保费简称保费，指担保机构为客户提供融资担保服务时收取的费用，担保费用通常根据不同的客户以及贷款种类而有所差别。通常无抵押贷款的担保费是最高的，因为无须借款人提供抵（押）物，担保机构承担的风险相对较大，因此担保费更高。担保费的计算方式为贷款金额×担保费率×贷款年限。在政策性贷款担保业务中，担保费用的收取通常较低。

1.42.4　分期还款

分期还款指借款人在贷款期限内按照约定的时间和金额分多次偿还贷款

本金和利息的一种还款方式。还款的金额在贷款签订时根据贷款金额、利率、还款期限等因素确定。根据还款频率的不同，分期还款可以分为月还、季还和年度还款。月还通常适合现金流稳定的借款人，季还适合有季节性收入的借款人，而年度还款则适合收入周期较长的借款人。

在实际操作中，业务经理要定期向出借资金的债权人核查借款人的还款状况，以此来规避违约风险和代偿风险。

1.42.5　付息方式

付息方式指在贷款或债务偿还中，借款人支付利息的方式。具体来说，付息方式包括以下几种常见形式。

（1）一次性付息：借款人在贷款期限结束时，一次性支付所有应付的利息和贷款本金。这种方式通常用于融资担保业务中的短期贷款或者特定类型的商业贷款。

（2）分期付息：借款人每个期间（通常是每月或每季度）支付相应的利息，但不还本金。这种方式在贷款期间末尾一次性支付全部本金比较常见。

（3）等额本息还款：这是一种常见的偿还方式，每个期间（通常是每月）支付固定的还款额，其中包括本金和利息。随着时间的推移，每期支付的利息逐渐减少，而本金的比例逐渐增加。

（4）等额本金还款：借款人每个期间（通常是每月）支付相同金额的本金，利息随着未偿还本金的减少而逐渐减少的还款方式。这种方式意味着每个期间的还款额逐渐减少。

1.42.6　担保金额上限

担保金额上限指的是担保机构为借款人所能担保的贷款金额的最高限度。该上限通常是由担保机构根据自身的风险承受能力、资本实力以及监管要求等多方面因素综合确定的。

首先，担保机构需要资本实力和风险管理能力。资本越雄厚，风控措施越完善，担保机构能够承担的风险也就越大，从而可以设定更高的担保金额上限。其次，监管机构通常会对担保机构的担保额度进行规范和限制，以防止其过度扩张或承担过高的风险。根据《融资担保公司管理条例》，融资担保公司对同一被担保人的担保责任余额与融资担保公司净资产的比例不得超过10%，对同一被担保人及其关联方的担保责任余额与融资担保公司净资产的比例不得超过15%。最后，单一担保金额上限的设定还需要考虑借款人的信用风险和还款能力。担保机构在评估借款人的财务状况、经营状况以及信用记录后，会综合确定一个合理的担保金额上限，以确保借款人具备足够的还款能力，从而控制风险。

在实践中，担保金额上限不仅仅是一个静态的数值，它可能会根据经济环境、行业变化以及担保机构自身的发展进行调整。例如，在经济上行时期，担保机构可能会适度提高担保金额上限，以支持更多的企业融资需求；在经济下行期，担保机构可能会降低担保金额上限以控制风险。

1.42.7 关联企业

关联企业指在资金、经营、购销等方面存在直接或间接的拥有或控制关系，或者是由同一个第三方直接或间接拥有或控制的企业。此外，关联企业也可以是在其他利益方面具有关联关系的企业。一般而言，关联企业存在四类关联关系。

（一）股权关系

A 企业直接或者间接持有 B 企业的股份总额达到 25% 以上，或者 A 企业和 B 企业直接或者间接同时持有 C 企业股份达到 25% 以上，A 企业和 B 企业均构成关联关系。此外，两个以上具有夫妻、直系血亲、兄弟姐妹以及其他抚养、赡养关系的自然人共同持股同一企业，在判定关联关系时持股比例合并计算。

（二）资金借贷关系

A 企业和 B 企业在股权关系上虽不构成关联方，但双方在资金借贷方面达到一定比例时，仍被认定为关联企业。如双方之间借贷资金总额占任一方实收资本的比例达到 50% 以上，或者一方全部借贷资金总额的 10% 以上由另一方担保，A 企业和 B 企业之间亦构成关联关系。

（三）其他经营关系

经营关系包含特许权关系、购销和劳务关系、任命或委派关系三种。如果 A 企业的生产经营活动必须由 B 企业提供专利权、非专利技术、商标权、著作权等特许权才能正常进行，二者构成关联企业。如果 A 企业的购买、销售、接受劳务、提供劳务等经营活动由 B 企业控制，二者构成关联企业。高级管理人员的任命或者委派形成的关联关系主要包含三种：（1）一方半数以上董事或者半数以上高级管理人员（包括上市公司董事会秘书、经理、副经理、财务负责人和公司章程规定的其他人员）由另一方任命或者委派；（2）同时担任双方的董事或者高级管理人员；（3）双方各自半数以上董事或者半数以上高级管理人员同为第三方任命或者委派。

（四）自然人的中间作用

具有夫妻、直系血亲、兄弟姐妹以及其他抚养、赡养关系的两个自然人分别与待判定是否构成关联关系的双方因持股关系、资金借贷关系、特许权关系、购销及劳务关系、任命或委派关系而构成关联关系的，待判定的双方也构成关联关系。例如：丈夫持有 A 公司 30% 股份，妻子持有 B 公司 25% 股份，则 A 公司和 B 公司构成关联关系。

关联公司一般可能涉及一些明显特征：贷款的收款方，虽然表面关联度不高，但实际控制人为同一人；资金来往较频繁的上下游客户，但实质上并无太多货物往来。在尽职调查的过程中，融资担保业务经理可以通过直接询问财务、打电话给关联企业等方式，来鉴别两者之间是否存在关联。一般情况下，企业会设置一两家关联企业，方便财务或税务上的处理。如何识别关联企业的关键是要核实其与借款企业是否有正常的货物往来，融资担保业务经理可以通过企业的财务系统或 ERP（企业资源计划）系统抽取一些原始单据，来验证二者是否有真实的财务收支或货物往来关系。

1.42.8 借壳贷款

借壳贷款是一种特殊的贷款操作方式，通常指企业或个人为了规避贷款条件限制，通过控制或利用其他企业来获取贷款。在这种情况下，贷款的实际使用人和贷款的名义借款人可能并不一致。

融资担保业务经理需要通过仔细审查企业的注册资料、股权结构、管理层信息等，发现潜在的借壳贷款迹象。例如，如果一个企业的股东或管理人员与贷款的实际使用人没有直接关联，该企业就可能存在借壳贷款的风险。另外，业务经理可以通过分析企业的财务报表，特别是资产负债表和现金流量表，发现企业的资金流向和贷款使用情况。如果发现企业的资产和负债与贷款规模不匹配，或者现金流量与业务活动不符，也可能是借壳贷款的迹象。

1.42.9　过桥业务

过桥业务是一种短期的资金融通方式，期限通常不超过六个月。过桥业务的主要目的是在长期资金到位之前，提供一种临时性的资金支持，以确保项目或企业的正常运作。一旦长期资金到位，过桥资金便会被替代，从而结束其暂时性的角色。

过桥业务充分体现了财政资金的杠杆效应和引导作用，被广泛认为是服务中小企业的一种有效手段。过桥业务的特点为期限短，回报相对较高。由于它是临时性的资金需求，如果后续长期资金具有不确定性，则过桥业务的风险会较大，反之，则过桥业务的风险相对较小。

1.43　反担保

反担保，又称求偿担保，指为确保担保人在承担担保责任后能够顺利实现对主债务人的求偿权，由债务人或第三方设立的担保形式。从性质上看，反担保依然属于担保的一种。在债务清偿期限届满时，若债务人未能履行其债务，第三方便须承担相应的担保责任。此时，第三方将取代债权人的地位，成为债务人的新债权人，并享有向债务人追偿其代为清偿债务的权利。然而，在实际操作过程中，第三方可能面临债务人无力偿还的风险，导致其追偿权无法实现。为防范此类风险，第三方在为债务人提供担保时，通常会要求债务人反过来为其提供担保，以确保自身权益的实现。这种由债务人反向提供给担保人的担保即为反担保。通过设立反担保，担保机构能够有效降低追偿风险，进一步保障其合法权益，确保整个担保链条的安全性和稳定性。根据《民法典》第三百八十七条规定，第三人为债务人向债权人提供担保的，可以要求债务人提供反担保。常见的反担保措施有：保证、抵押、质押、留置等。

1.43.1　保证

保证是合同双方当事人以外的第三方向合同关系中的债权方保证合同关系中的债务方全部或部分履行合同债务的担保方式。保证人在被担保的当事人不履行合同时，承担连带赔偿的责任。常见的反担保保证形式有：自然人保证、企业保证。

（一）自然人保证

自然人保证指保证人和债权人约定，当债务人不履行债务时，保证人按照约定履行债务或者承担责任的一种反担保措施。自然人保证分为一般保证和连带责任保证，用于反担保的自然人保证限于连带责任保证。保证人应是具有清偿债务能力的完全民事行为能力的自然人且主要为被担保人的主要股东、法定代表人、主要经营者或其他与被担保人有密切关系的个人。一般情况下，应将企业实际控制人夫妇纳入个人保证范围，必要时可增加其他关键人员的个人保证。

（二）企业保证

企业保证指被担保人的关联企业和担保机构约定，当被担保人不能履行债务时，关联企业按照约定承担连带清偿责任的一种反担保形式。作为保证人的反担保企业应经审核并具有较好的债务清偿能力。一般借款企业主体及与其相关联的企业主体均可考虑纳入企业保证的范围。

1.43.2　抵押

抵押指抵押人和债权人以书面形式订立约定，不转移抵押财产的占有，将该财产作为债权的担保。当债务人不履行债务时，债权人有权依法以该财产折价或者以拍卖、变卖该财产的价款优先受偿。常见的反担保抵押形式有：房产抵押、土地使用权抵押、机器设备抵押等。

（一）房产抵押

房产抵押是被担保人或第三人即抵押人以其依法取得的有完全处分权的房产抵押给保证人的一种反担保方式。

房产抵押作为最主要的反担保措施，应依法在房产管理部门办理抵押登

记手续。在列明抵押房产时担保机构应当关注产权人是否为企业实际控制人，用于自住还是出租。若房产用于自住，则对借款企业的制约力较强；若房产用于出租，则还需查看租赁合同并确定租赁期限，先于抵押权设立的租赁会对抵押权形成对抗，若期限过长有可能影响抵押权的行使。

（二）土地使用权抵押

土地使用权抵押指被担保人或第三人以其取得相应权利证书的土地使用权依法抵押给保证人的一种反担保方式。土地使用权抵押应依法在土地管理部门办理抵押登记手续。

（三）机器设备抵押

机器设备抵押指被担保人或者第三人以其合法所有的设备依法抵押给保证人的一种反担保方式。抵押设备必须权属清晰，有较高价值，易变现，购进的发票等票据齐全且与设备型号相符。一般设备抵押应依法在工商行政管理局办理抵押登记。需要注意的是，海关监管设备应经过海关批准后抵押给特定的抵押权人并办理相应的抵押登记。

1.43.3　质押

质押指债务人或者第三人将其动产或权利移交债权人占有，将该动产或权利作为债权的担保的法律行为。当债务人不履行债务时，债权人有权依照法律规定，以其占有的财产优先受偿。其中，债务人或第三人为出质人，债权人为质权人，移交的动产或权利为质物。常见的反担保质押形式有：股权质押、知识产权质押、应收账款质押。

（一）股权质押

股权质押指被担保人以企业的股权依法质押给保证人的一种反担保方式。股权质押应依法在工商行政管理局办理质押登记。

（二）知识产权质押

知识产权质押指被担保人或第三人将其合法所有的商标权、专利权等知识产权质押给保证人的一种反担保方式。知识产权质押应依法在工商行政管理局或国家知识产权局办理质押登记。

（三）应收账款质押

应收账款质押指被担保人与保证人、银行就应收账款账户签订监管协议并且将应收账款账户中的款项质押给保证人的一种反担保方式。采用应收账款质押的，其应收账款额应在担保额的一倍以上，且应收账款先于贷款到期时回笼的，该笔应收账款应部分提存用于偿还贷款。

1.43.4　留置

留置指债权人依法占有债务人的动产，并在债务人未履行到期债务时，有权留置该动产，直到债务人履行债务或提供相应担保为止的一种权利。留置作为一种担保方式，能够有效地保障债权人的利益。

留置权的行使有三个关键条件：（1）债权人必须合法地占有债务人的动产；（2）债务必须已经到期且未履行；（3）债权人与债务人之间的债权债务关系必须是合法有效的。此外，留置的财产通常与债权具有某种关联性，这种关联性可以是基于同一合同或交易关系。

留置的优点在于其不需要经过复杂的法律程序即可实现对债务人财产的控制，从而督促债务人履行其义务。

1.44　资产评估

资产评估指为确定抵（质）押融资额度提供价值参考依据，对抵（质）押物价值进行分析、估算和判定的过程。根据不同的委托目的，抵（质）押资产的评估包括初次评估、重估和处置评估三种类型。同一件抵（质）押资产，在初次贷款、连续贷款、变现抵（质）押资产时，需要按照不同的技术路径和价值基础进行估算，并且由于物理状态、数量、性能、自然环境变化等，可能导致评估价值存在差异。

抵（质）押资产的种类多样化，从原来的主要以不动产抵押为主，发展为动产、知识产权、矿业权、林权、股权、收费权抵（质）押等多种形式。抵（质）押资产的价值越来越多的需要第三方专业机构出具专业报告，作为抵押方和融资方确定抵（质）押资产价值的主要依据。抵（质）押物的资产评估方法主要有收益现值法、重置成本法、现行市价法三种。

1.44.1 收益现值法

收益现值法又称收益还原法、收益资本金化法，指通过估算被评估资产的未来预期收益并折算成现值，来确定被评估资产价值的一种资产评估方法。从资产购买者的角度出发，购买一项资产所付的代价不应高于该项资产或具有相似风险因素的同类资产未来收益的现值。收益现值法对企业资产进行评估的实质：将资产未来收益转换成资产现值，而将其现值作为待评估资产的重估价值。收益现值法的基本理论公式可表述为：资产的重估价值=该资产预期各年收益折成现值之和。

1.44.2 重置成本法

重置成本法又称成本法，指在资产评估时按被评估资产的现实重置成本扣除其各项损耗来确定被评估资产价值的方法。其核心思想是确定重新购置一项资产所需的成本，然后根据资产的现状进行调整以估算其当前价值。具体流程如下。首先，确定被评估资产，并根据其实体特征和市场条件，使用评估基准日的市价估算其重置全价。这一过程需要考虑市场供需、技术进步、原材料价格波动等因素，以确保估算的准确性。其次，确定资产的已使用年限、尚可使用年限及其总使用年限，这一步需要结合资产的实际使用情况、维护记录以及行业标准进行综合判断。再次，应用年限折旧法或其他合适的方法，估算资产的有形损耗和功能性损耗。有形损耗涉及物理磨损和老化，而功能性损耗则考虑技术升级和市场需求变化对资产价值的影响。最后，综合上述信息，估算并确认资产的净价，即在考虑折旧和损耗后的实际价值。这一过程还可能涉及对无形损耗的评估，如环境变化、法规调整等对资产价值的潜在影响。通过重置成本法，评估人员能够为资产提供一个相对客观、公正的市场价值参考。

1.44.3 现行市价法

现行市价法又称市场法、市场价格比较法，指通过比较被评估资产与最近售出类似资产的异同，并将类似的市场价格进行调整，从而确定被评估资产价值的一种资产评估方法。市场法通过参照物销售价格比较评估资产价值，充分考虑了市场变动因素，能够比较真实地反映评估对象的市场价值。但由于需要同类可比参照物的有关数据、资料，故应用范围受到一定限制。市场法一般适用于对土地、建筑物、通用工业设备等项资产的评估。应用市场法进行资产评估可分为三个步骤：（1）市场调查，选择参照物；（2）因素比较，调整差异；（3）进行综合定价。

应用市场法进行资产评估时，首先，需要收集与评估对象相同或类似资产的市场交易数据，包括交易价格、时间和批量等，并通过科学方法验证其准确性，尤其是市场价格变化的准确性。选择参照物时，必须确保它与评估对象是相同或同类资产，并具有可比因素，如地理位置、设施条件或用途等。其次，为了准确反映销售时间对价格的影响，可能需要选择多个参照物。评估时，将评估对象与参照物在实体特征、地理特征、经济特征、销售时间和价格等方面进行逐一比较，调整各因素的差异。例如，当评估对象与参照物在使用寿命或交易时间上存在差异时，需要进行相应调整。最后，通过综合比较和调整，确定评估对象的市场价值。

1.45 项目评审

项目评审是融资担保公司在决定是否为某个借款项目提供担保时，通过召开评审会来进行的一系列系统性审查和评估工作。这个过程主要是为了评估借款人的信用风险、项目可行性以及潜在的违约风险。通过担保评审，担保机构可以确定是否为借款人提供担保，以及在提供担保时需要哪些附加条件和反担保措施。融资担保项目评审具体包括以下要素。

（一）项目评审制度

项目评审制度是指担保机构在决定是否为某个项目提供担保之前，所采用的一整套规范化程序和标准。评审制度通常包括设置评审标准、开展风险评估、审查文件、内部评审会、协调会等环节。

（二）评审报告

评审报告是融资担保机构的业务经理在项目尽职调查过程中形成的一份综合性文件，内容涵盖了对借款申请人的背景调查、财务状况分析、信用评估、经营风险情况以及项目可行性等方面。评审报告不仅是对业务经理前期工作的总结，也是担保机构内部决策的重要依据。通过评审报告，评审评委们可以全面了解企业，从而做出能否提供融资担保的决定。评审报告的质量和准确性至关重要，融资担保业务经理需要在报告中提供翔实的数据和分析，确保评审过程的客观、公正和全面。

（三）项目评审委员会

融资担保机构需要设立项目评审委员会（以下简称评审会），评审会为担保机构经营项目最高评审决策机构，未经评审会审议决策的项目，不得予以实施。一般来说，评审会设主任委员一名，设副主任委员两名，协助主任委员工作。主任委员由担保机构董事长兼任，副主任委员分别由担保机构总经理和分管风险管理工作的副总经理兼任。项目评审决策委员会委员由担保机构高级管理人员、项目评审决策委员会专职委员、业务部门负责人、高级业务经理及法务经理等组成，可以根据需要外聘具有相应资格人员担任独立评委。

（四）二次评审

二次评审指融资担保项目在首次专家评审会上因企业信息调查不充分、项目方案需优化、潜在风险或问题没有解决等没有得到评审专家的一致通过，经过补充调研或方案调整后重新上会的情形。然而，有时项目可能会经历多次评审。在这种情况下，可能存在业务经理为了让项目通过而对其进行粉饰的风险，因此在评审过程中需特别注意防范欺诈行为，确保评审的严格性和公正性。

1.45.1 项目预审

项目预审指在正式评审会之前，由担保机构内部相关部门和专家对拟担保项目进行初步审查和评估的会议。这个环节主要目的是确保项目符合公司政策和风险控制标准，识别潜在风险，并进行初步的可行性分析。项目预审通常涉及对项目背景、财务状况、担保需求、风险因素及拟采取的风险控制措施等方面的讨论。项目预审可以提高项目审批的效率，降低风险，确保担保机构做出的项目决策更为科学和合理。

1.45.2 五人/七人评审制

评审委员通过评审会进行项目评审与决策。评审会实行分类评审制度，按照业务类别分为融资项目评审会、科技通项目评审会、非融资项目评审会、投资项目评审会等。各类别评审会评委组成人员须兼顾担保机构高级管理人员、风控评委、业务条线，人数应为五人或七人之单数。

五人评审制项目决策实行一票否决制度。评审会由五名评委组成的，评委中有一票主张否决则该项目否决。

七人评审制项目决策实行两票否决制度。相较于五人制评审，评审会由七名评委组成的，评委中有两票主张否决则该项目否决；首席风险官拥有一票否决的权限。一般情况下，往往担保机构董事长与首席风险官（或风控总监）拥有一票否决权。

1.45.3 协调评审

协调评审指在项目未获评审会通过时，由担保机构经营班子成员组成的专门评审会，对项目进行独立审查和决策的会议。项目评审会未通过的项目可由业务经理自行决定是否申请参加担保机构的协调评审会（以下简称协调会），一般仅可申请一次。因其他原因申请上协调会的项目，须经部门分管领导、担保机构风险管理部部长、协调会主持人同意后，业务经理方可申请参加协调会。协调会上否决的项目，不得再次申请参加评审会。

协调会遵循融资担保项目评审会的评审规则，协调会不应与融资担保项目评审会合并召开，评委组成仅限于董事长、总经理、各分管副总经理等经营班子成员，以及风险管理部部长。每次协调会评委不少于七人，主持人应由担保机构分管风险副总经理或分管业务副总经理担任。

1.45.4 项目签批

项目签批指为了规范担保机构项目审批流程，提高评审效率而制定的制度。签批评审是指担保机构对符合项目签批制度规定的项目，不用上评审会，由签批条线的相关负责人对相关项目或业务进行评估和审查。一般情况适用签批程序的为业务金额较小（具体金额根据各担保机构的实际业务情况而定），一般为100万元或200万元（含）以下的贷款担保、综合授信额度担保项目。

1.46 项目暂缓

项目暂缓是指在项目调研、项目审批或银行审批过程中，发现某些问题或不确定因素，导致需要时间来解决或进一步调查清楚，从而暂时中止担保流程的现象。具体来说，项目暂缓可能发生在项目的任何一个阶段，当担保方进行尽职调查时，可能会遇到一些潜在风险或问题，比如项目的可行性、借款人的信用状况、市场环境变化等。这些问题可能会影响项目的成功进行或导致担保方承担过大的风险。

当这些问题被发现后，担保方需要评估其严重性和解决的可能性。如果问题较为复杂或需要更多时间和资源来解决，担保方可能会选择暂时中止担保流程，等待问题得到妥善解决。这一过程被称为项目暂缓。

在项目暂缓期间，担保方可能会要求借款人提供更多的信息或实施进一步的反担保保障措施，以证明项目的可行性和安全性。项目暂缓并不意味着项目被永久取消。如果在暂缓期间，所有问题都得到了妥善解决，担保方可能会恢复担保流程，并继续进行担保审批和签约。然而，如果问题无法解决或风险过高，担保方也可能最终决定取消对该项目的担保。

1.47 担保意向书

担保意向书指有资格的担保人（自然人或法人）向申请人出具的证明愿意为其承担担保责任的具有法律效力的书面文件。对于融资担保项目，项目审批通过且申请人已缴纳相关费用，业务经理可按照规定的标准格式制作担保意向文件，经复核后发出。担保意向文件有效期一般为项目审批通过后三个月，在有效期内未能完成放款的，业务经理应重新调研企业，补充近期变化以及超期原因后重新审批。

担保意向书格式应包含以下内容：（1）收文机构及被担保主体名称；（2）担保方同意担保的业务品种、金额、期限和还款方式；（3）担保意向文件的有效期；（4）担保方相关人员的联系方式。

1.48 面签

面签即见面签约，指担保申请人携带有效证件原件、印章以及所有相关文件资料，与担保机构面对面交流，签订担保合同或担保协议的一种申办方式。担保机构需要面签的合同文件包括但不限于委托保证合同、委托贷款合同、保证（反）担保合同、抵（质）押（反）担保合同、募集说明书、共同条款协咨询服务合同、配偶申明、法定代表人授权委托书等书面材料。

面签的注意事项如下。

（1）提前商定面签时间并准备相关材料。担保机构业务经理提前通知客户准备签约所需材料，约定面签时间和地点。原则上应在工作日和工作时间内进行，地点首选担保公司办公场所或各子公司、分公司、办事处营业场所，确实无法出席上述办公场所签约的，可以在签约企业（申办企业）办公场所进行，原则上不得在担保公司或申办企业办公场所之外的第三地进行。

（2）核对人员身份。在合同及相关文件上签字时，若借款人、担保人为自然人，均需持本人身份证原件到场签署，在面签人员目视下完成签字、加按手印（如需），面签人员负责核对签字人本人与身份证照片是否一致；若借款人、担保人为法人，面签人员需于签约前确认签字人为该法人的法定代表人或有权签字人，核对营业执照上注明的法定代表人与签字人是否为同一人。同时，面签人员应通过合理的询问话术，通过核实签字人身份证、居住地址、公司地址，是否清楚担保事项等内容初步核实签字人员身份。面签人员认为签字人或面签场景存在异常情况的，应及时向上汇报。

（3）现场影像资料留存。面签过程中注意保持全程录像或拍照记录，以备核查。一般而言面签时要至少拍摄两张照片，一张显示签约环境，一张全体人员合影，照片应保持人脸清晰，画面完整。

（4）检查面签履行情况。担保机构法律事务部应对面签履行情况进行抽查，如发现签约人员未按流程及要求履行面签手续、面签未按要求保留照片和视频、未参与面签人员擅自在面签证明上签字、面签证明记载的联系方式与实际不符等情形，一经查实，须按相关制度追究责任。

1.49　放款资料清单

放款资料清单指企业（个人）在向担保机构进行担保业务申请时，需要提供的详细资料列表。这些资料通常是为了证明申请人有足够的能力和信用来偿还银行贷款，以降低贷款违约后担保机构需承担的代偿风险。一般而言，担保机构的放款资料清单视不同担保机构规定和贷款用途而确定，此外，企业和个人的放款资料清单会有所差异。

1.50　保后管理

保后管理，亦称保后跟踪，旨在对已承保的项目进行持续的监督和管理。这一过程并不仅是停留在担保合同签署后的某一时刻，而是贯穿整个担保期间，确保被担保人的履约能力和项目的安全性。

具体来说，保后管理包括对被担保人整体经营状况的监控，以及对在保项目履约情况的定期或不定期检查。通过这样的持续性监控，可以及时发现可能的风险隐患，从而预先采取相应的应对措施。这种预防性的管理手段有助于消除在保项目的潜在风险，确保担保项目顺利进行。

保后跟踪可采用以下几种方式。

（1）实地跟踪：由业务经理 AB 角完成，通过对在保企业进行实地检查从而对企业提供的财务资料，经营状况进行核实。

（2）书面跟踪：通过企业提供的资料，对企业经营状况进行检查。

（3）电话跟踪：通过不定期与企业主要管理人员通话了解经营近况。

（4）网络跟踪：通过使用企查查、天眼查等 App 即网络查询方式，查询企业诉讼信息、不良信息、信贷信息、工商信息等网络信息并进行分析筛查。

在实际操作中，保后管理可能涉及多方面的内容。例如，对被担保人财务报表的审查、对生产经营情况的现场调查、对市场环境和行业动态的分析，以及对抵押品状况的定期评估等。通过这些手段，担保机构能够全面了解被担保人的财务健康状况和经营能力，从而在必要时采取措施，防范和化解潜在的违约风险。

此外，保后管理还包括与被担保人保持良好的沟通，及时了解其在项目执行过程中遇到的困难和问题，并提供相应的支持和建议。这种良好的互动不仅有助于增强被担保人的履约意愿和能力，还有助于担保机构及时调整管理策略，确保担保项目的顺利进行。

总之，保后管理是担保机构在承保证之后，为确保被担保人按时履约而进行的一系列持续性监控和管理活动。通过系统、全面和持续的保后管理，担保机构能够有效预防和控制风险，保障担保项目的顺利执行和资金的安全。

1.50.1 保后跟踪报告

保后跟踪报告指担保机构在出具非融资性保函后到担保责任结束前，对被保证人和被保证项目进行的持续跟踪和监管的书面记录。报告旨在及时发现和记录任何可能的违约风险及其他相关信息，以便采取必要的补救措施，从而最大限度地减少担保机构代偿情况的发生。保后跟踪报告不仅包括负面的信息，如潜在的违约风险，还应记录正面的信息，并根据担保机构的内部管理制度，及时将其撰写和提交，以确保所有相关方都能了解最新情况并采取适当的行动。

1.51 保后稽核

保后稽核指对担保函签发后的交易或合同进行的审核和检查过程。保后稽核检查旨在确保保函覆盖的交易或合同按照保函的约定进行。具体来说，保后稽核检查通常包括合同履行情况检查、财务核实、风险评估、文件和记录管理等。

1.52 在保项目移交

在保项目移交指在融资担保公司内部或不同担保机构之间转移的、尚未完成担保责任的项目。这种项目的移交通常发生在公司重组、业务调整、或担保机构之间的合作中。具体来说，移交在保项目意味着原担保公司将其现有的担保项目及其相关的权利和义务，转移给另一个担保公司或内部的其他部门。

在移交过程中，原担保公司需要将所有相关的合同、风险评估报告、客户信用资料和其他必要的文件资料交给接收方。接收方则需要对这些项目进行重新评估，以确保其风险管理策略能够有效覆盖新接收的项目。此外，接收方还需要与借款人重新确认一些关键条款，确保双方的权利和义务能够在新的担保关系下继续行使和履行。

移交在保项目的一个核心问题是如何处理项目的风险和收益。通常，这需要双方通过谈判来确定，包括移交时的项目价值评估、可能的风险补偿措施以及其他财务安排。这样做的目的是确保在移交过程中，不会对各方的利益造成不必要的损害，同时也能确保项目顺利进行。

1.53 风险分级管理

风险分级管理指将担保机构的在保项目根据风险特征分为正常项目、一般预警项目、严重预警项目以及风险项目。项目分级管理有助于担保机构根据在保项目的具体特征和风险水平，制定有针对性的担保策略，从而更好地满足客户需求并保持健康的业务运营。

对于一般预警及以上的项目，担保机构业务经理应立即上报风险管理部门，并加强保后跟踪，配合风险处置工作。如业务经理或相关部门存在瞒报、拖延上报、怠于保后跟踪等情况，应对其进行追责处罚。

1.53.1 一般预警项目

一般预警项目指企业在经营过程中出现一系列风险信号，如收入和利润大幅下降、资产负债异常变动、核心人员离职、政策不利、法律纠纷、贷款用途不当等，这些异常可能影响其正常经营和偿债能力的情况。评级为"一般预警"的在保项目应具备以下特征。

（1）同比收入下降超过50%，或同比利润减少超过30%；

（2）无正常理由的应收账款、存货、应付账款大幅增加，产品积压严重；

（3）企业变卖、出售主要的生产、经营性固定资产；

（4）企业高级管理人员、财务负责人等关键人员离职，并已经严重影响企业生存发展和债务清偿能力；

（5）国家出台了不利于企业经营的政策法规，行业经营风险加大；

（6）涉及重大法律诉讼、仲裁或重大经济纠纷，影响企业正常经营和还贷款；

（7）其他金融机构突然收缩贷款（授信额度），非正常退出；

（8）借款人或反担保人资产被大量抵押或对外提供大额担保，接近或超过自身承受能力，但又未能说明融资用途；

（9）因违法违纪受到税务、海关、工商等部门的追究和处罚；

（10）因行为不良被新闻媒体披露；

（11）无正当理由而不按要求提供财务报表，不配合业务经理保后跟踪；

（12）对保后跟踪过程中发现的问题或纠纷意见持不理睬或应付态度；

（13）贷款用途和评审报告披露信息严重不符，甚至将贷款挪用至不正当途径，要求改正而不予改正；

（14）尚无逾月拖欠等额还款、利息等情形，但不能主动、及时履行，需业务经理多次催促、提醒；

（15）其他风险预警信号。

1.53.2 *严重预警项目*

严重预警项目指在本金或利息逾期、企业停产、账户和资产被查封等情况下，可能引发金融和社会风险的高危项目。被评定为"严重预警"的在保项目通常具备以下特征。(1) 该项目的本金或利息已经出现逾期现象。(2) 企业可能处于停产或半停产状态。此外，由于拖欠贷款或工资，企业可能引发群体性事件。(3) 企业的主要银行账户可能已被查封，抵押或质押的资产也可能面临查封的情况。在这种情况下，与企业的实际控制人可能无法正常取得联系。此外，其他金融机构可能已经提前收回贷款，企业或其保证人可能存在转移资产或抽逃资金的行为。

1.54 在保项目管理类别

在保项目管理类别指担保机构根据项目的风险状况，对正在担保的项目进行分级管理，以便及时识别、评估和控制风险。担保机构可以借鉴人民银行《贷款风险分类指导原则》及相关金融机构贷款五级分类管理办法，结合担保公司业务实操与风险管理经验，对担保业务质量进行全面、及时和准确的评价，并将担保业务按风险程度划分不同档次。

在保项目按照风险程度分为正常、关注、监控、危险、代偿五个等级。五级分类采用定量认定和定性认定相结合的方法。定量认定是根据项目所在企业有关财务指标、违约情况等数据进行客观认定；定性认定是业务经理及风控人员根据保后跟踪情况，结合项目所属企业有关非财务指标、反担保方式等项目情况，对项目形态进行主观认定。

（1）正常类：被担保企业（人）履约情况正常，没有足够理由怀疑存在代偿的可能性。

（2）关注类：被担保企业（人）目前履约情况正常，但存在一些可能对偿还产生不利影响的因素，存在代偿的可能性。

（3）监控类：被担保企业（人）的还款能力出现明显问题，完全依靠其正常营业收入无法足额偿还贷款本息，代偿的可能性极大，且在承担代偿责任后即使执行反担保，也存在造成一定损失的可能性。

（4）危险类：被担保企业（人）无法足额偿还贷款本息，必须采取果断避险措施，是重点跟踪对象。

（5）代偿类：被担保企业（人）无法足额偿还贷款本息，代偿也成为必然，且代偿后即使执行反担保，也要造成较大损失。被担保企业出现支付困难，正常经营收入不足以保证还款，需要通过出售、变卖资产或对外融资偿还贷款，甚至通过机构履行部分代偿责任来还款。

1.54.1 逾期项目

逾期项目指那些在规定还款期限内未能按时支付利息或本金的融资项目。通常情况下，这些项目在合同约定的还款日期到期后，借款方未能履行其还款义务，从而导致项目进入逾期状态。

一旦项目发生逾期，业务部门需要迅速采取行动，首先要做的是向公司风险管理部提交项目自查报告与风险项目台账，由风险管理部协调处置风险。

在项目逾期期间，业务部门还需要定期向风险管理部汇报催收的进展和企业的最新状况。这些汇报内容通常包括借款方的偿债能力、还款意愿、企业经营情况等方面的最新信息。通过这些动态的汇报，风险管理部能够更好地评估逾期项目的风险，并及时调整催收策略。

对于催收方案的制定，一般是由业务部门和风险管理部共同协商确定的。催收方案包括如何与借款方进行沟通、采取何种法律措施、是否需要进行资产处置等具体的操作步骤。业务部门由于对项目和借款方的实际情况比较熟悉，能够提供第一手的信息和建议；而风险管理部则具备专业的风险评估和控制能力，两者的协作能够制定出更加有效的催收方案。

1.54.2 展期项目

展期项目指被担保人在贷款到期前，由于各种原因无法按时偿还贷款，申请延长贷款期限的项目。

在处理展期项目时，担保机构需要注意以下法律风险。

（1）重新办理抵押登记的法律风险，以确保抵押权的有效设立。

（2）取得保证人、抵押人或出质人的书面同意，以保障展期后债权的担保权利。

（3）在展期前、主债权诉讼时效期间内行使担保物权，以保障担保机构的利益。

（4）取得在后顺位抵押权人同意展期的书面证明，避免丧失顺位优先权。

（5）对于不能办理或不能及时办理抵押登记的展期项目，可采取首查封控制抵押物等措施。

1.54.3 项目终止

项目终止指担保业务进入项目生命周期的最后阶段，标志着项目目标达成、担保合同期限届满、贷款结清或其他约定条件达成后，担保人不再对该项目进行担保的状态。项目终止形式多种多样，按照其终止结果，可以分为成功终止和失败终止。

（1）成功终止指项目成功完结而终止。常见的项目成功终止原因有：借款人按时履约并结清贷款使担保人的责任得以成功解除；或者在合同约定的条件下，例如借款人提供了额外担保或达成了特定的解除条件，使担保合同可以提前或按计划终止。

（2）失败终止指已经确定借款人未能按时支付利息或本金，或者无法按约定还款。在这种情况下，担保机构可能需要介入并承担担保责任，进而导致代偿。此外，如果借款人因严重的财务问题或破产而无法履行偿债义务，担保项目也可能会因此而失败终止，担保人需要根据合同或法律程序承担相应的担保责任和执行后续流程。

1.55 事前防范

事前防范指担保项目在执行抵押、质押等流程之前，为有效管理和降低相关风险而采取的预防措施和策略。这些措施旨在确保担保项目中的各方都能够尽可能地避免出现潜在的风险和问题。具体来说，担保事前风险防范包括以下几个方面。

（1）评估担保物的价值和质量。在确定抵押物或质押物时，必须进行详尽的评估和审查，确保其价值足以覆盖担保的借款金额。这样可以降低因抵押物价值不足带来的风险。

（2）评估借款人或抵（质）押人的信用和偿债能力。对借款人或抵（质）押人的信用记录、财务状况、还款能力等进行全面评估，确保其能够按时履行合同中的义务。

（3）制定合适的担保协议和合同条款。确保担保协议和相关合同条款清晰明确，包括放款金额、利率、还款期限、违约条款等，以及担保物的具体描述和保管措施。

（4）进行法律和合规审查。确保担保交易符合相关法律和法规要求，避免因法律问题产生风险和争议。

这些事前风险防范措施，能够有效地保护担保交易各方的利益，减少因意外情况造成经济损失和承担不必要的法律责任。

1.56 风险项目台账

风险项目台账指用于集中记录和管理所有风险项目的文件记录，是一种重要的风险管理工具。当一个融资担保项目出现风险时，业务经理通常需要将该项目的详细信息记录在风险项目台账中，并与该出险项目的项目自查报告一并提交至风险管理部。这个台账涵盖了每个风险项目的各个方面的信息，包括但不限于项目名称、担保金额、已经发生的风险事件以及已经或计划采取的应对措施等。

风险项目台账的核心目的是为风险管理部提供一个全面、统一的视角，以便对所有风险项目进行集中监控和管理。通过这种集中化的管理，风险管理部可以及时识别和评估各个项目的风险状况，确保所有潜在风险能够得到快速且有效的处理。这不仅有助于减少因风险带来的损失，还能提高融资担保机构的整体风险管理能力。

此外，风险项目台账还可以作为一个历史记录工具，帮助机构在未来的项目管理中积累经验，改进风险评估和管理流程。通过系统性地记录和分析过去的风险事件及其应对措施，机构可以不断优化其风险管理策略，有效提升其在融资担保领域的稳健性和可持续发展能力。

1.57　风险月报

风险月报指担保机构每月定期发布的有关业务风险评估的文件或报告，用于汇总和分析担保项目的风险情况。这种报告通常由业务部门编制后上报风险管理部门，旨在为管理层等提供关于各种潜在或已发生的业务风险的详细信息、评估状况及处置方案，是保后跟踪的重要手段。

1.58　项目自查报告

项目自查报告是一份旨在对出现风险的融资担保项目进行全面审查和评估的文件，以识别潜在的风险点以及分析已出现的问题。这种报告通常由负责该出险项目的业务经理撰写，附带风险项目台账一并提交至风险管理部，以便采取相应的风险控制和减缓措施。项目自查报告通常包括以下几个关键内容。

（1）项目自查报告会描述项目的基本情况，包括项目背景、担保金额、

担保期限、融资用途、借款人的基本信息等。这部分内容有助于全面了解项目的基本框架和初始条件。

（2）报告会详细分析项目的风险点。这部分内容可能涉及对借款人财务状况的审查、借款人经营环境的变化、市场风险、政策风险等各种可能影响项目顺利进行的因素。业务经理需要深入分析这些风险，并说明这些风险是如何产生的，以及其对项目的潜在影响。

（3）项目自查报告还会包含对风险事件的具体描述。业务经理需要详细记录已发生的风险事件，包括事件的发生时间、性质、涉及的金额、对项目的影响等。这部分内容有助于全面了解风险事件的具体情况和严重程度。

（4）项目自查报告还会提出相应的风险控制和缓解措施。业务经理需要根据对风险点和风险事件的分析，提出具体的应对方案。这些方案可能包括调整融资结构、增加反担保措施、与借款人协商还款计划等。目的是通过这些措施，尽可能降低风险对项目的负面影响。

1.59 风险绩效考核

风险绩效考核指根据风险责任认定，对业务经理的风险管理能力进行评估，并依据其在尽职调查、债务追偿等方面的表现，通过调整绩效工资、业绩奖励等方式实施奖惩的过程。对于出险项目，根据风险责任认定小组认定的业务经理风险责任类型，担保机构负责考核的部门一般应综合考察业务经理尽职调查是否审慎专业、债务追偿主动性及效果等因素，从绩效工资、业绩奖励、年度奖励等方面对业务经理进行风险考核评价，并对被风险责任小组认定为需承担责任的业务经理，进行绩效工资留置、业绩奖励留置、降薪降职等处理。

1.60 线上风控模型

线上风控模型指基于数据和算法，经过数据采集、清洗、处理、建模、评估和优化等多个环节，针对特定的业务场景和风险类型建立的量化模型，用于识别和评估风险，并给出相应的风险控制决策。

融资担保机构在应用线上风控模型时，通常会结合传统的贷前和贷后风险管理方法、经验等，以提高贷款审批效率和准确性。

1.61　违约风险

违约风险指当被担保客户债务到期时，经证实其确实没有能力履约的，担保机构将根据担保合同的约定，代替借款人向债权人履行债务或承担相应的赔偿责任。违约风险是担保机构面临的最主要风险，它主要来自于以下两方面。

（1）道德风险，指被担保人在最大限度增强自身效用的同时利用信息不对称作出不利于担保人的行为。道德风险是通常利用信息不对称而不顾对方风险所采取的自身效用最大化的自私行为。如果从委托—代理双方信息不对称的理论出发，道德风险是指被担保人利用其拥有的信息优势采取契约的乙方（担保机构）所无法观测和监督的隐藏性行动或不行动，从而出现担保机构代偿的可能性。

（2）偿债能力风险，指被担保人当由于市场竞争、公司战略、实控人的不良嗜好等，导致公司在经营或财务方面出现重大问题时，失去了现金还款能力，即使其有意愿但仍然无力偿债的风险。

1.62　操作风险

操作风险指由于不完善或失败的内部流程、人员、系统或外部事件给担保机构带来的损失风险。

为避免操作风险，担保机构需要建立运营规范、职责明晰的制度性保障，形成管理过程中可溯源的制度依据，并制定科学合理的激励制度。

一般来说，一个完善的担保业务操作流程可分为保前和保后两类。保前阶段包括咨询对接、尽职调查、项目评审、合同办理四个环节；保后阶段一般包括保后跟踪、风险预警、风险处置等环节。

1.63　流动性风险

流动性风险指担保机构面对担保代偿时是否有足够的现金支付的风险。

该风险包括担保资本的流动性和变现性，也包括反担保项下的或有资产的流动性和变现性。

担保机构的流动性风险一般来自于以下三个方面。（1）客户集中度较高。如担保机构给予单一客户的担保额度较高，一旦单一客户出现经营风险，引发担保机构代偿，那么就会导致担保机构的流动性风险增加。（2）资产变现能力差。如担保机构所持有的资产结构不合理，难以在短时间内处置或变现，无法满足应对重大危机的需求，就会导致担保机构的流动性风险增加。（3）市场环境变化。市场环境的变化，如利率波动、经济周期等，也会影响担保机构的融资服务能力和资产价值，从而增加担保机构的流动性风险。

1.64 市场风险

市场风险是一种系统性风险，指宏观经济下行时所有市场主体经营都出现一定程度的困难，包括由于市场竞争激烈而被淘汰的一部分中小微企业。此时，如果这部分中小微企业与担保机构存在融资担保业务合作，担保机构很可能面临着代偿的风险。对于担保机构来讲，市场风险通常是难以预测和控制的，担保机构需要通过前期细致的尽职调查和风险评审，以及后期严谨的保后跟踪和迅速的风险处置来进行规避。

1.65 风险处置

风险处置指担保机构在业务中出现风险事件或风险暴露时，为降低风险发生的可能性并减少其不良影响所采取的应对措施和处理策略。担保业务风险处置一般包括风险规避、风险转移、风险缓解、风险自留等多种手段和措施。

风险规避指通过改变计划或策略以避免风险的发生。风险转移指将风险责任从一个实体转移到另一个实体的过程。常见的方法包括保险、外包或与其他机构签订协议；风险缓解指采取措施以减少风险发生的可能性或影响。风险自留指在权衡利弊后，选择自行承担某些风险。其通常适用于风险影响较小或企业有足够能力应对的情况。

1.66 风险缓释

风险缓释指的是担保机构采取各种措施和策略，以减少担保责任可能带来的财务损失和法律风险。其与风险规避不同，风险缓释更多地关注如何在风险发生时，尽可能降低其负面影响，因此风险缓释并不能完全消除风险。

担保机构常见的风险缓释手段包括：要求被担保方追加反担保人或反担保物（如房屋、车辆、股票等），定期监控被担保方的财务状况和履约能力，以及在合同中明确违约处理机制和补救措施。此外，担保机构还可以通过建立风险准备金等方式来进一步分散和缓解风险。通过这些综合性的措施，担保机构能够在面对潜在风险时，保持更高的灵活性和更强的应对能力，从而保护自身的利益。

1.67 风险敞口

风险敞口指担保机构在为被担保人提供担保服务时，因被担保人未能履行还款义务而遭受潜在经济损失的程度。

从具体数额来说，风险敞口的数额等于担保机构对外担保的总金额减去抵押物的价值。风险敞口越大，担保机构在被担保人违约时需要承担的赔偿金额就越高，因此管理和控制风险敞口是担保机构风险管理的重要组成部分。

为降低风险敞口，担保机构通常会进行严格的风险评估和审查，并根据被担保人的信用状况、担保物的价值等因素确定担保费率和条件。此外，担保机构还可能采取多样化的风险管理策略，如进行再担保或制定严格的担保标准等。

1.68 风险集中度

风险集中度指担保机构对单一债务人或相关的若干债务人开展的业务过于集中，从而使担保机构的资产组合面临集中的风险。

风险集中度的隐蔽性和收益的增加会模糊担保机构对风险增加的感知，使得在风险逐渐集中的过程中，风险管理的有效性受到影响。担保机构往往会为了追求短期收益而忽视风险集中度的潜在危害。风险集中度通常会由于某一或某些因素的影响，导致风险敞口突然增大，超出了担保机构的风险承受能力和资本覆盖能力范围。这样的风险暴露不仅会直接导致资产损失，还可能导致资产收益率的大幅度下降。

很多情况下，担保机构难以准确把握和控制风险集中度暴露带来的损失，因此需要在事前做好防范措施。通过分散风险，减少对单一或相关群体债务人的依赖，从而降低整个资产组合的风险水平。根据《融资担保公司监督管理条例》规定，融资担保公司对同一被担保人的担保责任余额与融资担保公司净资产的比例不得超过 10%，对同一被担保人及其关联方的担保责任余额与融资担保公司净资产的比例不得超过 15%。

1.69　风险限额

风险限额指担保机构围绕自身风险偏好及风险容忍度，考虑自身业务类型、规模、复杂程度以及经营目标等因素，选取能反映自身风险水平的指标，并设定上限和下限。风险限额的选取应遵循审慎性、时效性、合理性和差异性原则。

风险限额指标的阈值设定除了要结合企业自身发展情况外，还应结合外部监管要求、行业通用标准以及历史数据分布等情况综合考虑。选取符合担保行业特点的、代表性强的限额指标，并对限额指标的定义、来源和计算公式进行明确。风险限额指标具体包括资产负债率、拨备覆盖率、融资担保代偿率、保证担保代偿率、发债担保代偿率、单一客户集中度、担保放大倍数等。

1.70　单一客户集中度

单一客户集中度指在特定时期内，由一家融资担保公司为单一客户或关联客户群体提供的担保金额占公司总担保业务规模的比例。如果这种客户占据了担保机构业务的较大份额，将对担保机构的经营风险和财务稳定性造成重要影响。单一客户集中度可能会导致公司面临较高的集中风险，如果该客户出现违约或其他财务问题，有可能会对融资担保公司的整体财务状况造成不良影响。

根据《融资担保公司监督管理条例》规定，融资担保公司对同一被担保人的担保责任余额与融资担保公司净资产的比例不得超过 10%，对同一被担保人及其关联方的担保责任余额与融资担保公司净资产的比例不得超过 15%。

1.71　拨备

拨备指担保机构在每年进行财务预算时，根据业务将出现亏损的规模所预留的准备资金。它是担保机构对业务经营中潜在风险和损失作出的准备，反映了其能够承担的风险和成本。

另外，拨备会直接冲减净资产，因此也能够更真实地反映出担保机构的经营水平和资产质量。一般来讲，财务账目中的拨备预算，可能与最终的实际结果出现差异，假如实际的损失少于拨备预算，便可视为盈利，反之则视为亏损。

1.72　拨备覆盖率

拨备覆盖率指担保机构用于应对潜在风险事件的准备金相对于担保代偿余额的比例，用以衡量其风险抵御能力。其计算公式为：设备覆盖率＝风险准备金/担保代偿余额。

担保机构的拨备覆盖率与商业银行类似，均反映了可能发生风险事件的准备金对代偿余额的风险覆盖情况。一般情况下，拨备覆盖率越高，证明担保机构的风险越低。

1.73　风险代偿

风险代偿指在担保合同生效期间，如果借款人（即债务人）未能按约定履行债务，担保机构应根据担保合同的约定，代替借款人向债权人履行债务或承担相应的赔偿责任。因此，担保机构需要具备充足的风险管理能力和资金储备，以应对可能出现的代偿风险。风险代偿的流程一般如下。

（1）借款人未能按时履行债务。当借款人未能按合同约定偿还贷款或履行其他债务时，债权人会发出催收通知。如果借款人仍未能履约，债权人可以启动担保代偿程序。

（2）债权人向担保机构提出代偿要求。根据担保合同的约定，债权人有权向担保机构提出代偿要求。

（3）担保机构履行代偿责任。担保机构在接到债权人的代偿要求后，需要按照担保合同的约定，向债权人支付相应的款项或履行其他代偿责任。

（4）担保机构向借款人追偿。在履行代偿责任后，担保机构有权向借款人追偿已支付的代偿款项。担保机构可以通过法律手段或其他方式要求借款人偿还代偿款，以减少自身的损失。

1.74　累计代偿率

累计代偿率是衡量担保机构风险控制能力的重要指标之一，它用来反映在某一时间段内，担保机构为被担保人代偿的金额与解除的担保额之间的比率。这个比率可作为一个评估标准，用来衡量担保机构的业务质量和风险管理水平。

累计代偿率的计算公式为：累计代偿率=本年度累计担保代偿额/本年度累计解除的担保额×100％。

一般来说，这个比率越低，意味着担保机构需要为客户违约而代偿的金额相对就越少，也证明了担保机构能够有效地管理和控制其担保项目的风险，进而有助于增强担保机构自身的增信能力。

因此，对于担保机构而言，建立更严格的风险评估体系、加强客户资质审查、完善贷后管理机制等措施可以有效地控制风险，降低代偿率，从而提升整体业务质量和市场竞争力。

1.75　赔偿准备金

赔偿准备金指融资担保机构为应对潜在的赔付风险而提前预留的一种专项资金。根据《融资担保公司非现场监管规程》规定，担保赔偿准备金是融资担保机构按照相关规定提取的，用于弥补因借款人违约或其他原因导致的担保赔付款项。这个准备金的设立是为了增强融资担保公司的风险应对能力和财务稳定性。

在具体操作中，当融资担保公司为借款人提供担保服务时，其需要评估借款人的信用风险以及整个担保业务的风险水平。基于这些评估结果，融资担保公司会按照一定的比例从其当期的收入或利润中提取资金，存入担保赔偿准备金账户。这个准备金账户的资金是专门用于支付因借款人违约而产生的赔偿费用。

担保赔偿准备金的主要作用是为融资担保公司提供财务保障，以应对未来可能出现的担保赔付需求。它不仅可以弥补因担保人存在坏账或违约导致的直接经济损失，还能提升融资担保公司的市场信誉和信用评级，从而增强其在金融市场中的竞争力。此外，设立担保赔偿准备金也是一种风险管理手段，可以有效分散和缓释风险，确保融资担保业务的可持续发展。

在监管层面，监管机构会对融资担保公司的担保赔偿准备金进行严格的监督和管理，确保其提取和使用符合相关法律法规的要求。融资担保公司需要定期向监管机构报告担保赔偿准备金的提取、使用和余额情况，以便监管机构掌握其财务状况和风险管理能力。

1.76 风险准备金

风险准备金是担保机构为了应对可能发生的风险而预先准备的资金。这种准备金的目的是覆盖其在运营过程中可能面临的风险，如借款人违约风险、市场风险等。根据《融资性担保公司管理暂行办法》第三十一条规定："融资担保机构应当按照当年担保费收入的50%提取未到期责任准备金，并按不低于当年年末担保责任余额1%的比例提取担保赔偿准备金。担保赔偿准备金累计达到当年担保责任余额10%的，实行差额提取。"

赔偿准备金、风险准备金与拨备的区别在于：（1）赔偿准备金是为了确保担保公司在需要履行赔偿责任时有足够的资金进行支付；（2）风险准备金则更多地关注于预防和覆盖担保公司在业务过程中可能遇到的风险；（3）而拨备则是一个更广泛的财务概念，其不仅是为担保项目的风险所准备的，更是涵盖了担保机构各种可能的损失，如坏账、资产减值或其他不确定的未来支出，是整体财务健康的重要保障措施。

1.77　风险专项计提

风险专项计提指担保机构为了应对特定风险或潜在损失而预先计提的资金储备。担保机构通常会根据其自身的实际经济状况、财务状况和风险管理政策等因素进行计提。

风险专项计提的流程包括以下两方面：（1）一般由担保机构的风险管理部门提出建议，内容包括计提金额、原因及对应的证明材料，由其分管领导审批后提交至财务部门；（2）财务部门根据担保机构自身年度风险对其财务状况和经营状况的影响，结合风险管理部门提出的建议，形成风险专项计提方案，再由其分管领导审核后上报管理层审批，审批通过后方可进行账务处理。

1.78　风险专项计提转回

风险专项计提转回指担保机构在一定时期内提取的风险准备金或专项计提，在后续经过审计或评估确认后，认为不再需要继续保留的情况下，将其转回到利润中。这种转回通常发生在原先预计的风险并未完全发生或损失程度较轻的情况下。

风险专项计提转回流程类似于风险专项计提流程，先由风险管理部门提出建议，财务部门拟定转回方案，再分别经由主管领导审批上报。

如发生以下情形，可相应转回部分或全部风险专项计提。

（1）项目全部化解或部分化解；

（2）项目由风险项目转回为正常项目或预警项目；

（3）项目抵（质）押物升值；

（4）项目担保人担保能力增强或增加了其他担保措施；

（5）追索中发生有利于担保机构的变化，预计回收金额增加；

（6）其他有利于担保机构化解风险项目的情形。

1.79　风险专项计提核销

风险专项计提核销指担保机构在一定时期内提取的风险准备金或专项计

提，在经过审计或评估确认后，确定相关风险已经发生或者风险损失已经确认的情况下，将这部分准备金或计提从财务报表中核销掉。需要指出的是，担保机构对已核销的项目也应保留追索权。

风险专项计提核销的一般流程为：（1）风险管理部门提交核销报告，说明风险项目产生的原因及清理、追索和责任追究情况，并提出处理意见，提供相应证明材料，再由其分管领导审核后交由财务部门；（2）财务部门复核核销报告及证明材料并提出复核意见，由其分管领导审核后提请上级审议，审议通过后按规定核销处理。

1.80　债务追偿

债务追偿指担保机构在履行了对银行的代偿责任后，有权要求被担保企业偿还为其代履行的债务，而担保机构向被担保企业追偿的权利也被称为追偿权。

担保机构可以采取多种措施来追回代偿资金。例如，针对有还款意愿，但还款能力不强的债务人，担保机构可以帮助其重新制订还款计划，以协商收回代偿资金。此外，担保机构可以通过处理抵押物或质押物、要求反担保人履行代偿义务，甚至提起诉讼等措施来实现追偿。

在担保机构履行了代偿责任后，其与受偿银行之间的合同关系结束。但受偿银行仍有义务履行其后合同义务（在合同关系终止后，仍需履行的一些附带义务），即协助担保机构行使追偿权，包括向担保机构提供支持其追偿行动的相关证据等。

1.81　不良资产

担保机构的不良资产指在提供担保过程中，被担保企业或个人由于未能如期履行其债务，导致不能及时给担保机构带来正常收入甚至难以收回本金。担保机构如果不能够有效地处理不良资产，就会影响其财务健康，还可能对自身信用评级和市场声誉造成负面影响。

不良资产主要包括但不限于无法收回的担保贷款，与担保相关的其他应收款项以及反担保物，如设备、房屋建筑物等实物类资产，或者是长期难以回收的债权类资产和长期投资可收回金额低于账面价值的股权类资产。

1.82　不良资产处置

不良资产处置指担保机构通过各种手段和策略，将无法产生预期收益的不良资产进行清理或转化，以减少损失并改善财务状况。处置方式包括常规催收、诉讼或仲裁追偿、以物抵债、不良债权转让、委托外部清收、破产清偿等。其目标是最大化回收价值，降低不良资产对机构的负面影响。

1.82.1　常规催收

常规催收指依据有关法律文书，采取短信、电话、信函、上门等多种手段直接向债务人或联系人进行催收的处置方式。常规催收是不良债权处置的基本方式，主要适用于债务人具有还款意愿和一定还款能力的不良债权。

1.82.2　诉讼或仲裁追偿

诉讼或仲裁追偿指通过司法程序，运用诉讼或仲裁、强制执行等法律手段，收回不良债权的方式，主要适用于债权人缺乏还款意愿或直接追偿无效的不良债权。同时，为确保债权始终受司法保护，对于不良债权，担保机构应在诉讼时效和保证期内提出诉讼请求。

1.82.3　以物抵债

以物抵债，也被称为以物抵偿，指在债务履行过程中，债务人与债权人之间达成的一种协议，通过债务人或第三人所有的财产来折价清偿债务，以此消灭债权债务关系。还有一种裁定方式，即通过诉讼或者仲裁程序，取得抵债资产，冲抵不良债权。

以物抵债这种清偿方式可以是金钱债务，也可以是非金钱债务，但以金钱债务居多。其涉及的"物"可以是动产、不动产或财产性权利，其核心在于以他种给付代替原定给付，实现债务的清偿。

1.82.4 不良债权转让

不良债权转让指债权人将其持有的不良债权出售或转让给第三方机构。这通常是担保机构为了从不良资产中回收部分资金，并减少不良债权对财务状况的影响。受让方通常是专业的资产管理公司或投资者，他们通过专业手段来管理和处置这些债权。

不良债权转让的方法包括单笔转让及批量转让。

单笔转让指的是金融机构将一笔不良债权直接转让给第三方的行为。这种方式适用于金额较大、情况较为复杂的不良债权，或者当金融机构认为单笔转让更有利于回收价值时采用。在单笔转让中，金融机构可以直接与潜在的受让方进行谈判，根据债权的具体情况确定转让价格和条件。这种方式在操作上更为灵活，可以针对不同债权的特点制定个性化的转让方案。

批量转让则指金融机构将多笔不良债权打包，作为一个整体转让给第三方的行为。这种方式通常用于处理大量小额、分散的不良债权，可以提高处置效率，降低单笔债权的处置成本。批量转让的不良债权通常以 10 户/项以上为一个资产包进行组包，定向转让给资产管理公司等受让方。这种模式有助于快速降低金融机构的不良资产率，同时也为资产管理公司提供了规模效应，可以通过整合多个债权提高整体的回收率。

1.82.5 委托外部清收

委托外部清收指委托外部律所通过合法手段对不良债权进行清收，并按照约定支付相应费用的处置方式。该处置方式适用于追偿难度较大、不良债权形成时间较长、情况较为复杂、债务人财产线索难以掌握的情形。

1.82.6 破产清偿

破产清偿指通过债务人破产清算、破产和解或破产重整，收回不良债权的处置方式。该处置方式主要适用于债务人不能清偿到期债务，且资产不足以清偿全部债务或明显缺乏清偿能力，以及其他主动申请债务人破产有利于债务受偿的情形。

1.83 不良资产回收率

不良资产回收率指担保机构从不良资产中回收的资金占不良资产原值的比例。不良资产回收率很大程度上取决于担保机构处理其不良资产的速度和效果，不良资产回收率直接影响担保机构的资产质量和盈利能力。

担保项目的类型也会直接影响不良资产的回收水平，如抵押贷款担保的不良资产回收率相对较高，纯信用贷款担保的不良资产的回收率一般较低。

发债担保

2.1　债券

债券是一种金融契约，是政府、金融机构、工商企业等直接向社会筹借资金时，向投资者发行并承诺按一定利率支付利息、按约定条件偿还本金的债权债务凭证。债券的主要特征包括流动性、偿还性、安全性和收益性。

（1）流动性：指的是债券能够在金融市场上迅速买卖而不会对价格产生显著影响的能力。流动性取决于市场交易的便利性和债券在转换为现金时价值的稳定性。债券的流动性意味着投资者可以根据需要和市场条件，灵活地出售债券以回收投资。

（2）偿还性：意味着债券有明确的到期日，债务人必须在到期时支付利息和本金。这确保了债务人不会无限期地占用投资者的资金。

（3）安全性：指的是债券持有人能够相对稳定地获得收益，并且能够在到期时收回本金。通常，流动性高的债券被认为更安全，因为它们可以将稳定的债券迅速转换为现金。债券投资的风险主要来自于债务人违约（未能按时支付利息或偿还本金）和市场风险（债券价格下跌导致的损失）。

（4）收益性：指债券为投资者提供的定期收入，通常以利息的形式体现。债券的收益可以是持有其到期并按期收取利息，或是在债券到期前出售债券以获得价差。

债券的这些特征之间存在一定的权衡关系。通常，安全性高、风险低、流动性强的债券，由于受到投资者的青睐，其价格较高，收益率相对较低；而安全性低、风险高、流动性差的债券，由于投资者购买意愿不强，其价格较低，收益率相对较高。投资者应根据自己的投资目标、财务状况和市场分析来选择合适的债券，以构建最优的投资组合。

债券本质上是债务关系的法律文件，确立了债券投资者（购买者）和发行者之间的债权债务关系。根据发行主体的不同，债券又可以分为政府债券、金融债券和公司债券等类型，如图 2-1 所示。

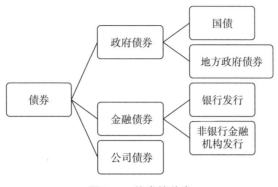

图 2-1 债券的种类

2.1.1 国债

国债又称国家公债，是由国家发行的债券，是中央政府为筹集财政资金而发行的一种政府债券，是中央政府向投资者出具的、承诺在一定时期支付利息和到期偿还本金的债权债务凭证。

由于国债的发行主体是国家，具有最高的信用等级，国债被公认为是最安全的投资工具。我国的国债专指财政部代表中央政府发行的国家公债，由国家财政信誉作担保，历来有"金边债券"之称。国债可划分为凭证式国债、无记名（实物）国债、记账式国债三种。

2.1.2 地方政府债券

地方政府债券指地方政府或地方公共机构发行的债券，是地方政府以税收能力作为担保，进而筹集资金的债务凭证。地方政府债券一般用于交通、通信、住宅、教育、医院和污水处理系统等地方性公共设施的建设。地方政府发行债券有两种模式：一是地方政府直接发债；二是中央发行国债再转贷给地方政府。

地方政府债券以地方政府信用为基础，安全性仅次于"金边债券"。此外，投资者购买地方政府债券所获得的利息收入可免交所得税。

2.1.3 金融债券

金融债券指银行及其他金融机构所发行的债券。金融债券期限一般为3～

5 年，其利率略高于同期定期存款利率水平。金融债券的发行者为金融机构，因此其资信等级相对较高，多为信用债券。按不同标准，金融债券可以划分为很多种类。最常见的分类有以下两种。

（1）根据利息的支付方式，金融债券可分为附息金融债券和贴现金融债券。如果金融债券上附有多期息票，发行人定期支付利息，则称为附息金融债券；如果金融债券是以低于面值的价格贴现发行，到期按面值还本付息，利息为发行价与面值的差额，则称为贴现债券。比如票面金额为 1000 元，期限为 1 年的贴现金融债券，发行价格为 900 元，1 年到期时支付给投资者 1000 元，那么利息收入就是 100 元，而实际年利率就是 11.11%。按照国外通常的做法，贴现金融债券的利息收入要缴税，并且不能在证券交易所上市交易。

（2）根据发行条件，金融债券可分为普通金融债券和累进利息金融债券。普通金融债券按面值发行，到期一次还本付息，期限一般是 1 年、2 年和 3 年。普通金融债券类似于银行的定期存款，但是利率高些。累进利息金融债券的利率不固定，在不同的时间段有不同的利率，并且一年比一年高。比如面值 1000 元、期限为 5 年的金融债券，第一年利率为 9%，第二年利率为 10%，第三年为 11%，第四年为 12%，第五年为 13%。投资者可在第一年至第五年之间随时去银行兑付，并获得规定的利息。

2.1.4 公司债

公司债指股份制公司为筹措资金，以发行债券的方式向社会公众募集资金所形成的债权与债务关系，并承诺在未来的特定日期，偿还本金并按事先规定的利率支付利息。发行公司债须由公司董事会作出决定，制定募债说明书上报主管机关批准。公司债可按照以下方式分类。

（1）按是否记名划分：记名公司债券是指在券面上登记持有人姓名，支取本息要凭印鉴，转让时必须背书并到债券发行公司登记的公司债券；不记名公司债券则是指券面上不需载明持有人姓名，还本付息及流通转让仅以债券为凭，不需登记。

（2）按持有人是否参加公司利润分配划分：参加公司债券指除可按预先约定获得利息收入外，还可在一定程度上参加公司利润分配；非参加公司债券则指持有人只能按照事先约定的利率获得利息。

（3）按是否可提前赎回划分：可提前赎回公司债券是指发行公司在债券到期前购回其发行的全部或部分债券；不可提前赎回公司债券则是指只能到期一次还本付息的公司债券。

（4）按发行债券的目的划分：普通公司债券是以固定利率、固定期限为特征的公司债券，目的在于为公司扩大生产规模提供资金来源；改组公司债券是为清理公司债务而发行的债券，也称以新换旧债券；利息公司债券又被称为调整公司债券，是指面临债务信用危机的公司经债权人同意而发行的较低利率的新债券，用以换回原来发行的较高利率债券；延期公司债券则是指公司在已发行债券到期无力支付，又不能发新债还旧债的情况下，在征得债权人同意后可延长偿还期限的公司债券。

（5）按发行人是否给予持有人选择权划分：附有选择权的公司债券是指在部分公司债券的发行中，发行人给予持有人一定的选择权，如可转换公司债；未附有选择权公司债权则是债权人没有给予持有人上述选择权的公司债券。

2.1.5 信用债券

信用债券指在发行时不提供任何形式的财产留置权或抵押品作为担保的债券，也称无担保债券。债券发行公司仅依靠其自身的信用承诺来保证按时支付利息和偿还本金。具体地说，当公司发行无信用债券时，会在契约或信托证书中承诺在未来某个日期或期间定期支付约定的利息和本金。由于没有财产留置权或抵押品作为担保，这类债券的风险相对较高，投资者也通常要求其设置较高的利率作为补偿。信用债券的种类包括企业债、公司债、短期融资券、中期票据、分离交易可转债、资产支持证券和次级债等。相比国债，信用债券提供了较高的收益，也伴随着更大的信用风险。

2.1.6 城投债

城投债，又称准市政债，是由地方投融资平台作为发行主体，公开发行的企业债和中期票据。其主要用途是为地方基础设施建设或公益性项目筹集资金。城投债的核心特征在于其发行主体，即地方投融资平台，这些平台大多从事地方基础设施建设。尽管从资金募集到使用，城投债的流程完全套用企业债的运作模式，但其实际目标是为地方政府筹集市政建设资金。

在具体操作中，地方政府通常会在债券发行计划上给予发行企业极大支持，并提供各种政策优惠，如隐形担保、开发许可和税收优惠等。如果城投债出现无法兑付问题，地方政府往往承担代为偿还的责任，这使得城投债具有明显的政府信用背书。

在融资担保行业中，城投债增信业务成为许多大型担保公司的主要收入来源。通过这种方式，担保公司为城投债提供信用支持，使其更具吸引力，进一步推动了地方基础设施建设和公益性项目的发展。

2.1.7 产业债

产业债指剔除城投债部分的信用债，主要用于投资或扩大生产规模。产业债的发行主体涵盖从制造业和服务业到能源和技术等多个领域的企业，这类企业通常有较强的自主经营能力、盈利能力及现金流产生能力，对政府及政策依赖性较弱，不易受到货币政策以及宏观经济环境的影响，因而其产业债有更高的风险收益比。这使得投资者在选择投资标的时，可以更专注于企业自身的财务健康状况和市场前景，而不必过于担心地方政府债务等敏感问题。

2.1.8 中小企业集合债

中小企业集合债指通过牵头人组织使用统一债券名称，以多个中小企业构成的集合为发行主体统收统付，发行企业各自决定发行额度并分别负债，由其向投资人发行的约定到期还本付息的一种企业债券形式。中小企业集合债是以银行或证券机构作为承销商，由担保机构担保，评级机构、会计师事务所、律师事务所等中介机构参与，并对发债企业进行筛选和辅导以满足发债条件的新型企业债形式，旨在帮助中小企业更便利地获取融资，以解决单个企业在资本市场上融资难、融资贵等问题。

中小企业集合债的重要特点是需要担保机构提供担保服务。目前针对中小企业集合债的担保模式可分为两种：一是由中债信用增进投资股份有限公司（以下简称中债信用增进公司）提供担保，同时聘请地方担保机构为中债信用增进公司提供反担保；二是地方担保机构直接为发行人提供担保。具体担保模式可视项目情况及发行人、市场投资者的接受情况而定。

2.2　债券发行期限

债券发行期限指从债券发行之日起到债券到期日为止的时间长度。在债券领域，发行期限的长短会受到多种因素的影响，包括债券的类型、市场利率、发行方式等。根据期限的不同，债券可以分为短期债券、中期债券和长期债券。短期债券的期限通常在 1 年以内，中期债券的期限一般介于 1 年至10 年之间，而长期债券的期限则超过 10 年。

例如，地方政府发行的债券可能用于不同的途径，其平均发行期限可能达到 6 年或更长，具体取决于债券是用于一般债务还是专项债务。企业债券和公司债券的发行期限通常较长，一般为 3~20 年，较常见的是十年期债券。

债券的期限对投资者和发行者都有重要影响。期限越长，意味着债券持有者的资金锁定时间越长。在银行利率上升时，持有长期债券的投资者的收益可能会受到影响，因为市场环境的变化可能使得新发行的债券收益率更高，而旧债券的市场价格可能会下降。此外，债券期限越长，其投资风险也越高，因此投资者通常会要求较高的收益率作为风险补偿。高收益率的债券通常价格也较高，这是因为投资者希望获得与所承担风险相匹配的回报。综合来看，长期债券的价格一般要高于短期债券的价格。

债券发行期限的选择一般考虑两个因素：一是债券资金筹措的用途，其基本要求是债券期限不能短于投资项目的建设周期；二是发行人所能负担的利率水平，因为期限长短和利率水平的高低成正比。前者尤为重要，如果债券期限太短，在投资尚未到期的情况下即已到还款期，那么为了偿还已到期的债券，只有靠发行新债来兑换旧债，这种办法不但不能满足发债公司对资金的需求，而且还会大大增加债券还本付息的工作量，并人为提高发行人的筹资成本，增加利息负担。

2.2.1 长期债券

长期债券指那些期限超过 10 年的债券。这些债券通常由政府发行，以筹集较长期限的资金。长期债券的发行目的通常是资助大型的基础设施项目、长期的建设工程或者市政设施建设等，因为这些项目需要较长时间才能实现收益。

由于长期债券的偿还期限较长，因此，这类债券的流动性相对较差。持有人如果在债券到期前需要将其转换为现金，可能会面临一定的困难。为了弥补这种流动性不足的缺点，长期债券通常在二级市场上进行交易，使他们能够在需要时出售债券，而不必等到债券到期。

此外，长期债券还面临通货膨胀的风险。随着时间的推移，投资者对货币的购买力可能会下降，这意味着债券到期时的本息和实际购买力可能会减少。因此，为了吸引投资者，长期债券通常提供较高的利息作为补偿。较高的利率能够部分抵消通货膨胀带来的影响，并使这些债券对投资者更具吸引力。

2.2.2 中期债券

中期债券是一种固定收益债券，期限通常在 1 年以上 10 年以下，具体期限往往为 5 年、7 年或 10 年。与短期债券（期限在 1 年以下）和长期债券（期限超过 10 年）相比，中期债券在风险和收益方面具有独特性。

中期债券可以分为记名式和非记名式两类。记名式中期债券的正面会明确记载本金、利息以及购买人的姓名。这种债券的优势在于安全性较高，因为只有债券上注明的持有人才能领取利息和本金。相应地，债券的交易和转让需要经过一定的手续，可能会相对烦琐。

非记名式中期债券则不记载持有人的具体信息，任何持有该债券的人都可以领取利息和本金。由于其匿名性，这类债券在市场上流动性较强，交易和转让相对方便，但也因此导致其安全性较低，如果债券丢失或被盗，将很难追回。

投资中期债券的一个主要动机是获得稳定的利息收入，同时在一定程度上分散投资组合的风险。由于中期债券的期限适中，它们通常能够提供比短期债券更高的收益，而风险又相对低于长期债券。此外，中期债券还可以帮助投资者在利率环境发生变化时更灵活地调整投资策略。

2.2.3 短期债券

短期债券是指那些用于筹集短期资金、期限通常在 1 年以内的债券。这类债券的发行主要是为了满足发债主体短期内的资金需求。值得注意的是，一些在市场上流通的中长期债券，如果其到期时不足 1 年，也可以被视为短期债券。

短期债券因其流动性强和风险低的特点而受到广泛欢迎。流动性强意味着投资者可以较容易地将其转化为现金，风险低则是因为它们的期限较短，市场风险和利率风险相对较低。然而，与其低风险和高流动性特点相对应的是，短期债券的收益率通常较低，这是投资者需要权衡的一个重要方面。

购买短期债券的投资者通常包括金融机构、公司和个人。金融机构，特别是银行和基金公司，往往会大量购买政府短期公债和短期公司债，并将其视为资产的二级储备。这是因为短期债券不仅可以提供稳定的收益，而且在需要时可以迅速变现，满足流动性需求。

2.3 债券利率

债券利率指政府、银行以及企业等主体在国际和国内金融市场上通过发行债券筹集资金，向债券投资者支付的利息率。债券利率的设定受到银行存款利率的影响。通常情况下，由于债券流动性相对较差，其利率往往高于银行存款利率。

在不同类型的债券中，利率水平主要受安全性和流动性两大因素的影响。从安全性角度来看，企业债券的安全性低于金融债券，而金融债券的安全性又低于国家债券。反观流动性，国家债券由于期限较长，其流动性较弱，相较之下，金融债券和企业债券的流动性更强。因此，在利率的排列上，国家债券的利率通常高于金融债券，而企业债券的利率又高于国家债券。

债券利率的确定既是对市场供需关系的反映，也是对投资者风险补偿的体现。合理的利率设计，能够有效平衡各类投资者的收益预期水平和风险承受能力，保障金融市场的稳健运行。

2.3.1　固定利率债券

固定利率债券指在发行时就确定票面利率，并且在偿还期内利率保持不变的债券。固定利率债券的票面上会印有固定的利息息票和到期日，发行人通常每半年或一年支付一次利息，持有债券的投资者可以通过息票向发行人或其指定的银行领取利息。在市场利率不稳定或急剧变动时，固定利率债券的发行量可能会受到较大限制。

2.3.2　浮动利率债券

浮动利率债券与固定利率债券相对应，指发行时规定债券利率随市场利率定期浮动的债券，即债券利率在偿还期内可以进行变动和调整，可有效地规避利率风险。浮动利率债券的利率通常根据市场基准利率加上一定的利差来确定，并且其利息率浮动通常定有最低下浮限制和利息率浮动上限。

浮动利率债券通常为可转让、无记名的中长期债券，期限多为 5~15 年。依具体发行条件，浮动利率债券可附有不同的息票，通常为每 3 个月或 6 个月支付 1 次。

2.4　公募债券

公募债券指通过法律规定的程序，经由证券主管机构批准后，在公开市场上发行的债券。这类债券可以被任何社会公众认购，不限于特定的投资群体。发行公募债券的主体通常需要具备较高的信誉度，因为公开发行不仅能帮助他们筹集资金，还能进一步提升其市场信用。

公募债券的发行者可以是政府机构、地方公共团体以及符合特定条件的私营企业。私营企业要发行公募债券，必须满足一系列严格的条件和要求。这是为了确保发行主体有足够的偿债能力和信用，以保障投资者的利益。

由于公募债券的投资者是广泛的、非特定的公众。因此，发行方必须遵循严格的信息披露制度。这包括向投资者提供详细的财务报表和其他相关资

料，以便投资者能够充分了解发行者的财务状况和经营情况。此外，发行者
还需要向证券主管部门提交有价证券申报书，详细说明债券发行的目的、规
模、期限、利率等重要信息。这些措施都是为了提高透明度，保护投资者的
合法权益，降低信息不对称带来的风险。

总之，公募债券是一种通过公开市场面向广大投资者发行的债券形式，
具有较高的透明度和严格的监管要求。它不仅有助于发行方筹集资金，还能
提升其市场信用，同时也为投资者提供了一个较为安全的投资渠道。

2.5　私募债券

私募债券，又称非公开发行债券，指针对特定的少数投资者发行的债券。
这些债券通常不在市场上公开交易，发行对象主要是专业的投资机构，如银
行、信托公司、保险公司和各类基金会等。这些机构通常拥有经验丰富的专
家团队，能够对债券及其发行者进行充分的调查和研究。由于这些投资者与
发行人之间比较熟悉，彼此了解，因此不需要通过公开展示的方式来进行债
券发行。

购买私募债券的投资者通常不是为了将债券转手倒卖，而是为了将其作为
一种金融资产进行持有。这一特点使私募债券在发行和交易过程中较为稳健。

在发行程序上，私募债券采用备案制。这与企业债和公司债需要采取核
准制发行不同。核准制要求债券发行必须经过严格的审核和批准；而备案制
则较为简便，只需要将债券进行登记和备案即可。因此，私募债券的发行手
续相对简单，降低了审批流程的复杂性和时间成本。

这种灵活的发行方式使私募债券在特定的市场环境下具有独特的优势，
尤其适合那些具有较高融资需求但又不希望公开发行债券的公司或机构。这
类债券通常会有较高的收益率，以吸引那些具有较强风险承受能力的专业投
资者。同时，由于发行对象是有限的专业投资者，私募债券的风险控制也相
对较为严格。

2.6　可转换债券

可转换债券指债券持有人可按照债券发行时约定的价格将债券转换成公

司普通股票的债券。可转换债券利率一般低于普通公司债券，企业发行可转换债券可以降低筹资成本。若债券持有人拒绝行使转换权，则可以继续持有该债券，直到偿还期满时收取本金和利息，或者在流通市场出售变现。若债券持有人行使转换权，发债公司不得拒绝。此外，可转换债券持有人还享有在一定条件下将债券回售给发行人的权利，发行人在一定条件下拥有强制赎回债券的权利。

可转换债券遵循"T+0"制度，其委托、交易、托管、转托管、行情揭示、交易时间参照 A 股办理。可转换债券在转换期结束前的十个交易日终止交易，终止交易前一周交易所予以公告。

可转换债券的认购途径有限，投资者可以通过以下方式直接或间接参与可转换债券投资。

（1）直接申购：类似于申购新股，在可转换债券具体申购操作中，投资者需分别输入可转换债券的代码、价格、数量等，最后确认付款即可。

（2）优先配售：投资者可提前购买正股获得优先配售权。可转换债券发行后会对老股东进行优先配售，因此投资者可以在股权登记日之前买入正股，随后在配售日行使配售权获得可转换债券。

（3）二级市场买卖：在二级市场上，拥有二级市场股票账户的投资者可买卖可转换债券，具体操作与买卖股票类似。

2.7 高收益债券

高收益债券在国外通常被称为"垃圾债券"，是由产业公司、金融机构等发行的债券，其特点是被至少一家独立的信用评级机构评定为低于投资等级的债券，并且其票面收益率高于投资等级债券。高收益债券在 20 世纪 80 年代后开始迅速发展，主要来源有两种：第一种是公司债券在发行时属于投资等级，但由于公司风险上升，评级机构将其重新评定为非投资等级；第二种是公司债券在发行时即被评级机构认定为非投资等级，或者由于风险过高而未被主要评级机构记录评级的债券。根据标准普尔的评级标准，凡是评级BBB-级以下的债券均被视为高收益债券。高收益债券的产生原因主要有两个：一是传统信用评级制度对公司进入资本市场的限制，使一些公司不得不通过发行高收益债券来筹集资金；二是公司结构重组对资本的需求，迫使公司发行高收益债券以满足资金需求。

高收益债券存在多方面的风险。（1）这类债券的发行主体通常信用资质较低，意味着违约风险较高，一旦发生违约，高票息往往难以弥补投资损失。（2）市场情绪变化和负面信息对高收益债券的估值冲击较大，部分机构为了避免在信息披露时显现出持有违约债券而导致投资者大量赎回，可能会大量抛售这些债券，从而引发价格剧烈下跌。（3）高收益债券的违约率和回收率与宏观经济密切相关，具有明显的周期性特征。（4）在经济衰退时期，高收益债券违约风险容易集中爆发，增加系统性风险。（5）在流动性方面，高收益债券由于信用评级低、违约风险高、发行规模相对较小，通常更适合私募发行和场外交易，因此其流动性较差。综合考虑这些因素，高收益债券更适合风险偏好较高、能够承受资金流动性波动并且具备较强调研能力、风险识别能力、抗风险能力和管理能力的专业投资者。

2.8 债券市场

债券市场是发行和买卖债券的场所，是金融市场一个重要组成部分。债券市场是一国金融体系中不可或缺的部分。一个统一、成熟的债券市场可以为全社会的投资者和筹资者提供低风险的投融资工具；债券的收益率曲线是社会经济中一切金融商品收益水平的基准，因此债券市场也是传导中央银行货币政策的重要载体。可以说，统一、成熟的债券市场构成了一个国家金融市场的基础。

债券市场的交易场所可分为银行间市场（场外）、交易所（场内）以及其他（如柜台、报价系统等）三大类，此外还包括区域交易中心（如地方金交所）、机构间产品报价系统、自贸区等其他小众市场。从交易量来看，目前银行间市场贡献了全部债券市场的九成以上的交易，居于核心地位。

债券市场的品种主要分为利率债和信用债。其中，利率债是指背负国家或政府信用的债券品种，没有信用风险，只有利率风险，主要为国债、地方政府债、央票和政策性银行债；其余均为信用类债券，如金融债、同业存单、企业债、公司债等，是由不同的私人主体发行，其还本付息由私人部门承担，因此其收益率在无风险收益率的基础上增加了风险溢价，溢价程度取决于发债主体的信用。

2.8.1 场外交易市场

场外交易市场指通过大量分散的像投资银行等证券经营机构的证券柜台和主要电信设施买卖证券而形成的市场。有时也称作柜台交易市场或店头交易市场，它构成了债券交易市场的另一个重要部分。就类别而论，在场外交易市场中进行买卖的证券，主要是国债，股票所占的比例很少。至于交易的各类债券，从交易额来看，主要以国债为主。

这些市场因为没有集中的统一交易制度和场所，因而被统称为场外交易市场，又称柜台交易市场或店头交易市场，指在交易所外由证券买卖双方当面议价成交的市场。它没有固定的场所，其交易主要利用电话、电报、传真及计算机网络进行，交易的证券以不在交易所上市的证券为主。

2.8.2 场内交易市场

场内交易市场又称证券交易所市场或集中交易市场，指由证券交易所组织的集中交易市场，有固定交易场所、交易规则和交易活动时间，主要包括各种证券交易所。在我国主要有上海证券交易所和深圳证券交易所。

场内交易市场具有以下特点：（1）集中交易，场内交易市场集中在一个固定的地点，所有的买卖双方必须在证券交易所的管理之下进行证券买卖；（2）公开竞价，场内交易市场证券的买卖是通过公开竞价的方式形成的，即多个买者对多个卖者以拍卖的方式进行讨价还价；（3）经纪制度，在场内交易市场买卖证券活动必须通过专业的经纪人，这是多年形成的规矩；（4）市场监管严密，在场内交易过程中，证券监督部门及证券交易所对从事证券交易的各种活动监管严密，以保证场内交易市场高效有序地运行。

2.8.3 银行间债券市场

银行间债券市场是一个专门为金融机构提供债券交易的平台。银行间市场是中国债券市场的主体，属于场外交易市场，其实质是由报价驱动的市场，截至目前债券存量接近全市场的90%，大部分国债以及政策性金融债券都在银行间债券市场发行并上市交易。该市场属于大宗交易市场（批发市场），参与者是各类金融机构投资者、非金融投资者和个人投资者。在我国，非金融机构法人在市场只能委托具有结算代理资格的商业银行进行债券交易和计算，个人投资者则主要通过柜台交易进行债券买卖。

这个市场的交易由中国外汇交易中心暨全国银行间同业拆借中心负责，而中央国债登记结算有限责任公司（简称中央结算公司）和银行间市场清算所股份有限公司（上海清算所）则负责债券的托管与结算。在这个市场中，各类金融机构可以进行债券的买卖和回购操作。

2.8.4 交易所债券市场

交易所债券市场是由各类社会投资者参与，以非银行金融机构和个人为主体的场内市场，属于集中撮合交易的零散债券集中交易的场内市场。传统的交易所债券市场通常只采用竞价撮合的交易方式，即按照时间优先、价格优先的原则，由交易系统对投资者买卖指令进行匹配最后达成交易。我国上海证券交易所和深圳证券交易所除了沿用传统的竞价撮合交易方式外，近年也在相应的平台上，引入了场外交易方式。

交易所债券市场实行两级托管体制，其中中央结算公司为总托管人，负责为交易所开立代理总户，中国证券登记结算有限责任公司（简称中证登）为债券分托管人，记录交易所投资者明细账户，中央结算公司与交易所投资者没有直接的权责关系。其与银行间债券市场的区别如表2-1所示。

表2-1 交易所债券市场与银行间债券市场的比较

	银行间债券市场	交易所债券市场
功能	央行公开市场操作，实现货币政策目标；金融机构债券投资和流动性管理	股票投资者投资组合和融资便利
参与者范围	机构投资者：商业银行、农村信用社、证券公司、基金管理公司、保险公司、企业（债券结算代理）	机构投资者：证券公司、基金管理公司，保险公司、企业个人投资者

续表

	银行间债券市场	交易所债券市场
交易方式	双边报价（做市商制度），一对一询价谈判	集中撮合竞价（价格优先，实践优先）
债券托管方式	在中央结算公司开立一级债券托管账户	在中国证券登记结算有限责任公司托管（上海证券交易所和深圳证券交易所各在中证登上海和深圳的分公司托管）
债券结算方式	全国同业拆借中心提供前台债券交易，中央结算公司提供债券托管和后台结算，采用逐笔、实时和全额结算制度	交易所提供前台债券交易，中国证券登记结算有限责任公司托管和后台结算投资者在证券商处开立账户，采用净额结算制度
交易结算风险承担	交易双方自行承担	由交易所提供结算担保和承担交易结算
交易品种	金融机构可以从事回购和现货交易，企业只能从事正回购和现货交易	机构投资者和个人投资者均可进行现货交易，机构投资者可进行国债企业债回购交易，个人投资者不能进行回购交易
债券品种	各期限国债和金融债	国债、企业债、可转换债券
交易手续费	一次性开户费，结算过户费和代理佣金	开户费和交易手续费
价格波动程度	价格波动幅度较小	价格波动幅度较大
投资特点	债券存量大，投资工具丰富，交易成本低，价格波动小	流动性较强，投资工具较少，交易费用较高，价格波动大，不利于大宗交易的成交

2.9 质押式回购

　　质押式回购是债券市场中的一种短期资金融通工具，它涉及交易双方在一个协议下进行债券质押。具体来说，质押式回购交易中，资金融入方（也称为正回购方）将其持有的债券质押给资金融出方（也称为逆回购方）以换取资金。双方在协议中约定一个未来的日期，届时资金融入方将返还融入的本金并支付按约定回购利率计算的利息，而资金融出方则返还原先质押的债券。

　　在整个质押式回购交易过程中，债券的所有权并未发生转移。为保证交

易的安全性，质押的债券通常由一个独立的第三方托管机构进行冻结托管，并在协议到期时进行解冻。这种机制确保了各方的权益和交易的顺利完成。

2.10 买断式回购

买断式回购也称开放式回购，指债券持有人（正回购方）在将一笔债券卖给债券购买方（逆回购方）的同时，交易双方约定在未来某一日期，再由卖方（正回购方）以约定价格从买方（逆回购方）购回相等数量同种债券的交易行为。与质押式回购不同的是，买断式回购的交易过程中伴随着债券所有权转移。买断式回购是国外债券回购市场的主流模式，其财产权利清晰、融券交易便利等特点有利于保障债权人利益。但在我国质押式回购长期占据债券市场的绝对主导地位。

2.11 债券信用评级

债券信用评级指由专业的信用评级机构对信用债和信用主体进行评级，以评估其按期还本付息的可靠程度。对债券进行信用评级，不仅可以方便投资者进行债券投资决策，还可以减少高信誉发行人的融资成本。

一般而言，信用等级越高的债券，其违约的可能性越低。但需注意，信用评级只是对债券未来偿付概率的预测。信用评级不是一成不变的，而是会随着债券发行人的偿债意愿和偿债能力等变化调整的。同时，信用评级高不代表没有违约风险，信用评级低的债券也有可能不发生违约。

根据央行制定的《信贷市场和银行间债券市场信用评级规范》，债券的信用评级分为长期信用评级和短期信用评级。长期信用评级针对期限为一年以上的债务进行评级，可划分为三等九级：AAA、AA、A、BBB、BB、B、CCC、C、C，风险依次增加。除 AAA 级、CCC 级（含）以下等级外，每一个信用等级可用 "+""-" 符号进行微调，表示略高或略低。短期信用评级针对期限一年（含）以内的债务进行评级，可划分为四等六级，从高到低符号表示分别为：A-1、A-2、A-3、B、C、D，每一个信用等级均不进行微调，如表 2-2 所示。

表2-2　短期债券信用评级分类

评级符号	评级符号	含义
A-1	投资级	还本付息能力最强，安全性最高
A-2		还本付息能力较强，安全性较高
A-3		还本付息能力一般，安全性易受不良环境变化影响
B	投机级	还本付息能力较低，有一定的违约风险
C		还本付息能力很低，违约风险较高
D	违约	不能按期还本付息

2.12　债券评级机构

债券评级机构指对债券进行评级的专门机构，其承担债券的评级和有关的统计工作，定期公布评级结果和数字。目前国际上公认的最具权威性的三大信用评级机构，主要有标准普尔、穆迪投资者服务公司和惠誉国际信用评级有限公司。它们负责评级的债券较广泛，包括地方政府债券、公司债券、外国债券等。在国内，常见的信用债评级机构有联合资信评估股份有限公司、大公国际资信评估有限公司、中诚信国际信用评级有限公司、东方金诚国际信用评估有限公司等。

债券评级机构在对债券发行机构或债券进行评级时，要注重分析发债人的生产经营状况和财务状况以及筹款用途、方式、期限、风险程度、偿还能力和偿还方法等资料，根据分析结果，独立自主地作出评级决定。这种评定不得受评级以外任何个人或机构的影响，必须公正客观。与此同时，债券评级机构对被评定的机构所提供的机密要严格保密。

由于债券评级机构处于中介地位，站在公正立场上，所以它们评出的发行机构或债券的等级一般会得到广大投资者和政府有关管理部门的信任，同时一般也会得到发行机构的信任。个别情况下，发行机构对所评定的等级不甚满意时，可以要求该评级机构对其评级结果不予公布，并可向另一家评级机构申请评估。但是一般情况下，只要是取得评级资格的评级机构，对同一评估对象的评级基本上一致，很少发生相互矛盾的现象。

2.13　增信制度

增信制度指通过担保、保险、信用衍生工具、结构化金融产品或其他由法律、法规、政策及行业自律规范文件明确的有效形式，旨在提升融资主体的债务信用等级、提高债务履约保障水平和融资可得性、降低融资成本，并协助债权人分散和转移信用风险的一种专业性金融服务安排。党的二十届三中全会，明确提出要"加快建立民营企业信用状况综合评价体系，健全民营中小企业增信制度"。增信的核心在于通过提升企业的信用等级，进而降低投资风险。

对企业而言，增信能够帮助其更为顺利地获得贷款，并降低融资成本；而对于债权人来说，增信则可以有效降低债务违约率和违约损失率。与大型企业相比，民营中小企业由于其规模较小，信用保障能力相对较弱。然而，这些企业在稳定就业、促进收入增长方面发挥着不可或缺的重要作用。因此，建立健全民营中小企业增信制度不仅具有显著的经济意义，也具备准公共产品的特性，亟须政府的支持和主导。

在这一背景下，加强政府引导，完善政策支持，建立更加健全的增信机制，已成为推动民营中小企业健康发展的重要举措。通过多方协作，逐步形成覆盖广泛、功能完善、运作高效的增信制度，为民营经济提供更加坚实的保障，助力其在新时期实现更高质量的发展。

2.14　发债担保

发债担保指在债券发行过程中，为了增强投资者对债券偿还能力的信心，第三方机构或个人通过合同约定，在债券发行人无法按时偿还本金和利息时，代为履行偿还义务的一种金融保障措施。从融资担保行业来看，担保机构利用自身的信誉和资本实力，为债券发行人提供担保，提升债券的信用等级，从而有助于发行人更顺利地筹集资金。

我国的债券担保方式主要有两种：内部担保和外部担保。(1) 内部担保指来源于债券发行企业内部的担保方式，债券市场上常见的内部担保方式有资产抵押担保和资产质押担保，两者都属于物保；(2) 外部担保方式通常有一般保证担保、第三方连带责任、银行流动性支持、政府承诺函及第三方回购承诺等。在我国债券市场的外部担保方式中，第三方连带责任方式运用最多，为企业提供外部担保的第三方包括关联及非关联企业（如集团母公司）、专业的担保机构等。

从发债主体角度看，融资担保机构可有效提升债项评级，并通过降低票面利率、增加融资额度或延长融资期限等方式合理降低融资成本。从投资者角度看，融资担保机构介入债券发行可以减少信息不对称，并在债券出现违约情况时进行代偿。

2.14.1 直接债券担保

融资担保机构进行直接债券担保的具体流程如图 2-2 所示。其中，担保机构直接为债券提供增信，对债券投资人承担不可撤销的连带保证责任，并接受联合发行人的抵（质）押反担保措施。在这一模式中，债项信用评级直接由担保机构的主体评级决定，担保机构出具担保函或信用增进函并承担实际担保责任。

值得注意的是，单一担保增信模式对担保机构的主体评级要求较高，对于中小企业债券融资增信，债券的评级必须在 AA 级以上。随着债项评级的提升，债券发行人的发行成本也会随之降低。该模式中担保机构直接承担担保责任，法律关系清晰简单、操作流程简便、沟通效率高。

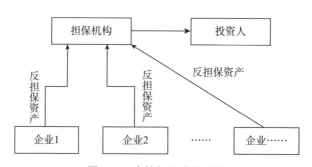

图 2-2 直接担保增信结构

2.14.2 债券担保+反担保

"担保+反担保"增信模式具体流程如图2-3所示，担保机构B的主体评级直接决定了整个债项的评级，担保机构A向担保机构B提供反担保，并接受发行人提供的抵（质）押反担保措施。在这一模式中，担保机构B向投资者出具担保函或信用增进函，但担保机构A承担实际担保责任。在实际业务操作中，担保机构A可能由多家担保机构组成，分别对不同的联合发行人向担保机构B承担反担保责任。

由于债项评级由担保机构B的主体评级决定，担保机构A即使没有获得资本市场认可的主体评级，也可以借由担保机构B的信用评级参与债券产品增信，为其客户提供债项融资服务。

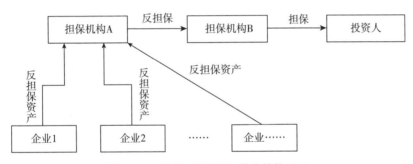

图2-3 "担保+反担保"增信结构（1）

"担保+反担保"增信模式还有另一种结构为联合发行人的反担保资产均提供给担保机构B。如图2-4所示。

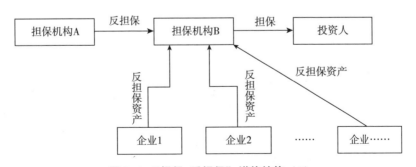

图2-4 "担保+反担保"增信结构（2）

2.14.3 债券担保+再担保

"担保+再担保"增信模式具体流程如图 2-5 所示，担保机构 B 的主体评级决定了整个债项的评级，担保机构 A 直接对债项承担不可撤销的连带保证责任，而担保机构 B 为担保机构 A 的保证责任提供再担保。在这一模式中，担保机构 A 和担保机构 B 均具备担保增信的主体评级，但担保机构 B 的主体评级较高，可以进一步降低联合发行人的债券成本。

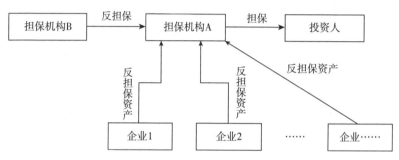

图 2-5 "担保+再担保"增信结构

2.14.4 联合担保

担保机构联合增信模式具体流程如图 2-6 所示，担保机构 A 和担保机构 B 对债券投资人同时承担不可撤销的连带保证责任，债项评级由两家担保机构的主体评级共同决定，两家担保机构均具备担保增信的主体评级。

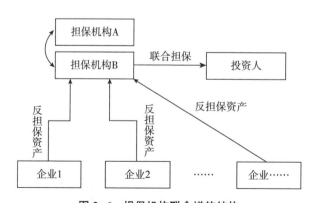

图 2-6 担保机构联合增信结构

2.15　债券发行人

债券发行人指在金融市场上通过发行债券来募集资金的实体。这些实体包括中央和地方政府、金融机构、工商企业等多种类型。发行债券是这些实体获取外部资金的一种重要方式，通常用于满足各种资金需求，如基础设施建设、业务扩展、科研投资或偿还现有债务。下面对债券发行人的角色和功能展开详细解释。

（1）政府作为债券发行人，通常发行国债或市政债券。国家或地方政府发行这些债券的主要目的是筹集资金用于公共项目，如修建公路、学校、医院等基础设施。这类债券一般被认为风险较低，因为政府具有较高的信用和税收能力，能够较好地保障投资者的本金和利息回报。

（2）金融机构也广泛参与债券发行。银行和其他金融机构通过发行债券来筹集资金，支持其日常运营和业务扩展。例如，银行可能发行次级债券或高级债券，用于增加其资本金，满足监管要求，或者支持贷款业务的扩展。金融机构的债券发行通常受到严格的监管，以确保其财务稳健和保障其投资者的利益。

（3）工商企业也是重要的债券发行主体。企业发行债券的目的一般是获取资金用于扩大生产规模、研发新产品、并购其他公司或优化资本结构。企业债券的信用风险较高，因此其通常会提供较高的利率以吸引投资者。企业可能会根据自身财务状况和市场条件，选择发行不同类型的债券，如公司债、可转换债券等。

债券发行的过程涉及多个步骤和参与方。首先，发行人会与投资银行或承销商合作，设计债券的具体条款，包括面值、利率、期限等。其次，债券会通过公开发行或私募的方式出售给投资者。公开发行通常需要经过严格的审批和披露程序，而私募则相对灵活，主要面向特定的机构投资者。

（4）债券发行人通过发行债券来筹集所需资金，满足其多样化的资金需求。债券市场为这些发行人提供了一个重要的平台，使其能够以相对低成本的方式获取长期资金，同时也为投资者提供了一个稳定的投资渠道。

2.16　债券发行范围

债券发行范围指债券发行所面向的市场和投资者群体的范围。具体而言，债券的发行范围包括不同的市场和投资者类型。债券可以在本币市场发行，面向本国投资者；也可以在外币市场发行，吸引国际投资者。此外，还有专门市场发行的债券，如高收益债券、可转换债券等，这些债券通常针对特定的投资者群体，具有特定的风险和收益特征。还有一种是私人发行债券，这种债券通常不公开发行，而是面向特定的机构投资者或高净值个人。

发行者可以根据自身的融资需求和策略，选择最适合的市场和投资者群体，以获得最佳的融资渠道和资金来源。例如，一家企业可能会选择在国际市场上发行外币债券，以吸引更多的国际资本，或者在本国市场上发行本币债券。债券发行范围的选择对发行者的融资成本、市场接受度和未来的债务管理都有重要影响。

2.17　债券承销商

债券承销商指与债券发行人签订承销协议，协助其公开发行债券，并以此获取相应的承销费用的债券经营机构。

对于单次发行量巨大的债券，一家承销机构往往不愿意单独承担发行风险，需要联合其他机构共同担任承销商，因此形成了承销团。

承销团一般由两个以上的承销商组成，根据发行规模、发行地区不同，其数量也会做相应调整。在承销团中起主要作用的承销商是主承销商，代表承销团与债券发行者签订承销合同的实力雄厚的金融机构，一般以竞标或协商的方式确定。在承销团成员确定后，主承销商应负责与其他承销商签订分销协议，进一步明确各个成员的权利和义务，包括各成员推销债券的数量和获得的报酬等。

2.18　债券发行方式

债券发行方式指发行主体通过特定的渠道和程序向投资者提供债券的过

程和方法。主要的债券发行方式包括私募发行、公募发行、直接发行和间接发行。选择何种债券发行方式取决于发行公司的需求、市场环境、成本考虑以及法规要求。

私募发行指发行公司向特定的投资者直接发行公司债券。这种方式通常不对公众开放，投资者数量有限且通常具有特定条件，如中国一些企业向内部职工发行的公司债券就常常采用这种方式。

公募发行指发行公司向社会公众公开发行公司债券。在这种情况下，投资者的身份一般不受限制，任何符合条件的个人或机构都可以购买其债券。这种方式通常需要经过严格的审核和披露程序，以确保信息透明和保护投资者。

直接发行指发行公司不通过承销商而直接向投资者发行公司债券。这种方式减少了中间环节，可以降低发行成本，但也要求发行公司具备较强的市场推广和销售能力。中国金融债券的发行大多选择这种方式。

间接发行指发行公司委托承销商代为发行公司债券。承销商负责债券的销售和分销，发行公司则支付一定的承销费用。这种方式可以利用承销商的专业知识和市场网络，提升发行效率和成功率。各国绝大多数的公司债券都选择这种方式发行。

直接公募指发行公司以公募方式直接进行债券发行，即不通过承销商而直接向公众公开发行债券。这种方式结合了直接发行和公募发行的特点，既面向广泛的公众投资者，又不通过中介机构。

2.19 债券发行成本

债券发行成本指发行人在发行债券的过程中支出的与发行活动相关的费用。具体而言，债券发行成本主要包括以下费用项目：证券印制费、发行手续费、宣传广告费、发行价格与票面面额的差额、律师费、担保抵押费、信用评级和资产重估费、其他发行费用等。

2.20 债券发行审核

债券发行审核指在债券发行之前，由相关监管机构或授权机构对债券发行人及其发行计划进行全面审查和评估的过程。这一过程旨在确保债券发行人具备合法合规的资格，发行计划符合法律法规的要求，并且债券的相关信息透明、真实、完整。在审核过程中，监管机构会仔细审查发行人的财务状况、经营情况、信用评级以及募集资金的用途等关键因素。通过债券发行审核，可以有效防范金融风险，保护投资者的合法权益，维护金融市场的稳定和秩序。

《中华人民共和国证券法》（2014 年修正）第十六条规定："公开发行公司债券，应当符合下列条件：

（一）股份有限公司的净资产不低于人民币三千万元，有限责任公司的净资产不低于人民币六千万元；

（二）累计债券余额不超过公司净资产的百分之四十；

（三）最近三年平均可分配利润足以支付公司债券一年的利息；

（四）筹集的资金投向符合国家产业政策；

（五）债券的利率不超过国务院限定的利率水平；

（六）国务院规定的其他条件。"

2.21　招标发行

招标发行，也被称为拍卖发行，是一种债券发行方式。具体来说，债券发行人会事先公布有关招标的详细信息，包括招标方式和中标方式等。这些信息会被发布给潜在的投资者，以邀请他们在特定期限内提交认购标书。投资者根据自己对市场的判断，提交包含认购数量和价格等信息的投标文件。随后，发行人会根据这些投标信息进行公开竞标，从而确定最终的中标者。中标者将组成承销团，按照中标额度来承销债券。招标发行的方式主要分为以下几种。

（一）竞争招标

参与投标的投资者根据各自的判断，选择不同的价格范围或收益水平，并按照自己希望的数额进行投标。发行人会从高价格或低利率的顺序开始逐步接受投标，直到达到预定的发行额。

（二）非竞争招标

在这种方式下，发行人事先决定发行条件，然后接受投资者的投标。投

资者不需要提供具体的价格或利率，只需认购一定数量的债券即可。

（三）价格招标

价格招标适用于发行附息国债。发行人事先决定债券的票面利率和预定发行额，然后投标者根据自己希望的价格范围和投标金额进行投标。

（四）利率招标

发行人不设定票面利率，只明确预定发行额。投标者根据自己希望的利率来确定投标额。

通过招标发行方式，债券发行人可以有效地发现市场对债券的真实需求和价格，从而提高发行的透明度和效率。此外，招标发行也有助于吸引更多的投资者参与，提高债券的市场流动性。

2.22 簿记建档

簿记建档是一种系统化、市场化的发行定价方式，其目的是通过市场需求来确定证券发行的最终价格。

具体流程如图2-7所示。发行人和簿记建档人会先进行预路演，通过这个过程收集市场反馈，并参照市场状况初步确定一个申购价格区间。接下来，二者会进行正式的路演，簿记建档人和发行人会与潜在投资者进行一对一的沟通，进一步了解投资者的需求和意向。在路演之后，簿记建档工作正式开始。簿记建档人开始接受投资者的申购订单，并将这些订单提交给公证机构进行核验，确保每一份订单的有效性和完整性。确认订单有效后，簿记建档人会将每个价格点上的累计申购金额录入电子系统，形成一个价格需求曲线。通过分析这条曲线，发行人和簿记建档人可以共同确定最终的发行价格。

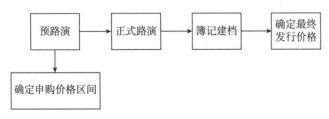

图2-7 簿记建档在证券发行流程中的位置示意图

簿记建档制度旨在提高发行环节的透明度，使价格发行过程更加公开和公平。在债券市场上，发行方式主要分为簿记建档和招投标两种，而簿记建档已经成为信用债发行的主流方式，因为这种方式能够更准确地反映市场需求和价格。

2.23 交易结构

在债券领域，交易结构指设计和安排债券发行、交易的具体方式和框架。具体而言，交易结构包括债券的类型、期限、利率、支付方式、担保措施、评级、发行方式（如公开发行或私募发行），以及处理债券的本金和利息支付的方式等方面。交易结构的设计旨在满足发行人和投资者的需求，确保债券发行能够顺利进行。合理的交易结构可以帮助发行人降低融资成本，提高发行效率，并有效管理风险。

2.24 债券本金

债券本金指债券发行时的初始金额，也称面值或票面金额。在债券的生命周期中，投资者会根据约定的利率定期收到利息，而最终在债券到期时，发行者需要将债券本金全额偿还给持有人。债券本金的数额是计算利息的基础，即根据该数额和约定的利率来确定定期支付的利息金额。

2.25 债券价格

债券价格指债券发行时的价格。理论上，债券的面值就是它的价格。但实际上，由于发行者的种种考虑或资金市场上供求关系、利息率的变化，债券的市场价格常常脱离它的面值，有时高于面值，有时低于面值。也就是说，债券的面值是固定的，但它的价格却是经常变化的。发行者计息还本，是以债券的面值为依据，而不是以其价格为依据的。债券价格主要分为发行价格和交易价格。

债券的面值与债券的实际发行价格并不一定是一致的，一般来说存在溢价发行、折价发行和等价发行三种情况。

2.26 票面利率

票面利率指债券发行者每一年向投资者支付的利息占票面金额的比率，它在数额上等于债券每年应付给债券持有人的利息总额与债券总面值相除的百分比。票面利率需要由交易双方按法规和资金市场情况进行协商确定，并且由双方共同遵守。票面利率的高低直接影响着证券发行人的筹资成本和投资者的投资收益的高低。

影响票面利率的因素主要有借贷资金市场利率水平、筹资者的资信水平和债券期限的长短。一般来说，期限较长的债券流动性较差，风险也相对较大，选择该类债券的投资者要求的收益率相对较高，因此票面利率也随之推高。反之，期限较短的债券，票面利率相对较低。

票面利率的确定机制依据债券类型有所不同：（1）记账式国债的票面利率是由国债承销团成员投标确定的；（2）凭证式国债的票面利率是由财政部和人民银行参照同期银行存款利率及市场供求情况等因素确定的；（3）可转债的票面利率是在当前市场利率的基础上，结合发行公司的经营状况和成长性，以及投资者的接受程度等来确定，票面利率越高，对投资者越有利，但对发行人来说，实现转股机会可能性变小；（4）企业债券的票面利率是企业应付债券持有人利息的年利率，可称名义利率。

2.27 偿付日期

偿付日期指债券发行者承诺向债券持有人支付利息和本金的日期。具体来说，债券的偿付日期包括两个关键的时间点：（1）利息支付日期，是债券发行者向债券持有人支付利息的日期，通常按年、半年或季度支付，具体支付频率由债券发行者确定；（2）本金偿还日期，是债券发行者在债券到期时向债券持有人支付债券面额（本金）的日期。债券到期日是债券的最后一个利息支付日之后的日期，到期时债券发行者应一次性偿还债券的全部本金。

2.28 溢价发行

溢价发行又称增价发行，指以高于票面金额的价格出售债券，即发行价格>票面金额，到期仍按照票面金额偿还。例如债券面值为1元，但在实际发行中售价10元，那么9元就是溢价差额。溢价发行的优点在于不仅让发行者获得按票面金额计算的资金，而且还能给发行者带来额外的溢价收入，甚至使发行收入大于到期按面值偿还的本金支出，增加了发行收入，为债券发行者提供了在不增加债券发行数量的条件下获取更多资金的途径。

债券溢价发行受两方面因素的影响：一是市场利率，当债券的票面利率高于金融市场的通行利率即市场利率时，债券就会溢价；二是债券兑付期，距兑付期越近，购买债券所支付的款项就越多，溢价额就越高。此外，《中华人民共和国证券法》（2014年修正）第二十四条规定："股票发行采取溢价发行的，其发行价格由发行人与承销的证券公司协商确定，报国务院证券监督管理机构核准。"

2.29 折价发行

折价发行又称低价发行，指以低于票面金额的价格出售债券，即发行价格<票面金额，到期仍按照票面金额偿还。正常情况下，折价发行可以提高债券的吸引力，增加债券发行数量，加快发行速度，有利于发行者在短期里筹集较多的资金。然而，折价发行往往预示着发行人对债券未来价值预估并不乐观，有可能影响投资者信心，这不仅会导致流通市场上债券价格下跌，还会对未来新债券的发行和经营产生负面影响。

折价发行一般存在以下三种情况：一是发行者信用低或者是新发行债券者，为保证债券顺利推销而采用折价发行；二是债券发行数量很大，为了鼓励投资者认购，用减价的方式给予其额外收益补贴；三是由于市场利息率上升，而债券利率已定，为了保证发行，只能降低发行价格。折价发行时，债券的发行价格低于票面价值，使投资者的收益率大于债券票面利率，因此折价发行债券的票面利率可适当降低。

2.30 债券投资者

债券投资者指债券债务的认购者，是资金的提供者，在债权债务关系中通常称其为债权人。债券投资者群体广泛多样，涵盖了个人投资者、企业投资者、机构投资者、以及政府和个人银行等多种主体。这些投资者通过认购债券，为债券发行方提供了必要的资金支持，从而在金融市场中发挥着至关重要的作用。债券投资者的参与不仅促进了资本的有效配置，还有助于推动经济的健康发展。

2.30.1　合格境外机构投资者

合格境外机构投资者（QFII）指在货币没有实现完全可自由兑换、资本项目尚未开放的情况下，有限度地引进外资、开放资本市场的过渡性制度。在此制度下，外国投资者若要进入一国的证券市场，必须满足一定的条件，并通过该国有关部门的审批，获得许可后方可汇入一定额度的外汇资金。此外，外汇资金在进入该国后，需要转换为当地货币，并通过专门监管的账户进行投资。这一要求有效限制了投资者的短期炒作，有利于外汇资金发挥中长期投资效能。

QFII 制度实质上是一种创新的资本管制方式。根据这一机制，任何希望参与某国境内资本市场的外国投资者必须通过合格的机构进行证券买卖，从而使政府能够有效实施外汇监管和宏观调控，减少资本流动特别是短期游资对国内经济和证券市场的冲击，促进本国资本市场的健康发展。

2.30.2　人民币合格境外机构投资者

人民币合格境外机构投资者（RQFII）指经中国证监会批准，运用境外人民币资金进行境内证券投资的境外法人。申请成为 RQFII 的机构需要符合相关财务、资信、业务资格、内控制度、从业人员等相关要求。人民币境外机构投资者可将批准额度内的外汇投资于境内的证券市场。对人民币合格境外投资者开放股市投资是侧面加速人民币的国际化。2019 年 9 月，经国务院批准，国家外汇管理局已相继取消 QFII/RQFII 额度限制和 RQFII 试点国家和地区限制。

QFII 与 RQFII 的区别在于前者主要使用境外美元货币投资 A 股（先兑换人民币），汇款额度更大，后者主要使用境外人民币投资 A 股（通过香港中资金融机构)。

2.30.3 合格境内机构投资者

合格境内机构投资者（QDII）指在人民币资本项目不可兑换、资本市场未开放条件下，在一国境内设立，经该国有关部门批准，允许境内机构投资境外资本市场股票、债券等有价证券投资业务的制度安排。

设立 QDII 制度的直接目的是进一步开放资本账户，以创造更多外汇需求，使人民币汇率更加平衡、更加市场化，并鼓励国内更多企业走出国门，从而减少贸易顺差和资本项目盈余，有助于国内投资者直接参与国外资本市场，并获取全球市场收益。

QFII 与 QDII 最大的区别在于投资主体和参与资金的对立。站在我国的立场来说，在其他国家发行有价证券，并以合法的渠道参与投资我国资本、债券或外汇等市场的资金管理人就是 QFII；在我国发行有价证券，并以合法渠道参与投资其他国家的资本、债券或外汇等市场的资金管理人就是 QDII。

2.31　优先级

优先级与劣后级是在资产证券化产品中常见的一种风险/收益安排。具体来看，优先级会提供相对确定且封顶的预期收益，而劣后级则没有确定的收益目标。在优先结构和劣后结构中，优先级的固定收益得到优先支付后，产品投资所产生的一切剩余收益理论上都应归属于劣后级。从风险来看，劣后级代表了风险较高的部分，而优先级则是相对低风险的部分。具体而言，当投资发生损失时，损失将首先由劣后级吸收，直至劣后级被完全消耗掉，才会波及优先级。总之，这种风险/收益安排可以理解为：优先级享受固定收益但承担较低风险，劣后级收益可能会较高但需要承担更高的风险。

2.32　劣后级

劣后级指一种在破产清偿顺序上排列于普通破产债权之后的债权。具体而言，劣后级债权是在普通破产债权完全受偿后，如果还有剩余财产，才有可能获得清偿的债权。这类债权在破产程序中仍保有受偿的权利，并未被完全剥夺。劣后级债权通常包括破产宣告后产生的利息，因破产宣告后不履行相应责任而产生的损害赔偿金及违约金，债权人个人参加破产程序的费用、罚金、罚款及追缴金等。持有劣后级债权的债权人可以参加债权人会议，但没有表决权。

设定劣后债权的目的是避免在债务人破产清算后仍有剩余财产的情况下，出现不偿还本应清偿的债务的不合理现象。

2.33　债券违约

债券违约指债券发行主体未能按照事先达成的债券协议履行其义务的行为，具体表现为不能按时支付债券的本金或利息。债券违约可以分为长期债券违约和短期债券违约。

长期债券或其发行主体出现下述情形之一的，认定该债券发生违约：（1）长期债券到期前，债券发行主体破产或被接管；（2）债券发行主体不能在长期债券到期后90日内全额偿还本金和利息；（3）债券发生不利于债权人的债务重组行为，即通过重组使债权人的债权受到不同程度的损失，包括本金和利息的减免和延期；（4）债券未到期，但有充分证据证明债券履行主体不能全额、按期偿还债券本金和利息；（5）债券发行主体在债券到期日使用贷款偿还债券本金和利息。

短期债券或其发行主体出现下述情形之一的，认定该债券发生违约：（1）短期债券主体不能在债券到期后30日内全额偿还本金和利息；（2）债券发生不利于债权人的债务重组行为，即通过重组使得债权人的债权受到不同程度的损失，包括本金和利息的减免和延期；（3）债券未到期，但有充分证据证明债券发行主体不能全额、按期偿还债券本金和利息；（4）债券发行主体在债券到期日使用贷款偿还债券本金和利息。

无论是长期债券违约还是短期债券违约，都会对投资者和发行主体产生重大影响，都可能导致投资者的财务损失和发行主体的信用评级下降。

当债券发行主体无法按照约定的债券协议履行其义务时，即发生债券违约。为了避免进入破产流程，大多数债务人会先与债权人进行协商，提出债务重组方案。债务重组方案可能包括追加担保、限制资产处置、调整后续偿债方式等措施，通过这些措施，债务人希望与债权人达成协议，从而避免破产。然而，如果债务重组推进不利或者超过一定期限后仍未能兑付，债权人往往会寻求司法救济。

在司法救济阶段，如果发行人尚未达到破产条件，债权人可以提起违约求偿诉讼，要求法院判定债务人偿还债务。而如果发行人已经达到破产条件，债权人可以提起破产诉讼。在大多数情况下，提起破产诉讼后会进入破产重整程序。破产重整程序的目的是通过重新协商还款方案、进行资产重组等方式，使债务人逐步恢复偿债能力，同时在这个过程中保护债权人的权益。债券违约后的处置流程旨在尽可能平衡债务人和债权人的利益，寻求解决方案。

2.34　债券市场监管体系

债券市场监管体系指通过不同监管机构对债券的发行、交易、信息披露、清算结算、托管以及市场参与主体和相关服务机构进行监督和管理的制度和机制。我国债券市场监管体系实行的是不同事项由不同机构监管，根据市场、债券类别及业务环节划分，我国债券市场的主管机构表面上主要有央行（通过交易商协会监管）、证监会（通过两大交易所监管）、国家发展改革委等三大类，但实际上还应该把财政部和国家金融监督管理总局纳入主管机构行列。例如，财政部负责国债、地方政府债和政府机构支持证券的监管，国家金融监督管理总局负责金融债（不含券商发行的金融债）和资本债的初始监管等。

对债券市场的监管体系可以分为发行监管、挂牌交易和信息披露监管、清算结算和托管监管、对市场参与主体的监管以及评级机构等相关服务机构的监管等。

（1）债券发行监管：目前我国从产品发行主体和发行品种两个方面对债券产品发行实行多头监管。比如，公司发行中期票据要向人民银行主管下的交易商协会进行注册，公司发行企业债由国家发展改革委审批，公司发行公司债由证监会审批。

（2）债券挂牌交易和信息披露监管：其主要通过交易场所进行自律监管。

交易场所主要包括交易所市场、银行间市场和商业银行柜台市场，其相应的主管机关分别是证监会、中国人民银行和国家金融监督管理总局。

（3）债券清算、结算和托管监管：主要通过清算、结算和托管机构完成。债券清算、结算和托管机构主要有中证登、上海清算所和中央结算公司，其相应的主管机构是证监会、中国人民银行、国家金融监督管理总局和财政部。

2.35 城投公司

城投公司指地方政府及其部门通过财政拨款或机构等通过注入土地、股权等资产设立的，从事政府制定或委托的公益性或准公益性项目的融资、投资、建设和运营，拥有独立法人资格的经济实体。

城投公司肩负着推动地方城市建设与发展的使命，具有城市基础设施投资建设和城市资本运营管理双重职能。同时，作为地方政府的代表，城投公司在地方债务融资方面也发挥着不可或缺的作用，其推动的政府信用类项目因与地方政府信誉联系紧密而长期备受关注。

城投公司的投资主要流向为安置房、水利、公路建设及工业园区等关键基础设施项目，这些项目在提供具有市场竞争力的回报率的同时，也因其较低风险的特性而受到投资者们的青睐。昔日市场上甚至流传着"城投信仰"的说法，暗示着投资者对城投公司债务产品的刚性兑付信心。

城投公司具备以下特征：

（1）从股权结构来看，城投公司的股东是各级地方政府的国资委、管委会、交通局、建设局等，实际控股人是各级地方人民政府；

（2）从业务类型来看，城投公司的主要业务包括土地一级开发、基础设施建设、棚改和保障房建设、城市公共事业运营等，业务对象主要是各级地方政府；

（3）从盈利角度来看，城投公司自身没有独立的盈利能力和现金流创造能力，其盈利和现金流主要是依赖于各级地方政府。

2.36 城投债发行人

城投债发行人指地方国有企业，其主营业务包含公益性或准公益性项目，并可能依赖于财政补贴或无法通过自身现金流完全覆盖债务本息的企业。原则上，城投债发行人应为地方国有企业，且其主营业务应包含但不限于公益性或准公益性项目两个标准。其中，公益性项目是指为社会公共利益服务、不以营利为目的，资金来源主要为财政补贴，且不能或不宜通过市场化方式运作的政府投资项目，如城市开发、基础设施建设项目、土地开发项目、公益性住房项目、公益性事业五类。准公益性项目是指为社会公共利益服务，虽不以营利为目的但可产生较稳定的经营性收入的政府投资项目，如公共服务项目、公共交通建设运营项目两类。

从事公益性项目的发行人，其发行的债券可直接认定为城投债；从事准公益性项目，但不从事任何公益性项目的发行人，如其经营性指标满足以下两个条件任意之一，则其发行的债券可被认可为城投债：（1）自身现金流无法完全覆盖债务本息；（2）比较依赖地方政府财政性补贴。

2.37 城投标准化债券

城投标准化债券指城投公司和城投平台在交易所市场（上交所、深交所）和银行间市场等法定平台上发行的标准化债权产品。城投标准化债券的发行受到证监会、交易所等派出机构的全过程、强有力的监管，具有等份化、可交易的特点，且市场信息披露充分。此外，标准化债券还具备成熟的交易市场和完善的流动机制，投资者可以通过交易所进行买卖，安全性较高。然而，标准化债券的起投门槛也相对较高，比如标准化债券基金和信托的起投金额在100万元以上，最低门槛的资管产品起投金额为30万元。

根据《资管新规》《标准化债权类资产认定规则》，具有合理公允价值和较高流动性的债权资产主要包括依法发行的债权、资产支持证券等固定收益证券等。此外，根据官方标准，标准化债权资产应当同时满足：可分化、可交易，信息披露充分，集中登记，公允定价，在银行间市场、交易所市场等国务院同意设立的交易市场交易。

2.38 城投非标准化债券

城投非标准化债券简称非标债或非标城投债，"非标"并不是债券，而是对市场上债类融资的统称。非标城投债是指除银行间市场、交易所市场之外，城投公司以其他方式进行的融资，主要包括在金融资产交易所备案的金融、债权拍卖、信托受益权转让等。城投非标准化债券的发行和募集没有明确统一的标准与监管，门槛相对较低。

2.39　地方政府债务风险等级

地方政府债务风险等级是根据地方政府的债务率对其债务风险进行分类评估的制度，按照债务率的高低将风险划分为红、橙、黄、绿四个等级，分别代表高、中高、中、低风险。2019 年起，财政部正式推行地方政府债务风险登记评定制度，以债务率为考核标准，将不同区域划分为红、橙、黄、绿四档。

债务率的计算公式为：债务率 =（地方政府债务余额+隐性债务）/综合财力。

其中，综合财力的计算口径不同省份可能有细微差异，主要大项包括一般公共预算收入、政府性基金收入、上级补助，有的省份还可能包括了上年结余收入、调入资金、国有资本经营收入等。

财政部根据债务率数据，将债务风险分为红（债务率 ≥ 300%）、橙（200% ≤ 债务率<300%）、黄（120% ≤ 债务率<200%）、绿（债务率<120%）四个等级，风险依次由高到低。参照财政部对地方债务风险等级划分，我国证券交易所和交易商协会对债务风险较高的地方的城投发债加以约束，具体表现为对于红色档暂停发放批文，黄色档只能借新还旧等。

2.40　城 投 债 监 管

城投债监管指国家发展改革委、交易商协会和证监会三大机构对城投企业发行的债务融资工具进行申报审核和监督管理的体系和过程。作为发行主体的城投企业既可以经由国家发展改革委进行城投债融资，也可以经由交易商协会注册发行中期票据和短期融资券。除此之外，还有部分来自证监会发行的公司债。所以国家发展改革委、交易商协会和证监会组成了债券的三大申报审核监管体系，如表 2-3 所示。

表 2-3　城投债债券发行的监管体系

监管部门	核心监管逻辑	主要监管要求
国家发展改革委	控制债务投向	不少于 50% 的募集资金必须用于固定资产投资项目,推出各类专项债引导募集资金流向
交易商协会	基于现金流结构的分类监管	根据过去三年及未来五年来自于财政资金的现金流是否超过 50%,将政府平台进行分类,若偿债依赖于政府则需:关注平台行政级别;所在地政府债务率不超过 150%;风险预警体系中高度风险预警少于三条
证券交易所	控制发债主体	退出类或未纳入国家金融监督管理总局的平台名单,过去两年来源于政府的收入小于 50%

2.41　城投债置换

城投债置换指将原有的高成本、高风险城投债转变为低成本、低风险城投债的行为,本质上是将城投债延后的一种偿还方式,被广泛应用于化解城投债压力和优化城投债结构。债务置换的具体操作为通过适当的利率折合借"新债"还"旧债",其置换形式较为多元,如贷款置换贷款、非标、债券、资管产品等,也可以通过发行城投债券置换到期的城投债券,甚至通过资管产品置换资管产品。

表 2-4　政府债务置换方式

政府性债务分类	一类债务:政府负有偿还责任的债务	二类债务:政府负有担保责任的债务	三类债务:政府承担救助责任的债务
分类处理措施	由地方政府发行政府债券置换	按照市场化原则处理,需要地方政府发债置换的应经省级政府审核同意并纳入一类债务后方可发债置换	

此外,根据《关于防范化解融资平台公司到期存量地方政府隐性债务风险的意见》规定,可被置换的隐性债务应具备三个核心条件。

(1)债务必须是债权债务关系清晰的债务。债权债务关系不明晰的信托受益权、明股实债、私募基金份额、买入返售等形式债务不能置换。

(2)债务必须对应明确的资产。没有明确资产对应的流动资金融资债务一般置换难度更高,多数银行需要明确的项目对应主要是为了大幅度降低置换后的资产风险，纯粹流动资金贷款无法对应项目，就会被认定为平台自身的贷款，未来需要凭借平台自身经营性现金流偿还。

（3）项目必须具有稳定的现金流，财务可持续。目前，对于财务可持续的理解存在争议，有的认为纯公益性项目不符合财务可持续性，有的则认为政府财政支出符合财务可持续。在实践中一般更关注项目本身是否合规，项目的合规性不能影响金融机构的资产安全。

2.42 特殊再融资债券

特殊再融资债券是地方政府发行的一类特殊品种债券，旨在通过募集资金用于偿还部分即将到期的地方政府债券本金，如图2-8所示。这一债务管理工具是财政部在债务预算分类管理中的重要措施之一，旨在优化债务结构，维护地方财政的稳健运行。再融资债券即为"借新还旧"债券，是为偿还到期的一般债券和专项债券本金而发行的地方政府债券，不能直接用于项目建设。

与普通再融资债券募集资金用来偿还到期地方政府债券本金不同，特殊再融资债券的募集资金用途为偿还存量债务。这一表述将债券偿还范围进一步扩大，也给予地方政府在债务偿还上一定选择空间，使其将部分款项用于偿还政府隐性债务。

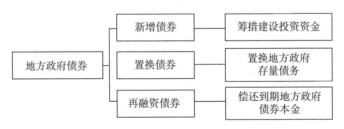

图2-8 地方政府债券分类及用途

2.43 城投债私募基金

城投债私募基金指专门投资于城投债券的私募投资基金，其募集和运营通过募集账户、托管账户和债券交易账户进行资金管理和债券交易，如图 2-9 所示。个人投资者（必须是合格投资人）无法直接购买城投债券，只能通过投资底层资产为城投债券的资管、信托、私募基金等产品认购。

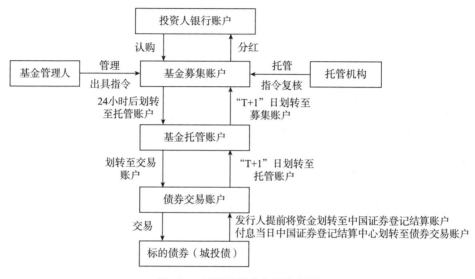

图 2-9　城投债基金交易示意图

其中，城投债基金募集和运营过程中涉及三个账户，分别是募集账户、托管账户和债券交易账户。

（1）募集账户：全称为募集监督账户或募集结算资金专用账户，指基金服务机构（即基金外包服务机构）接受基金管理人委托在具备基金销售业务资格的商业银行或从事客户交易结算资金存管的指定商业银行代为开立的提供基金服务的专用账户，用于统一归集基金募集结算资金、向投资者分配收益、给付赎回款项以及分配基金清算后的剩余基金财产等，确保资金原路返还。

（2）托管账户：指基金管理人、基金托管人为履行合同在基金托管人指定银行为基金单独开立的银行结算账户，用于基金财产中现金资产的归集、存放与支付，该账户不得存放其他性质资金。

（3）债券交易账户：是由基金管理人或资产托管人为私募基金开立的证券账户。每只私募基金对应一个证券账户，可按照不同的证券交易场所由基金管理人直接到中国结算公司上海、深圳分公司各申请开户。

2.44 资产证券化

资产证券化指以基础资产未来所产生的现金流为偿付支持，通过结构化设计进行信用增级，在此基础上发行资产支持证券（ABS）的过程。

资产证券化有狭义和广义之分。狭义的资产证券化是指信贷资产证券化。按照被证券化资产种类的不同，信贷资产证券化可分为住房抵押贷款支持的证券化（MBS）和资产支持的证券化（ABS）。

广义的资产证券化是指某一资产或资产组合采取证券资产这一价值形态的资产运营方式，它包括以下四类：（1）实体资产证券化，是将一些实际的资产（如房地产、汽车贷款、商业贷款等）转变为可以交易的证券，是以实物资产和无形资产为基础发行证券并上市的过程；（2）信贷资产证券化，就是将一组流动性较差的信贷资产，如银行的贷款、企业的应收账款，经过重组形成资产池，使这组资产所产生的现金流收益比较稳定并且预计今后仍将稳定，再配以相应的信用担保，在此基础上把这组资产所产生的未来现金流的收益转变为可以在金融市场上流动、信用等级较高的债券型证券进行发行的过程；（3）证券资产证券化，即证券资产的再证券化过程，就是将证券或证券组合作为基础资产，再以其产生的现金流或与现金流相关的变量为基础发行证券；（4）现金资产证券化，指将公司的现金流转化为可以交易的证券。这种证券化方式相对较少见，因为现金通常被视为一种非常流动和低风险的资产，不需要进一步的资产证券化来提高流动性或分散风险。然而，有时公司可能会通过发行商业票据或其他短期债务工具来筹集资金，这些债务工具本质上也可以被视为现金资产证券化的一种形式。

资产证券化的具体操作为，发起人将能够产生稳定现金流的资产出售给独立的专门从事资产证券化业务的特殊目的公司（SPV），SPV以资产为支撑发行证券，并用发行证券所募集的资金来支付购买资产。其中，最先持有并转让资产的一方称为发起人；购买资产支撑证券的人称为投资者；在资产证券化过程中，为降低融资成本，发起人往往会聘请信用评级机构对证券信用进行评级增信；证券发行完毕后，负责收取资产的收益的专门服务机构则被称为服务者，如图 2-10 所示。

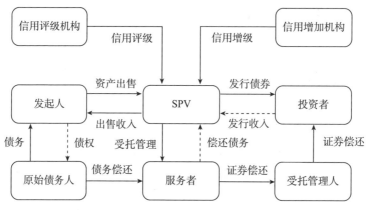

图 2-10　资产证券化结构示意图

2.45　资产证券化业务流程

（一）组建中介团队

中介团队包括受托机构、资产服务商/备位资产服务商、资金保管机构、主承销商、信用增级机构、评级公司、律师事务所、会计师/评估师/税务师事务所、登记托管/支付结算机构。

（二）资产筛选

资产筛选需要考虑四个方面。

（1）法律因素的考虑：主体资格、债权有效性、担保方式、转让限制、法律适用；

（2）评级方面的考虑：资产质量、集中度、行业、地域、单笔占比；

（3）产品因素：资产池规模、贷款期限、贷款利率；

（4）发起机构的考量：资产调整需要。

（三）尽职调查

尽职调查包括三个方面：法律尽职调查、会计尽职调查、评级尽职调查。

（四）结构设计

结构设计需要考虑信用增级安排、准备金账户的设置（账户类型、资金

来源）、利率错配问题（利率上限、利率掉期）、流动性机制、资产回购和清仓回购安排、触发事件设计（贷款服务机构、受托机构等丧失清偿能力事件及后备机构的委任、加速清偿事件）。

（五）证券设计

证券设计需要考虑现金流分配顺序（本金回收款、利息回收款）、资产支持证券的类型（过手型或转付型，过手型证券在国内债券市场的接受度仍然有待提高，开发转付型证券日益受到更多发起机构的重视）、资产支持证券的分档、资产支持证券的期限、资产支持证券的利率（我国信贷合同大都采用浮动计息，为达到现金流匹配，资产支持证券均相应设置浮动利率档，并考虑设置无票面利率档）。

（六）交易文件起草

交易文件包括：主定义表、信托合同、服务合同、保管合同、其他（承销协议、承销团协议、投标协议、定向认购协议等）。

（七）项目审批

（1）信贷资产证券化项目由发起机构和特定目的信托受托机构向国家金融监督管理总局联合申请，主要申请材料包括：申请报告、可行性研究报告、业务计划书、主要法律文本草案、法律意见书草案、会计意见书草案、信用评级报告草案、持续跟踪评级安排、中介机构的选任标准和程序、发起机构人员和管理情况、信托财产收益投资管理原则和方式等。

（2）企业资产证券化由受托机构向人民银行提交资产支持证券发行申请，主要申请材料包括：申请报告、发起机构权利机构的书面同意文件、主要法律文本草案、发行说明书草案、承销协议、国家金融监督管理总局的有关批文的批文以及法律意见书、会计意见书、评级报告的草案和持续跟踪评级安排等。

（八）证券发行

证券发行方式的选择包括：公开招标、簿记建档、定向私募；路演推介；组建承销团；发行备案；发布发行文件，即在招标程序发行的第 6 个工作日前提交发行文件，招标日的第 3 个工作日前提交招标公告，招标日通过发行系统组织招标并签署中标确认书，发行结束的当日或次日公布发行结果。

（九）资产交割

（十）发行报告

发行报告应在发行结束后 10 个工作日内向中国人民银行和国家金融监督管理总局报告发行情况。

（十一）交易流通

发起人应在资产支持证券等发行结束后 2 个月内在人民银行金融市场司交易处完成交易流通申请。

2.46 资产支持证券

资产支持证券（ABS）是由受托机构发行的、代表特定目的信托的信托受益权份额。受托机构以信托财产为限向投资机构承担支付资产支持证券的义务。资产支持证券支付给投资者的本金和利息来自于基础资产池产生的现金流或剩余权益，基础资产池项下的资产通常是金融资产，如贷款或信用应收款等。

作为固定收益证券的一种，资产支持证券区别于其他债券的主要特征为：资产支持证券支付本金的时间通常依赖于资产本金回收的时间，具备固有的不可预见性。此外，一般而言，可以用作资产支持证券抵押品的资产分为两类：现存的资产或应收款和将来发生的资产或应收款，前者被称为现有资产的证券化，后者则被称为将来现金流的证券化。

2.47 预期收益

预期收益是指根据《标准条款》约定，优先级资产支持证券在专项计划存续期间应得的除本金外的收益。就优先级资产支持证券而言，在兑付兑息日其可获得的预期收益为以下三项的乘积［所得数字应四舍五入至最相近的人民币数值（分)]。

（1）该优先级资产支持证券届时的未偿本金余额；

（2）该优先级资产支持证券的预期收益率；

（3）该兑付兑息日所在的计息期间除以 365。

优先级资产支持证券预期收益率以认购协议与风险揭示书的约定确认为准。就优先级资产支持证券而言，每个兑付兑息日的该优先级资产支持证券的预期收益＝该兑付兑息日该优先级资产支持证券届时的未偿本金余额×该优先级资产支持证券的预期收益率×该兑付兑息日所在的计息期间÷365。

按照中证登上海分公司规定：场内分配情况下，利息分配每百元保留四位小数，本金分配每百元保留两位小数，未偿还本金余额以中证登上海分公司的系统与上交所的系统显示数据为准。

2.48　赎回机制

资产支持证券的赎回机制是在计划存续期间，经管理人同意后，由资产服务机构确认赎回价格，原始权益人在2个工作日内支付赎回款项的流程。在专项计划存续期间或任一回收期间，若管理人提出赎回不合格基础资产或原始权益人提出赎回并经管理人同意的，资产服务机构应于相应的回购起算日按约定提出相关基础资产赎回价格并由管理人确认，原始权益人应于管理人确定赎回价格后的2个工作日内将待赎回资产的赎金全部支付至专项计划账户。

2.49　差额支付启动事件

在专项计划终止日之前，差额支付启动事件是指以下任一事件。

（1）就每个兑付兑息日（不含优先级资产支持证券预期到期日对应的兑付兑息日）而言，截至任何一个兑付兑息日的前一个托管人报告日专项计划账户内可供分配的资金不足以支付该兑付兑息日应付的优先级资产支持证券的当期预期收益；

（2）就优先级资产支持证券预期到期日对应的兑付兑息日而言，截至该兑付兑息日的前一个托管人报告日，专项计划账户内可供分配的资金不足以支付该兑付兑息日应付的优先级资产支持证券的全部预期收益以及全部未偿本金之和。

在专项计划终止日之后，差额支付启动事件是指管理人根据有控制权的资产支持证券持有人大会审议通过的清算方案，确认专项计划资产仍不足以支付所有优先级资产支持证券，届时尚未获得支付的所有预期收益和本金。

2.50 原始权益人

原始权益人指按照规定及约定向专项计划转移其合法拥有的基础资产以获得资金的主体，是证券化基础资产的原始所有者，通常是金融机构或大型企业。

原始权益人的职责和义务主要为通过买卖合同向特殊目的载体（SPV）转让基础资产，并向SPV让渡债务人直接向其偿付债务的权利，该权利主要是基于其作为基础资产出售人而产生的，包括对基础资产本身的承诺、履行基础资产移交义务以及为资产证券化业务服务机构提供配合等。

原始权益人在资产证券化项目中通常担任的角色包括基础资产原始所有者/出售方、基础资产的原始所有人与设立特殊目的载体（SPV）的委托人以及资产证券化成立后的资产服务机构。资产证券化的最初动因始于原始权益人提高资产流动性的需要，因此原始权益人既是资金需求方，又是资产证券化项目的最大受益人。

此外，原始权益人根据其产生的影响又分为一般原始权益人和特定原始权益人。《证券公司及基金管理公司子公司资产证券化业务管理规定》认定特定原始权益人为其业务经营可能对专项计划以及资产支持证券投资者的利益产生重大影响的原始权益人，即严格意义上只有在基础资产无法实现真实销售、不具备自动变现能力的情况下，才存在特定原始权益人。

2.51 特殊目的载体

特殊目的载体（SPV）通常指仅为特定、专项目的而设立的法律实体。SPV由于一般除设立的特定目的外，没有独立的经营、业务等职能，因此有时也被称为特殊目的实体、破产隔离实体。

SPV一般具有以下特征：（1）没有注册资本要求；（2）没有固定的员工或办公场所；（3）SPV的资产和负债基本相等，其剩余价值基本可以不计；

（4）SPV 与发起人不存在关联关系且具有独立的法律主体地位；（5）具有融资资格和保证资产支持证券偿付的作用及受让、持有证券化资产的能力；（6）SPV 以其证券化基础资产对外承担责任，类似于"空壳公司"。

SPV 的核心功能包括以下四点。

（一）资产证券化

资产证券化是把能够产生稳定现金收入流的资产出售给 SPV，由 SPV 以这些资产为支撑发行证券，并用发行证券所筹集的资金来支付购买资产的资金。

（二）风险隔离

设立 SPV 可以使投资主体与投资企业在资产、财务上实现隔离，互不影响，即使单个投资项目出现风险，也不会对投资主体产生严重影响。

（三）表外融资

表外融资指通过非常规手段募集资金，对企业的经营状况、财务状况、现金流产生重大影响，而又不体现在财务报表当中的融资行为。如果发起人通过自身或其子公司进行债务融资，该债务融资会对发起人的资产负债表产生不利影响。但 SPV 一般不是发起人在会计意义上的子公司（发起人不持有其股权，不控制其投票或参与董事任命）。因此，SPV 作为直接融资方有助于发起人取得表外融资资产。

（四）税收规避

由于 SPV 往往都不是发生具体经营活动的实体，其可以采用信托、有限合伙等具有免税资格的组织形式，且能够控制收入和支出结构，使得 SPV 的净收入接近于零，最大程度减少所得税负担。此外，SPV 设立地税法规则也会影响其避税能力，国内如保税区、自由贸易区，国外如开曼群岛、维京群岛等"避税天堂"，可以提供一定程度上的税务宽松或免缴优惠。

2.52　底层资产

底层资产指原始的、未经过金融工具设计的，还没有形成交易结构、未确定金融协议要素的资产，而明确底层资产是为了了解资金最终流向。《关于增强全国性银行业理财信息登记要素等事项的通知》明确定义了底层资产并对其进行了分类，一般而言包括现金及银行存款、货币市场工具、债券、理财直接融资工具、新增可投资资产、非标准化债权类资产、权益类资产、金融衍生品、代客境外理财投资、商品类资产、另类资产、公募基金、私募基金和产业投资基金在内的15类不同资产。

2.53　底层资产穿透

底层资产穿透指将包装后的金融、理财产品还原为最初、本来的面目，从而避免投资的资金期限错配、混合运作等的暗箱操作，管控风险、保护投资者的利益。通俗来讲，资产支持证券可以被看作加工后的美味食品，底层资产就是最终进入消化系统的各类营养元素，底层资产穿透就相当于分析食品配料表，通过穿透了解到该类金融产品拥有哪些资产种类，进而结合自身风险、收益偏好等选择合适的资产组合。因此，底层资产穿透的最终目的就是确保项目的真实性和安全性。

底层资产穿透可以分为向上穿透和向下穿透。向上穿透主要是为了筛选投资者是否合格，是否满足资金要求和投资经验要求；向下穿透则是理财产品的底层资产，监管产品的资金流向和底层资产的流动性风险情况。底层资产穿透在一定程度上防止了金融机构通过结构设计规避监管，也从一定程度上解决了监管盲区可能带来的系统性危机。

2.54　知识产权证券化产品

知识产权证券化产品是通过将知识产权或其衍生债权转移至特设载体，来为担保发行可流通证券实现融资的金融工具。市场上已发行的知识产权证券化产品主要可以分为知识产权融资租赁模式（知识产权的所有权转让）、应收账款债权（商业保理）模式、专利许可模式（知识产权的使用权让渡）、知识产权质押贷款模式四种。其中，知识产权融资租赁模式和专利许可模式主要以融资租赁公司作为原始权益人。

2.54.1　小额贷款模式

小额贷款模式也称抵押贷款模式，指知识产权的底层科技企业把自己拥有的知识产权抵押给金融机构（一般主要是银行/小贷公司），从金融机构获得贷款，以此形成以知识产权作为质押标的的，以贷款本金及利息债权作为基础资产，进而发行的知识产权证券化融资。通常情况下，原始权益人会把多个企业的多笔知识产权抵押贷款聚集打包，形成资产池，再把资产池中的资产进行证券化。

2.54.2 二次专利许可模式

二次专利许可模式的全称为专利二次独占许可模式，如图2-11所示。该模式与知识产权质押贷款模式的主要不同之处在于资产专项计划前端的底层资产形成方式，专利二次独占许可模式的主要原理是入池基础资产的构建，具体内容如下。

（一）第一次专利独占许可

企业（作为许可方）与原始权益人（作为被许可方）签署专利独占许可协议（以下简称第一次专利许可合同）。在第一次专利许可合同项下，企业作为许可方，以独占许可专利的方式，将特定专利授予原始权益人，原始权益人将获得特定专利和相应的约定权益，并根据第一次专利许可合同的约定，一次性向企业支付专利许可使用费。

（二）第二次专利独占许可

基于第一次专利许可合同取得特定专利的约定权益及再许可权利，原始权益人与企业签署第二份《专利独占许可协议》（以下简称第二次专利许可合同），在第二次专利许可合同项下，原始权益人基于其根据第一次专利许可合同而取得的对特定专利享有的权益及再许可权利，以独占许可专利的方式，将特定专利再次授予原企业，原企业根据第二次专利许可合同的约定，分期向原始权益人支付第二次专利许可使用费，如图2-11所示。

针对第二次专利独占许可，为担保原企业履行第二次专利许可合同项下专利许可使用费支付义务，中小担租赁公司应分别与特定的保证人、出质人签署相应的保证合同、质押合同，为原企业履行第二次专利许可合同项下义务提供保证担保、质押担保。以上附属担保权益亦构成基础资产项下权益。

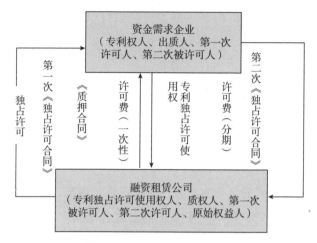

图 2-11　二次专利许可模式

2.54.3　正向保理 ABS

正向保理 ABS 中，原始权益人为保理公司，基础资产往往是保理公司受让的中小企业应收账款债权。与原始权益人为具备较高主体信用的供应链金融应收账款 ABS 不同，正向保理 ABS 项目往往需要有较高的超额抵押，必要时还需要采取差额支付承诺、第三方担保、基础资产回购等增信措施，如图 2-12 所示。

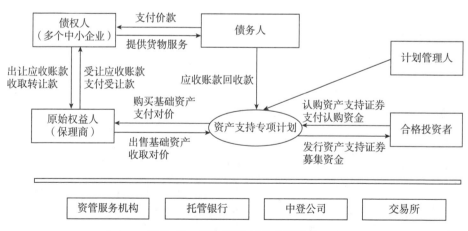

图 2-12　正向保理 ABS 典型结构

2.54.4 反向保理ABS

反向保理ABS中，发起方通常是作为债务人的核心企业，底层资产为多个上游中小企业供应商对于核心企业（或其子公司）的应收账款，这是一种围绕核心企业信用而反向衍生的"1+N"的反向保理模式。"1"即核心企业，"N"为上游供应商。反向保理ABS一般采用无追索权保理（即发生信用风险时不向债权人追索），以提高上游中小企业转让应收账款的动力。同时母公司对应付账款逐笔出具付款确认函成为共同付款人、提供差额支付承诺为项目增信。该模式对核心企业的主体信用要求较高，如图2-13所示。

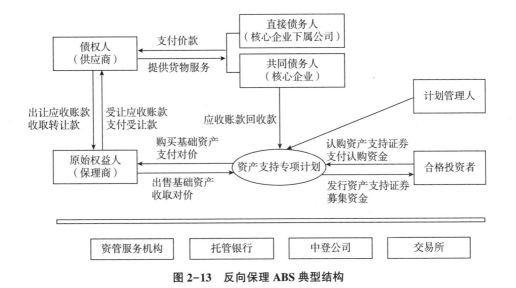

图2-13 反向保理ABS典型结构

2.54.5 资产支持票据

银行间市场的资产支持票据，即非金融企业向银行间市场发行的，由基础资产产生的现金流作为还款支持的，并约定在一定期限内还本付息的债务融资工具。

基础资产指符合法律法规规定的，权属清晰，能够产生可预测现金流的财产、财产权利或两者的组合的资产。基础资产不得附带抵押、质押等担保项目或其他权利限制。融资方拥有的已建成的、有稳定现金流的项目，或者项目收益权，其现金流只要能够满足资产支持票据的本息支付要求，就可进入遴选范围，比如：

（1）既有债权类，如已完工的建设移交项目的合同债权、融资租赁，企业已形成的应收账款等；

（2）未来收益权类，如房地产物业租金收租权，高速公路收费收益权，桥梁、隧道收费收入，地铁收入，港口、机场跑道收费收入，污水处理费收入，垃圾处理费收入，城市电费收入，城市水费收入，城市供气收入，城市供热收入等。

基础资产的价值取决于其产生稳定现金流的能力，而非根据建造成本估算的资产价值。基础资产既可由资产支持票据的融资方直接拥有，也可由发行人间接控制（即基础资产在其子公司名下）。基础资产产生的现金流作为资产支持票据偿债资金第一还款来源；在基础资产现金流不足的情况下，以融资方自身经营收入作为第二还款来源。

资产支持票据主要采用内部信用增级方式，设立基础资产资金监管专户，通过签署协议的方式实现对基础资产保护性隔离，明确进场资产未来的现金流直接进入资金监管专户，优先用于偿还资产支持票据。资产支持票据不强制要求外部担保，不强制要求引入特别目的载体（SPV）和基础资产出表。我国资产支持票据实行注册制，在全国银行间债券市场发行。

资产支持票据的利率主要取决于产品及发行人的信用评级，与同级别中期票据相当，私募发行上浮 130~150bp。

2.55　交易所市场资产证券化业务

交易所市场资产证券化主要指证券公司企业资产证券化。证券公司企业资产证券化是由证监会主管，在交易所市场发行，基础资产较为广泛，除信贷资产之外，还包括不动产、企业应收账款、收益权等，SPV 形式为券商专项资产管理计划或者中国证监会认可的其他特殊目的载体，主要依据为《证券公司资产证券化业务管理规定》，处于试点期向常规化管理转型阶段。我国证券公司企业资产证券化实行审批制，拟调整为备案制，在证券交易所大宗交易平台发行和交易。

2013 年 3 月 15 日，证监会发布《证券公司资产证券化业务管理规定》，规定："资产证券化业务，是指以特定基础资产或资产组合所产生的以现金流为偿付支持，通过结构化方式进行信用增级，在此基础上发行资产支持证券的业务活动。"

国内企业资产证券化的发展经历了四个阶段。

（1）试点启动阶段：2005 年 8 月，证监会批准了首单证券化产品，标志着证监会正式启动以证券公司专项资产管理计划为载体的资产证券化业务试点。

（2）低潮阶段：2007 年至 2009 年两年间，因受美国次级债金融危机等多重因素的影响，国内证券公司企业资产证券化业务的发展陷入相对低潮阶段。

（3）重启阶段：2009 年 5 月，证监会下发了《关于通报证券公司企业资产证券化业务试点情况的函》及《证券公司企业资产证券化业务试点指引》，对资产证券化业务交易结构、流程风险控制等方面都作出了具体的要求，重启对证券公司申报的企业资产证券化产品的接收和审核。

（4）常规化发展阶段：2013 年 3 月 15 日，证监会发布实施《证券公司资产证券化业务管理规定》，对证券公司资产证券化业务进行了详细规定，并将"企业资产证券化"改称为"资产证券化"，标志着证券公司资产证券化业务从试点阶段正式进入常规发展阶段。

2.56 非公开定向债务融资工具（PPN）

PPN 债券（非公开定向债务融资工具）是一种私募债券，全称为非公开定向债务融资工具（Private Placement Note）。PPN 债券是在银行间债券市场以非公开定向发行方式发行的债务融资工具。其发行主体为具有法人资格的非金融企业，发行对象为银行间市场的特定机构投资人，并在特定投资人范围内流通转让。

PPN 债券的注册机构为中国银行间交易商协会，发行期限一般不超过 3 年，具体期限由发行人、主承销商和投资者根据特定需求灵活定制；发行主体是具有法人资格的非金融企业；发行对象为银行间市场特定机构投资人；交易市场为银行间市场。PPN 债券的优势在于：（1）发行规模可突破"40%"

限制。《证券法》中仅对公开发行公司债券有"累计债券余额不超过公司净资产百分之四十"的限定，对非公开发行债券并无明确规定，因此定向工具规模可突破净资产40%的限制；（2）发行方案灵活。由于采取非公开方式发行，利率、规模、资金用途等条款可由发行人与投资者通过一对一的谈判协商确定；（3）PPN债券的信用评级和跟踪评级的具体安排由发行人与定向投资人协商确定。

2.57　ABN

ABN（Asset-Backed Note）是一种资产支持票据，是一种新型的债务融资工具，以基础资产所产生的现金流作为还款支持，并约定在一定期限内还本付息。ABN的基础资产种类丰富多样，包括但不限于应收账款、租赁债权、信贷资产等，这些资产通常具有稳定的现金流，能够为ABN的投资者提供相对可靠的收益。ABN主要在银行间市场发行，属于资产证券化产品的一种。与传统的债券相比，ABN具有更高的灵活性和多样性，能够满足不同投资者的需求。通过ABN，企业可以将资产证券化，盘活存量资产，提高资产流动性，从而获得所需资金。

例如，2025年1月22日，全国首单技术产权技术交易定向资产支持票据（科创票据）在银行间债券市场成功发行。该票据是由西投保技术产权交易中心发行，发行总规模为10亿元人民币，涵盖了多个高新技术行业的企业，起到了有效支持西安市高新技术企业融资需求的作用。

2.58　不动产投资信托基金

不动产投资信托基金（Real Estate Investment Trusts，以下简称REITs）是一种通过将多个投资者的资金汇集起来，由专业的投资机构进行不动产投资和管理，并将投资收益按比例分配给投资者的创新金融工具。其主要目的是实现不动产的证券化，提高流动性，并为普通投资者提供参与不动产市场的机会。

简单来说，REITs的运行机制就是投资者将资金投入到REITs中，这些资金被集合起来交给基金经理或专业的投资机构，如图 2-14 所示。这些机构会将所募集到的资金投资于各种不动产项目，例如，商业地产（如购物中心、写字楼）、住宅地产（如公寓楼、住宅小区）、酒店、基建设施（如机场、铁路、公路）等。投资于这些资产所获得的租金收入、物业增值收益以及其他收益，经过扣除管理费等成本后，按照预定的比例分配给投资者。

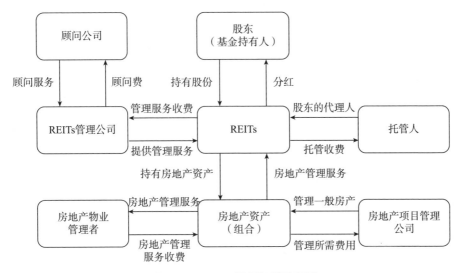

图 2-14　REITs 运行机制示意图

对于地产商或基建开发商而言，REITs 提供了一种重要的融资手段。传统上，一个企业建设不动产项目后，其退出机制较为有限，通常需要自行运营这些项目，或者通过较为复杂的交易方式将其出售。而通过发行 REITs，企业可以将不动产资产快速变现，回笼资金。这不仅使企业能够更快地转向其他投资项目或实现轻资产运营模式，还可以改善其财务报表。如果 REITs 的融资规模超过不动产在企业报表中的账面价值，高于账面价值的部分可以计入营业外收入，从而提高企业的利润。

此外，REITs 对于普通投资者也是一种便捷的投资工具。通过购买 REITs，投资者可以间接持有不动产资产，享受不动产市场的收益，而不用亲自参与这些资产的管理和运营。这种方式降低了投资门槛，分散了投资风险，并提供了相对稳定的现金流收益，因为 REITs 通常会将大部分的租金收入和其他收益分配给投资者。

2.58.1 REITs 发行价格

REITs 发行价格指的是在公开市场上首次发行 REITs 股票或份额时所设定的价格。这个价格直接影响投资者的购买决策和发行方的融资能力，因此其确定过程相当复杂且受到多种因素的影响。

（1）底层资产的价值是决定 REITs 发行价格的基础。底层资产通常是各种类型的房地产，如办公楼、购物中心、住宅楼等。对这些资产进行合理的估值是关键，因为它们的市场价值直接影响 REITs 的整体估值。资产的估值通常由专业的评估师基于市场价格、收入潜力、位置等多个参数进行评估。

（2）资本化率也是重要的影响因素。资本化率是指成熟资产的投资者在没有考虑杠杆情况下所要求的投资回报率，即未来一年从物业中产生的净收入与当前购买总价格的比率。资产经营现金流的风险越大，资本化率就越高，投资者预期回报要求越高；反之，风险越小，回报要求就越低。

（3）租金收入是另一个关键因素，因为 REITs 的收益主要来自租金收入。租金收入的高低直接影响 REITs 的盈利能力和投资价值。租金收入通常取决于出租率和租金水平，这两者又受到宏观经济形势、地理位置、市场需求和竞争环境等多种因素的影响。稳定且增长潜力较大的企业，其租金收入可以提升 REITs 的吸引力，从而提高其发行价格。

2.58.2 REITs 底层资产

REITs 底层资产指的是 REITs 用来产生收入的根本来源。具体来说，底层资产是能够产生稳定现金流的不动产，如仓储物流设施、高速公路、工业厂房等。

这些底层资产具有三个显著的特点：（1）它们往往是成熟的物业，已经建立了稳定的运营模式，风险较低。（2）它们是优质资产，通常位于经济活跃的区域，需求量大，空置率低。（3）这些资产的运营是稳定的，能够持续产生现金流，确保投资者能够获得稳定的收益。

2.58.3 战略配售

战略配售是一种配售方式，它允许特定的投资者在基金发行时，以锁定持有基金份额一定期限为代价，获得优先认购基金份额的权利。具体来说，这意味着某些被选中的投资者，在同意将其所购的基金份额在一定的时间内不进行转让或交易的前提下，可以优先购买这些基金份额。

战略配售通常适用于那些具有战略意义的投资者，如大型机构投资者、银行、保险公司或其他重要的市场参与者。这些投资者的参与不仅能提供稳定的资金支持，还能为基金带来更多的市场信心和公信力。通过战略配售，这些投资者能够以相对有利的条件获得基金份额，同时，也能确保基金在初期阶段获得足够的资金支持和市场认可。

这种安排的优势在于，它能够帮助 REITs 在早期阶段建立一个稳定且可信任的投资者基础，从而降低市场波动的风险。此外，战略配售还可以提升基金的整体吸引力，因为其他潜在投资者可能会看到这些知名机构或战略投资者的参与，从而提高对基金的信任度和投资意愿。

然而，战略配售也有其局限性。例如，锁定期的存在可能会限制这些战略投资者在市场变化时调整其投资组合的灵活性。此外，对于普通投资者来说，战略配售可能会在一定程度上增加他们获得基金份额的难度，因为部分份额已经优先分配给了战略投资者。

非融资性担保

3.1　非融资性担保

非融资性担保指为非借贷资金行为提供的担保，担保事项通常涉及合同或行为的履行。具体来说，非融资性担保广泛应用于工程、购销、服务、诉讼等领域。非融资性担保的主要目的是确保合同或约定的履行，保护相关方的合法权益，并不涉及直接的资金借贷行为。非融资性担保业务在当前诸多领域中都有广泛的应用，为不同的合同和行为提供了保障机制。

3.2　非融资性保函

非融资保函指担保机构、银行或保险公司在客户提供符合要求的反担保条件基础上，为其贸易、工程投标等非融资性经营活动出具的担保文书，以提供信用支持。融资性保函和非融资性保函的区别在于适用情况和编码两个方面。融资性保函是以获取资金以及取得授信额度为目的的担保产品，要求支付一定的资金成本并按期归还，其基础合同通常基于借贷关系。非融资性保函本质上是基于合同履约或某种交易达成，其价值体现在降低交易方的信用筛选成本，提高交易的安全性和信任度，以确保合同或交易顺利执行。此外，融资性保函带 ISIN 编码（国际证券识别编码），非融资性保函不带 ISIN 编码。

非融资性保函的类型包括但不限于投标保函、履约保函、预付款保函、质量保函、维修保函和付款保函等。按照开具非融资性保函的主体，其类型可以分为银行保函、保险公司保函和担保公司保函等。

担保机构开展非融资性保函业务的模式主要有四种：（1）自营，通过内设部门或事业部进行独立评审；（2）依托中介或外包；（3）设立专门的非融资性保函子公司；（4）构建线上非融资性保函系统。

非融资性保函业务兼具政策性与营利性。政策性主要体现在扶持中小微企业的功能上，非融资性保函业务虽然不直接涉及融资，但其本质符合为企业减负的大政方针，受到政府的支持。各地政府鼓励担保机构和非融资性担保机构提供非融资性保函服务，帮助企业减少现金保证金需求，降低财务成本，分散和转移合同执行过程中的潜在风险。此外，《融资担保公司监督管理条例》及其配套制度也为非融资性保函业务提供了规范的监管框架。

非融资性保函业务的营利主要来源于通过提供担保服务收取的费用，包括担保费、管理费以及可能涉及的其他相关手续费用。机构在开具非融资性保函时，会根据保函的风险程度、保函金额、期限等因素来确定收费标准。此外，机构还会根据不同的保函类型和风险特性，制定相应的收费标准，以实现合理的利润水平。

3.3　工程保函

工程保函是建筑和工程项目中施工承包合同履行过程中的一种常用金融工具，旨在有效保障合同双方的合法权益。工程保函是一种由银行、保险公司、担保机构等金融机构出具的书面保证，确保承包商能够按照合同要求履行其义务，包括质量、进度和安全等方面。如果承包商未能履行合同义务，受益方可以根据保函向出具保函的机构索赔。工程保函采用市场经济的手段，引入保证人作为第三方对建设工程中一系列合同的履行进行监管并承担相应的责任，是一种促使参与工程建设各方守信履约的风险管理机制。该项制度以经济责任链条建立起保证人与建设市场主体之间的责任关系，能够有效地维护建设市场秩序，保障工程建设的顺利完成。在工程项目中，工程保函种类繁多，基于施工承包合同的不同方面，可以分为工程履约保函、质量保证金保函、农民工工资支付保函、预付款保函、投标保函等。

3.3.1　工程履约保函

工程履约保函指在工程承包项目中，为保障业主方利益，银行或金融机构应承包方（申请人）的请求，向业主方（受益人）提供的一种书面担保承诺。此保函旨在确保承包方能够按合同规定按时、按质、按量完成其所承建的工程项目。如承包方未能履行合同约定的义务，银行将根据履约保函的条款，向业主方支付一定比例（通常为合约金额的 5%~10%）的赔偿金。履约保函不仅能作为现金保证金的有效替代形式，同时也为业主方提供了一种降低工程履约风险的保障措施。在格式和条件上，履约保函需符合相关规定，以确保其法律效力和可执行性。

履约保函的办理有三个重要条件：（1）履约保函应是独立保函，有效期应覆盖义务履行全周期以及设置保函展期。（2）履约保函内约定的最高金额、管辖条款等内容建议与建设工程施工合同保持一致。（3）注意履约保函内容文字表述等，以确保履约保函能够发挥应有的作用。

3.3.2 质量保证金保函

质量保证金保函又称滞留金保函、预留金保函，指出口商或承包商向担保人申请开具的以进口商或工程业主为受益人的保函。质量保证金保函具有"押金"性质，通常应用于对外工程承包中。在提前收回尾款后，如果供货或承包工程达不到合同规定的质量标准，出口商或承包商将把这部分留置款项退回给进口商或工程业主，如出口商或承包商违约，则由担保人承担赔偿责任。

一般而言，工程业主保留 5%~10% 的工程款作为预留金。根据住房城乡建设部、财政部修订的《建设工程质量保证金管理办法》，建设工程质量保证金预留比例由 5% 降至 3%，下调了两个百分点，并规定在工程项目竣工前，已经缴纳履约保证金的，发包人不得同时预留工程质量保证金。采用工程质量保证担保、工程质量保险等其他保证方式的，发包人不得再预留保证金。

3.3.3 农民工工资支付保函

农民工工资支付保函是指担保人（银行、专业担保机构或保险公司）应承包商申请，保证其在劳务用工合同项下或根据工程所在地政府相关要求，按时、足额向参与工程建设的施工人员支付工资的书面承诺。它是一种农民工工资的防欠和清欠的保障措施，以第三方担保的形式来保障农民工工资的正常发放，以及在用工雇主破产情况下，可以优先保护工人的工资。《保障农民工工资支付条例》第三十二条规定："施工总承包单位应当按照有关规定存储工资保证金，专项用于支付为所承包工程提供劳动的农民工被拖欠的工资"，"工资保证金可以用金融机构保函替代"。

值得注意的是，根据人力资源和社会保障部、住房和城乡建设部等七部门联合印发的《工程建设领域农民工工资保证金规定》，明确指出农民工工资支付保函全部采用具有见索即付性质的独立保函。具有见索即付性质的独立保函既具备独立保函的独立性、单据性、不可撤销性、合同性，又具备见索即付性质。受益人在索赔时不需要提供被保证人的违约证据，担保人仅凭相符索赔单据即可支付款项（只有证明保函受益人的索赔是出于欺诈，担保人才可以拒绝付款）。

3.3.4 预付款保函

预付款保函指承包人要求银行向业主（发包人）出具的保证业主所支付的工程预付款用于实施项目的一种担保函件。其不同于工程履约保函，如表3-1所示。投标人在中标后签订的合同中规定，预付款保函是承包人委托银行向业主出具的，由业主按合同规定向承包人支付一笔工程预付款，及时用于实施项目（即 A 委托 B 向 C 作出担保，担保内容是 C 按合同约定向 A 支付的预付款确实用于项目的实施）。开函银行应为业主所接受，如承包人不履约，业主可凭保函向开函银行索赔。开具保函的注意事项如下。

（1）开具单位：预付款担保的主要形式为专业担保机构保函、银行保函，也有少部分保险公司保函。

（2）担保金额：法律并没有确切预付款保函担保金额规定，其通常是合同额 10%～30%。

（3）担保期限：按照合同，通常预付款保函的担保时间为 1～6 个月，最长提供 24 个月担保时间。

（4）生效条件：有的保函是一开出就生效的，有的保函是经开函银行收到买方预付款或卖方收到买方预付款的书面确认后才正式生效的，具体要和甲方确认。

（5）保函格式：目前常用的保函格式是一般格式和见索即付格式，二者之间的区别在于甲方（业主）索赔的条件，一般格式是有条件，需证明乙方违约才能进行索赔，见索即付格式无须证明，为无条件索赔。后者费用较前者高些。

表 3-1　履约保函和预付款保函的区别

	履约保函	预付款保函
用途	确保预付款的安全支付	确保合同履行
支付时机	在合同签署后，确保合同履行期间的付款安全	在预付款时触发
失效时机	在合同期履行完毕后失效	在预付款支付后失效

3.3.5　投标保函

投标保函指在招投标过程中，招标人为保证投标人不得撤销投标文件，或中标后不得无正当理由不与招标人订立合同等，要求投标人在提交投标文件时一并提交的一般由银行或非银行金融机构出具的书面信用担保凭证。如果投标人未按合同要求履行义务，在保函有效期内，受益人有权要求担保人按照保函的约定履行担保责任。

投标保函可以由银行、保险公司、担保机构开具，为投标人提供担保。由银行开具的投标保函一般有授信额度限制，同时要求企业存入不等的保证金。根据授信条件，敞口部分要求有固定资产作为抵押物或者银行认可的第三方担保。而由担保机构开具的投标保函具有免授信、免担保、手续简单等优点。

如果由于业主方面的问题（如评标议标时间延长）要求承包商延长投标保函有效期，承包商根据具体情况一般有三种选择：其一，拒绝延长，收回保函，放弃投标；其二，同意延长，到银行办理延期手续，交纳手续费；其三，同意延长，并办理了延期手续，但同时致函业主保留调整投标报价的权利。通常无望得标取其一，有望得标取其二，原报价偏低，招标须知中又有调价方面的规定可以取其三。

3.4　购销类保函

购销类保函是担保人应采购方或供应方的请求，向合同另一方出具的一种书面担保文件。该文件保证采购合同中约定的义务得到如期履行，包括但不限于合同规定的交货时间，产品质量、数量等。如果合同一方未能履行其义务，担保人将根据保函约定，承担相应的赔偿责任或履行义务。基于采购合同的不同阶段和要求，购销类保函可以是履约保函、预付款保函、投标保函和质量保函等。

3.5　服务类保函

服务类保函是一种根据服务合同出具的书面担保文件，其主要作用是确保服务提供方严格履行合同义务，涵盖服务质量和工作进度等关键承诺。在环卫清洁、电力巡检、道路养护等服务外包项目中，担保方通过服务类保函为服务提供方的履约能力提供保证，确保服务能够按照合同规定的时间节点和标准完成。这种保函可能以履约保函、预付款保函或投标保函等形式出现，满足不同阶段和各类服务合同的特定保障需求，为合同双方提供额外的安全保障，并提高服务提供方的市场竞争力。

3.6　诉讼保函

诉讼保函是由具备担保资质的机构根据诉讼当事人的请求，向司法机关提供的书面保证，承诺在当事人败诉时履行赔偿义务。这种保函作为现金保证金的替代，不仅增强了原告的信誉，还减轻了其资金负担。其核心作用在于确保诉讼过程中，若申请人未能履行责任或义务，担保机构将代表其承担一定金额和期限内的经济赔偿。诉讼保函有助于解除法院对企业资金的冻结，保持账户的正常运作，减少资金占用。

根据最新的《中华人民共和国民事诉讼法》第一百零三条第二款规定，法院在采取保全措施时，可以要求申请人提供担保。若申请人未能提供，法院将驳回其申请。在司法实践中，除非法律特别规定的情形，如追索赡养费、抚养费等，当事人申请财产保全通常需要提供担保，以赔偿可能因错误申请保全而给被保全财产人造成的损失。当事人可以选择现金担保、实物担保、财产保全责任保险或诉讼保函等多种方式。若因申请保全错误导致被保全财产人损失，诉讼保函的担保人需承担赔偿责任。与其他担保方式相比，诉讼保函在减轻申请保全人经济压力、降低风险方面具有成本效益高、偿付能力强的优势。

诉讼保函根据其用途可分为诉讼财产保全保函、执行保函和解封保函等类型。

3.7 诉讼财产保全保函

诉讼财产保全保函是在非融资性担保领域中用于替代保证金或其他财产形式的担保措施的一种法律文件。具体来说，当原告在诉讼中申请财产保全时，法院通常要求其提供一定的担保来避免被告方因财产被查封、扣押或冻结而遭受不必要的损失。此时，原告或被告可以向担保机构或银行申请出具一份保函，担保机构或银行承诺在法院判决生效后，如果原告败诉或财产保全措施被解除，担保机构或银行将承担相应的赔偿责任。这种保函可以有效地保障诉讼各方的利益，减少现金流的占用，提高诉讼效率。诉讼财产保全保函包括诉前保全与诉讼中保全等，二者区别如表3-2所示。

表3-2 诉前保全和诉讼中保全的区别

	诉前保全	诉讼中保全
申请主体	在起诉前由利害关系人向法院提出	当事人在诉讼进行中申请财产保全
申请时间	必须在起诉前向有管辖权的人民法院提出申请	应当在案件受理后、判决生效前提出申请
担保要求	申请人必须提供担保，不提供担保的，驳回申请	人民法院责令提供担保的，申请人必须提供担保，不提供担保的，驳回申请。没有责令申请人提供担保的，申请人可以不提供担保，人民法院依职权采取保全措施的，有关的利害关系人也可以不提供担保

3.8 预售资金监管保函

预售资金监管保函是房地产开发商向银行或担保机构申请的信用保证文件，用于在开发商无法支付预售资金时，由担保方代为支付，以监管和保障项目资金安全的措施。

根据《关于商业银行出具保函置换预售监管资金有关工作的通知》规定，"保函仅可用于置换依法合规设立的预售资金监管账户的监管额度内资金。""保函置换金额不得超过监管账户中确保项目竣工交付所需的资金额度的30%，置换后的监管资金不得低于监管账户中确保项目竣工交付所需的资金额度的70%"。即最多30%的预售监管资金可以保函方式被"借"出来。

3.9 一般保证保函

一般保证保函是一种保函类型，由银行或保险公司出具，其作为担保方对受益人承诺，当申请人未能履行合同义务时，担保方将承担相应的赔偿责任。一般保证保函的当事人在保证合同中约定，债务人不能履行债务时，由保证人承担保证责任，为一般保证。一般保证的保证人享有先诉抗辩权，即保证人在主合同纠纷未经审判或者仲裁，并就债务人财产的依法强制执行仍不能履行之前，有权拒绝向债权人承担保证责任。因此，在一般保证法律关系中，债权人应当首先请求债务人履行债务或赔偿损失，只有在债务人确实不能履行时，债权人才能请求保证人履行债务或承担赔偿责任。

3.10 连带责任保函

连带责任保函是一种保函类型，涉及担保人与债权人之间的关系。具体来说，连带责任保函是指当主债务人未能履行其应尽的债务时，发出保函的担保人（或多个担保人）必须对债务承担全额清偿责任。在这种安排下，债权人可以直接向任何一个担保人要求全额赔偿，而不必首先追讨主债务人的债务。这种机制确保了债权人能够迅速且有效地获得赔偿，因为每个担保人都对全部债务负有连带清偿的义务，即债权人可以向其中任何一位担保人索要全额偿还款，而不必逐一追讨每位担保人所担保的部分。

3.11 独立保函

独立保函是一种保函类型，是指银行或非银行金融机构作为开立人，以书面形式向受益人出具的，同意在受益人请求付款并提交符合保函要求的单据时，向其支付特定款项或在保函最高金额内付款的承诺。

具体而言，独立保函实际系一种对形式要件有明确要求的特殊担保形式，独立于基础交易，保函效力不受基础合同影响。独立保函的核心在于为开立人设定相符交单情形下的独立付款义务，即无论合同履约方是否履行义务，开立人都必须向受益人支付指定金额，不得以基础合同存在纠纷或者效力存疑等理由进行抗辩，更加具有独立性和强制性。

可能影响保函独立性的内容：

（1）避免在保函中引用基础合同中的定义，指明保函中的类似条款具有与基础合同相同的含义，这可能引发保函被认定附属于基础合同的风险；

（2）保函应约定赔付的最高金额，不应规定其他非支付类义务；

（3）保函可以提及基础合同关系，但应避免出现要求保函项下的任何操作应以基础合同下的某个事件的发生（例如，基础合同下违约时才付款，或在基础合同履行完毕时保函到期）为前提条件。

在国内担保行业中，银行通常与担保公司合作，实际上银行无须承担财务风险。即使发生索赔，赔偿资金也不是银行的，而是从担保公司在银行的存款额度中扣除（例如，担保公司在银行存入1亿元，银行可能给予8亿~10亿元的授信额度）。然而，即便如此，银行仍不希望发生索赔事件，因为这可能反映出银行风控的失职，并可能最终影响到审批银行行长的职业前景。因此，无论是银行还是担保公司，都会非常重视保函格式的合规性。一般保证函最容易通过审核，连带责任保函次之，独立保函的审核最为严格，其收费也相应较高。三者之间的区别如表3-3所示。

表3-3　独立保函、一般保证保函和连带责任保函的区别

	独立保函	一般保证保函	连带责任保函
效力	从甲方角度来讲是效力最高的，最有利于甲方的，一经开立即生效（独立保函载明生效日期或事件的除外），其效力与基础交易合同效力无关，从而在很大程度上加重了履约方在施工或履约过程中被索赔的风险	不会立即生效，其作为项目履约过程中甲方的最后一道防护网，来保证甲方权益。一般保证责任，从甲方的角度来讲，效力最弱，有利于乙方	作为主债权债务合同（或基础交易合同）的从合同，主债权债务合同无效，连带担保责任合同无效

续表

	独立保函	一般保证保函	连带责任保函
承担责任范围	担保人责任范围以保函条款记载为准，独立保函的开立风险从保函本身来看是高的，但是沟通起来还是比较直接和方便的，主要的审批以甲方和乙方的实力及过往业绩中的履约情况来综合判断	正对主合同，但索赔只有根据保函制定需要提交相关的保函索赔依据才能够进行债权维护，所以一般格式在实务中基本不会发生索赔，就算甲方有索赔的意愿，也需要先和乙方进行相应的沟通，甚至有法院的判决书，才能执行下去	以主合同确定的债权范围为限，其效力和责任范围要根据主合同（如基础贸易合同）的效力和责任范围确定，也正是由于这种责任的划分让现在担保机构不太愿意提出连带责任，牵扯到工程责任划分中的复杂及专业沟通
承担责任的条件	担保人承担责任以受益人依据独立保函条款提交的单据表面相符为条件	甲乙双方沟通无果的法院执行结果，不会直接涉及经济赔付，因此在保函实务中也是风险最低的一种，甚至现在会在保函格式中增加更多的索赔条件作为索赔依据，提高了甲方索赔的难度，有利于乙方	承担连带担保责任以主合同债务人到期未履行债务、合同违约等存在确需履行的债务为前提

3.12 见索即付保函（无条件保函）

见索即付保函是一种独立保函，也称无条件保函，由保证人以书面形式出具的担保书、保证书或其他付款承诺，受益人只要提交了与保函中的约定相符合的索赔文件，担保人即应付款。保证人并不审查基础合同的履行情况，担保人的付款义务的成立也不以委托人在基础合同履行中违约为前提。

简而言之，见索即付指的是保证人在受到赔付要求时，在规定的工作日内，无理由、不可争辩、不可撤销地，必须承担损失或赔偿。见索即付保函具有三项基本原则：（1）抽象付款承诺；（2）保函独立于基础交易；（3）保函单据化，需要注意索赔要求必须与保函条款相符。

3.13　分离式保函

按照保函申请人和被保证人是否为同一人，银行保函可以分为非分离式保函和分离式保函两类：非分离式保函的申请人即被保证人，分离式保函的申请人与被保证人则为不同主体。通俗来说，就是企业通过第三方机构办理银行保函，不需要企业在银行有授信额度，不需要保证金。

分离式保函业务本质上是被担保人借用保函申请人的分离式额度向银行申请开立保函。如在分离式工程保函业务中，施工企业（被担保人）需先向银行合作的已获批分离式保函业务额度的担保机构（保函申请人）申请使用其在银行的分离式保函业务额度。

案例解读：A 企业是一家外地企业，2015 年中标了杭州一高压厂区工程项目。在中标文件中，明确要求企业提供业主所在地银行开具的银行保函。摆在 A 企业面前的最大问题是，需在短时间内向业主提供银行保函，但其在杭州并无银行授信额度。此外，由于本次中标金额较大，若在银行申请授信额度开立保函，还需缴纳较高比例的保证金，这无疑提高了企业的资金成本。经介绍，A 企业向某非金融担保机构寻求帮助。在了解 A 企业的情况后，该担保机构向其推荐了分离式银行保函。

3.14　申请人

申请人指向银行、保险公司、担保机构等申请开立保函的人。申请人通常为承包合同的乙方，是需要履行合同义务的一方，也是承担主要责任的一方。如果申请人未能履行其合同义务，受益方可以根据保函向发出保函的银行或担保机构提出索赔。

具体而言，如果一家建筑公司（申请人）承接了一个建设项目，项目业主（受益方）可能会要求这家公司提供履约保函，以确保施工按期按质完成。建筑公司会向银行或担保机构申请出具履约保函。一旦保函发出，如果建筑公司未能按照合同履行义务，项目业主可以依据保函向银行或担保机构提出索赔。

3.15 受益人

受益人指在担保合同中，由被保险人或者投保人指定的有权请求和接受保险赔偿金的主体。受益人具有在特定情况下，例如合同违约或对方未履行承诺时，向担保方提出赔偿请求的权利。投保人或被保险人可以指定任何人作为受益人，如果没有明确指定受益人，那么其法定继承人将自动成为受益人。在工程履约保函（部分农民工工资支付保函除外）中，受益人通常是项目的业主，即承包合同的甲方。申请人与受益人一般为合同的相对方。

若承包人信用良好，履行职责，而受益人（业主）恶意索赔，这涉及受益人的道德问题。因此，担保机构应调查受益人的道德品质。审核索赔文件时，担保机构不仅要审查单据表面是否符合保函规定，还需与申请人判断受益人是否有欺诈行为。

3.16 保函开立

保函开立指保函由担保人授权签署人签署，并离开担保人（包括受担保人委托行事的代理人，例如担保人的外部法律顾问、受托交付保函的快递公司）的控制（包括错误地离开了担保人控制的情况，如保函签署不符合内部审批流程）。未脱离担保人控制的，不视为保函已不可撤销地开立。从保函离开担保人控制之时起，受益人即可提出保函索赔要求。

3.17 保函通知

保函通知指在保函开立后，通过一个或多个中介方将保函转递给受益人的过程，这（个）些中介方无须修改保函内容或审查其有效性及担保人的信用状况。保函开立后可以通过一个或多个通知方转递给受益人，通知方不得更改保函的任何条款，但无义务审查保函条款以确保有效性、一致性、可执行性、不存在相互冲突等，也无义务处理担保人的信用状况等问题。

3.18　转开保函

转开保函指保函开立人受其他金融机构的指示向保函受益人开立的独立保函，是独立保函出具方式的一种。在转开保函实践中，为保障保函开立人的利益，指示人依据保函申请人的申请另外开立以保函开立人为受益人的独立保函，用以保障保函开立人追偿权的实现，该保函因具有反担保性质，又被称为反担保保函。转开情形下的保函和反担保保函是两份相互独立的保函，二者都独立于基础交易合同。

不同于直开保函，转开保函具有五重法律关系：（1）保函申请人与受益人之间的基础交易关系；（2）保函申请人与开立人之间的保函申请关系；（3）保函申请人和受益人之间的独立保函合同关系；（4）指示人与保函开立人之间的指示关系；（5）指示人作为反担保保函的开立人与保函开立人作为反担保保函的受益人之间的独立保函关系。

3.19　保函单据性

保函单据性指保函开立人仅根据受益人提交的符合保函要求的单据来判断付款义务，而不对基础交易的实际情况进行审查。也就是说，保函单据性意味着一切条件单据化，保函开立人仅负责处理单据，根据所提示单据的表面判断保函项下法律效果发生的事实前提是否满足，有无权利和义务实际调查基础交易情况等事实。在非融资性保函业务实践中，保函单据性代表只有在受益人请求付款并提交符合保函要求的单据时，保函开立人才产生付款义务，同时也意味着只要受益人提供了符合要求的单据，开立人就需要放弃抗辩权承担付款义务。尽管独立保函强调单据性，但在存在受益人欺诈的情况下，如无真实交易背景或单据欺诈，开立人可以拒绝付款。

保函非单据条件指保函记载了某一条件但却未规定提交何种单据证明该种条件是否达成。对于独立保函文本而言，除日期条件之外，原则上其内容不应出现非单据条件。在非融资性保函业务实操中，经常出现对于保函记载的非单据条件如何理解及处理的争议，如部分保函文本约定了保函的生效、失效或减额等条款，却未规定受益人应提交何种单据来证明满足前述条件。在此情况下，若开立人突破保函记载的单据来判断其是否满足非单据条件，即可能实质审查基础交易违背了交易各方选用独立保函的目的；若完全不予置理，亦可能违背保函各方的真实意图。其中，不予置理的含义主要有三项：（1）受益人无须提交单据证明非单据条件已被满足；（2）受益人可以提交单据证明非单据条件已被满足，但该类单据开立人将不予置理；（3）无论受益人是否针对非单据条件提交单据，其最终向开立人提交的单据均不得与保函所载非单据条件相冲突。

案例解读：某金融机构开立的履约保函载明"本保函担保贵方向申请人发运 1 万台生产于中国的落地灯后，申请人将按合同约定支付货款……若申请人未支付货款，我方将在收到贵方索赔通知书和保函正本后十个工作日内无条件地向贵方支付 100 万元人民币。"该保函中，"生产于中国的落地灯"即属于非单据条件，受益人无须提交单据证明所发运落地灯均生产于中国。即便受益人提交，开立人也应不予置理。但若受益人提交的单据中载明发运的落地灯全部生产于越南，则属于与《国际商会见索即付保函统一规则》（ORDG758，2010 年修订）第 7 条规定的相冲突情形，即前文总结的第三类，开立人有权拒付。

3.20 保函转让

保函转让指的是全额转让保函可用金额，部分转让不属于 URDG758 的规定范围，需要保函自行约定。担保人发出但受益人尚未接受的修改需要通知受让人，但已拒绝或未接受的修改在保函转让时不应予以考虑。转让后，保函相关单据均由受让人签发，文件中将原受益人名称改为受让人不属于不符点。若保函要求文件必须写明原受益人名字（比如提及基础合同），则不需要将受让人名字替换为原受益人名字。依法转让的情况（例如相关主体被收购、兼并）不属于 URDG758 的规定范围，应留待适用法律处理。

3.21 保函款项让渡

保函款项让渡指保函受益人在符合索赔条件后，将其在保函项下获得的款项支付权利转移给第三方的行为，但不涉及保函本身的受益人权利转让。保函款项的让渡并非保函转让，款项受让人不会因款项让渡而成为保函项下当事人，不享有保函受益人享有的接受保函修改、提交索赔等权利。保函项下使用转让和让渡时，建议注意区分到底是转让保函的受益人权利，还是仅仅在保函受益人得到相应索赔后让渡保函项下款项。

3.22 保函有效期

保函有效期指在申请人未履行其责任或义务时，担保人承诺承担支付责任或经济赔偿的时间范围。保函的有效期是根据具体保函类型和合同约定来确定的，不同类型的保函有效期有所不同。例如，银行履约保函的期限原则上最长不超过 3 年，最短不低于 6 个月。而一般合同中，银行最长提供 24 个月的担保时间。投标保函的有效期通常根据投标有效期来设置，但二者并不一致，通常投标保函的有效期会长于投标有效期。履约保函的有效期应与工期保持一致，以确保整个工期得到充分的担保，一般有效期截止时间为工程建设合同约定的工程竣工验收合格之日后 30 天至 180 天。

一般保函格式中有明确到期日，例如"本保函有效期截止于×年×月×日"。有业主要求有效期不明确，例如表述为"本保函至工程竣工验收合格之日失效"，易导致担保责任无法终止，且无法记账，应予避免。

保函设置有效期主要是为了确保在申请人未能按双方协议履行其责任或义务时，担保人能够代其履行一定金额、一定期限范围内的某种支付责任或经济赔偿责任。同时，保函的有效期可以适应合同的具体要求和工程项目的实际需要，保证在合同履行期间，保函始终有效，以应对可能出现的风险。

保函到期后，如果工程尚未结束或合同义务未完全履行，受益人可以通过申请延续有效期来确保其不断档。保函到期将会自动失效，企业可以保留原件或将其寄回担保机构。企业如果有存放保证金，则将保函原件退还担保机构或开具相关保函失效证明，担保机构退还相关保证金。

3.23 保函金额

保函金额指担保人在保函中承诺为被担保人（如承包商或施工方）履行

合同义务提供的最大赔偿金额。简单来说，保函金额是担保人愿意在被担保人未能履行其合同义务时支付给受益人（如项目业主或发包方）的最高金额限度。

履约保函及预付款保函的金额一般为合同金额的 5%~20%。投标保函一般跟从各地方规定。担保金额一般为固定金额，但极个别保函约定如利息、诉讼费用，会导致上限不固定。另有个别保函约定"担保金额赔付后担保方有义务自动补足"。

这一金额通常根据合同的总价值、工程的复杂性、项目的风险评估以及双方协商的结果来确定，目的是保障受益人在项目出现违约或其他问题时能够获得经济补偿，从而降低其经济风险。

3.24 保函费用

保函费用指在银行或担保机构为申请人出具保函时所收取的费用。这种费用通常根据保函金额的一定比例进行计算，具体比例可能会因多种因素而有所不同。这些因素包括但不限于担保机构所承担的风险水平、市场供需动态、申请人的信用状况以及担保期限等。保函费用不仅覆盖了银行或担保机构提供担保服务的风险管理成本和运营成本，还反映了其对潜在风险敞口的补偿需求。在某些情况下，保函费用还可能受到市场竞争和客户关系的影响，从而导致费率的调整。

3.25 保函效力

保函效力指保函作为一种信用担保凭证所具有的法律效果或实际执行力。具体而言，保函效力决定了保函在法律上是否有效、在实际商业交易中是否得到承认和执行以及在保函涉及的各方之间所产生的权利和义务关系。保函效力包括但不限于保函的合法性、签发主体的资质、保函条款的明确性和可执行性以及在发生违约或争议时保函的强制执行力。简而言之，保函效力直接关系到保函能否在法律和商业实践中发挥其预期的担保作用，保护受益人的权益并促成交易的顺利进行。

3.26　出函流程

出函流程是指担保机构根据申请人的请求，向受益人出具保函的全过程。这个流程通常包括以下几个主要步骤。

（1）申请人需要向担保机构提出保函申请。申请人通常是需要履行某种合同义务的企业或个人，他们希望通过保函来增加对受益人的信用保障。申请人需要提供详细的申请材料，包括合同副本、公司财务报表、信用记录等信息。这些材料有助于担保机构评估申请人的信用情况和履约能力。

（2）担保机构会对申请人的资质进行审核。这一步骤中，担保机构会对申请人提交的材料进行详细审查，可能还会要求申请人提供进一步的证明文件。审核的目的是确保申请人具有足够的财务能力和信誉来履行合同义务，从而降低担保机构的风险。

（3）在审核通过后，担保机构将与申请人协商保函的具体条款。这些条款包括保函的金额、有效期限、适用的合同条款等。双方需要就这些条款达成一致，以确保保函的内容能够满足合同双方的需求。

（4）担保机构会起草保函文本，并将其交由申请人确认。申请人需要仔细核对保函文本，确保所有内容准确无误。如果有任何异议或需要修改的地方，申请人可以与担保机构进行沟通，直至保函文本内容最终确定。

（5）在双方确认保函文本后，担保机构将正式出具保函。保函通常以书面形式出具，并在必要时进行公证或执行其他法律程序，以增强其法律效力。保函的原件通常会交给受益人，而申请人和担保机构各自保留一份副本。

（6）担保机构会对保函进行登记和管理。在保函的有效期内，担保机构需要及时跟踪保函的履行情况，并在必要时与受益人和申请人进行沟通。如果申请人未能履行合同约定的义务，受益人可以根据保函向担保机构提出索赔，担保机构则需要按照保函的条款进行赔付。

总的来说，非融保函的出函流程是一个系统性的过程，涉及申请、审核、协商、起草、确认、出具和管理等多个环节。每个环节都需要各方的紧密配合，以确保保函的有效性和可靠性。

3.27　出函审查

出函审查指在发出保函之前，担保机构对保函的各个方面进行全面、深入的审查和评估，以确保其合法性、合规性以及风险可控性。

出函审查的第一步是对申请人的资质和信用状况进行评估。担保机构会审查申请人的财务报表、信用记录和经营状况，以确定其是否具备履行合同义务的能力和信用。此阶段的重要性在于确保申请人具有足够的偿付能力，以减少担保机构未来的风险暴露。

第二步，担保机构会详细审查保函的具体条款和条件。这包括对受益人、担保金额、期限、履约条件等各个方面的仔细检查。确保保函条款清晰明确，不留模糊或歧义，以免日后产生纠纷。此外，担保机构还要确保保函的条款符合相关法律法规和国际惯例。

第三步，担保机构还需进行法律合规性审查。确保保函的发出和执行符合相关法律法规和监管要求，并遵循保函业务文件格式。这一环节通常需要法务专家的参与，确保保函在法律上无漏洞和瑕疵。

总之，出函审查是一个系统性、全面性的过程，涵盖申请人资质评估、条款细化、法律合规等多个方面。通过严格的出函审查，金融机构可以确保保函的合法性、合规性和安全性，有效降低风险，保障各方权益。

3.28　保函项目尽调

保函项目尽调，即保函项目尽职调查，指对拟进行担保的保函项目进行全面调查和评估的过程。其目的是通过系统、深入的调查，获取项目相关的详细信息，包括但不限于项目的法律、财务、商业和技术等方面，从而评估项目的可行性、风险以及潜在回报。项目尽调通常涉及项目方的背景和财务状况、合同条款、项目方的项目执行能力、市场环境、法律合规性等多个方面，以确保担保机构能够全面了解项目的各个方面，做出科学、合理的担保决策，降低担保风险并确保自身利益。

具体来看，在资质考察方面，担保机构强调承包商（或实际承包人）在行业内持续经营五年以上，具有相近技术类型或建设规模的工程履约历史，且履约记录良好，方可认为其履约能力（技术、管理）满足要求。关于工程资金实力问题，对于有预付款且按进度付款的工程，只要企业不陷入大规模诉讼或负债过于沉重，机构一般认为企业具备完成项目的资金实力。对于没有预付款但按进度付款的工程，企业会对承包人支付一定垫资，分析其垫资量，进一步考察受益人资金落实及工程款支付是否及时。在工程管理方面，对于一次以上转包的工程项目，机构不宜介入。承包商对分包工程控制较好的项目，项目管理人员（包括财务人员）由承包商委派、受承包商直接指挥的工程项目，基本被认为管理正常，除非该承包商履约记录较差。承包商对分包工程控制较弱，项目管理人员（包括财务人员）均为分包人委派或听命于分包人，则分包是否构成履约风险取决于分包人的履约能力。对于处于改制期的国有企业，机构应重点考察企业经营、管理是否正常，是否波及该履约项目。

3.29　保函项目评审

保函项目评审指担保机构评审会或相关评审部门对申请担保的项目进行全面、系统的评估和审核的过程。这一过程旨在确定项目的可行性、风险程度以及担保的必要性和合理性。工程类担保项目评审重点是对工程项目的全面评估，包括技术可行性、工程质量、进度计划、预算控制以及项目管理团队的能力。评审还应关注施工风险、合同条款和法律的合规性，确保项目按计划完成且没有重大违约。工程类担保项目侧重于项目实施和技术风险管理，而贷款担保评审侧重于财务健康和还款能力。通过项目评审，担保机构可以做出提供担保的决策，并制定相应的风险控制措施，以确保担保项目能够顺利进行并实现预期目标。

3.30　施工资质

施工资质指建筑施工企业在从事建筑工程活动时，必须具备的法定资格和能力的证明。它是建筑企业在参与工程招标和承接工程项目时的重要凭证和实力象征。

施工资质通常包括建筑施工资质、设计资质、监理资质和房地产开发资质等多个方面，其中建筑施工资质又被细分为总承包资质、专业承包资质和劳务资质等。每种资质根据企业的社会信誉、经济实力、技术能力和管理水平等因素，分为不同等级，如一级、二级、三级等。具备相应等级的施工资质，意味着企业在相应规模和复杂度的工程项目中具备了合法承接和实施的能力。施工资质的获得和保持需要企业不断提升自身的技术水平和管理能力，确保在实际施工过程中能达到国家和行业的标准要求。

3.31　转包和挂靠

转包指承包单位在获得工程项目后，不履行合同中约定的责任和义务，而是将其承包的全部工程转给或将工程肢解后以分包的名义分别转给其他单位或个人施工的行为。

挂靠则是指单位或个人以其他具有资质的施工单位的名义承揽工程的行为。挂靠的核心在于借用资质，即没有资质的单位或个人通过挂靠有资质的单位来取得工程项目。挂靠人会参与投标、施工、现场管理、竣工验收、结算等工程的全流程。

案例解读：假设有一个市政道路建设项目。A 公司成功竞标并签订合同，但 A 公司自己没有足够的施工能力，于是将整个项目分包给 B 公司来完成，这就是转包的行为。而假设 C 个人没有相关资质，但他想承揽这个道路建设项目，于是他找到 D 公司，借用 D 公司的资质以 D 公司的名义去竞标并成功承揽项目，然后实际施工和管理都是由 C 个人来进行，这就是挂靠的行为。

3.32　工程招标投标

工程招标投标指通过技术经济的评价方法和市场经济的竞争机制相互作用，来有组织、有规则地选择最优交易方的一种成熟、高级和规范化的交易活动。这个方法既继承了商品交易的原始思想与方法，又充分运用了市场经济的竞争机制，将技术比较、经济分析和效果评价结合到工程建设交易中。在这个过程中，各方通过技术比较展示实力，通过经济分析突显效益，通过效果评价追求管理、质量和诚信的一致性。

具体来说，首先，由招标单位发布招标信息或公告，详细说明拟交易的建设项目及交易条件，邀请承包人在规定期限内提交投标方案和报价。其次，投标人获取招标文件后，认真分析研究文件并进行现场实地考察，编制投标书。投标书是一种在规定开标日期前有效的发盘或初步施工组织设计，内容必须明确，包含中标后与招标人签订合同的所有重要内容，在有效期内不得撤回、变更报价或对内容做实质性修改。最后，招标人依照法定程序选择专家组成评标委员会，制定统一的评标规则，对所有投标单位的报价和方案进行分析和比较，选择条件最优的投标人作为中标人，并与其签订合同，确保建设项目的实施。

3.33 招标方式

招标方式指招标单位与投标单位之间建立联系和进行竞标的组织形式和程序。它主要包括公开招标和非公开招标两大类。公开招标是指通过公开渠道发布招标信息，吸引所有符合条件的投标单位参与竞标，而非公开招标则限制在特定的投标单位范围内进行，例如邀请招标和议标。在公开招标中，根据参与的招标单位数量，其还可以分为单独招标和联合招标。单独招标由一个招标单位独立进行，而联合招标则由多个招标单位共同进行。此外，招标方式也可以根据时间和流程的安排分为一次性招标和分阶段招标。选择合适的招标方式取决于项目的规模、复杂性以及市场状况。

3.34 评标办法

评标办法指评标委员会根据特定标准对投标文件进行评估和比较，以确定中选投标的具体方式和程序。招标人按照法律的规定，挑选符合条件的人员组成评标委员会。评标委员会负责各投标文件的评审工作。常用的评标办法有以下三种。

（1）最低评标价法：评标委员会根据评标标准确定每一投标不同方面的货币数额，然后将那些数额与投标价格放在一起进行比较。估值后价格（即评标价）最低的投标可作为中选投标。

（2）打分法：评标委员会根据评标标准确定每一投标不同方面的相对权重（即得分），得分最高的投标即为最佳的投标，可作为中选投标。

（3）合理最低投标价法：指能够满足招标文件的各项要求，投标价格最低的投标即可作为中选投标。

在这三种评标方法中，前两种可统称为综合评标法。

3.35 电子招投标平台

电子招投标平台是以数据电文形式完成招标投标交易活动的信息平台。电子招投标平台通过计算机、网络等信息技术，对招投标业务进行重新梳理，优化重组工作流程，在线上执行招标、投标、开标、评标和监督管理等一系列业务操作，最终可以实现高效、专业、规范、安全、低成本的招投标管理。

3.36 招标方

根据《中华人民共和国招标投标法》规定，招标方被定义为提出招标项目、进行招标的法人或其他组织。招标方是负责组织和主导招标活动的一方，可以理解为有工程建设需求的采购方（买方）对需要完成的项目提出需求，并通过招标的方式选择合适的承包商或供应商来执行该项目。招标方通常负责编制招标文件、发布招标公告、接受投标申请、评审投标文件，并最终确定中标单位。

3.37 中标方

中标方指在公开招标或竞标过程中，最终赢得合同或项目的投标人。简单来说，中标人就是在竞争性招标中被选定、被认定为最优秀或最符合条件的投标者。在招标过程中，中标人通常是根据提交的投标文件中的条件、价格、技术方案等综合评估的结果而确定的。

3.38 发包方

发包方指在工程项目中，负责委托任务并支付合同报酬的一方。发包方通常被称为甲方，其主要职责是将特定的建设工程任务、货物供应或服务交由另一方即承包商或承包人来完成。发包方与承包方之间通过签订合同的方式，明确双方的权利和义务，在平等互利的基础上进行合作。发包方不仅负责支付合同约定的报酬，还需要提供必要的支持和资源，以便承包方能够顺利完成所委托的工程任务。

3.39　劳务方

劳务方指提供具体劳务或服务的当事人，通过与用工方签订劳务合同获得报酬。劳务方通常在合同或者协议中承诺完成某项特定任务或工作，任务和工作不涉及资金的直接借贷或融资活动。

3.40　承包方

承包方（或称承包商）指从发包方（或称发包商）处接收工程任务的主体。承包方根据签订的合同，按时完成约定的建设任务，并在完成任务后获取相应的报酬。通常，承包方是具体负责施工的单位或个人。在某些情况下，承包方也可以是分包商，这时需要特别关注其总包商的信誉和实力，以确保项目顺利进行。

在保函业务经理对保函业务的尽职调查中，需对中标方、发包方、劳务方、承包方的多方面进行考察，包括其资质和信誉、以往项目的履约记录、财务状况的稳健性、核心团队的专业能力与经验、合同履行能力以及是否存在法律纠纷或违约记录等，以确保其有能力按时、按质、按量地完成合同约定的任务，从而降低保函业务中可能面临的风险。

3.41　标底价

标底价指招标人基于招标项目的具体情况所计算的完成该项目所需的全部费用。这个价格是根据国家有关规定的计价依据和计价方法计算出来的工程造价，代表了招标人对建设工程的期望价格。标底价通常由多个部分组成，包括成本、利润和税金等，通常应控制在已经批准的总概算和投资包干限额内。通过设定标底价，招标人可以在招标过程中评估投标报价的合理性，从而确保项目的经济效益和质量控制。

3.42 拦标价

拦标价指招标人在招标过程中向投标人公示的工程项目总价格的最高限制标准。拦标价是招标人期望的价格，要求投标人投标报价不能超过它，否则为废标。拦标价可拦上（上限拦标价）也可拦下（下限拦标价）。在实践中，其又可分为明示拦标价（以文字形式公开地告诉每位投标人）和暗示拦标价（开标时公布），有的拦标价因和施工单位的平均报价互相联系，也称为动态拦标价。

3.43 下浮率

下浮率指采用投标报价时，投标单位按招标控制价下浮一定比例中标，这个比例即为下浮率。

简单来说，下浮率是招标方对投标方在拦标价上的优惠折扣。这种折扣可以以比例或金额的形式表示，通常为1%~5%。下浮率的多少是施工单位根据自身情况和市场竞争情况来决定的，不同的项目和地区可能会有不同的下浮率。一般来说，下浮率越高的投标单位，在价格上就能得到更多的优惠，但是也需要承担更多的风险和责任。

例如，招标控制价为200万元，投标方报价为180万元，投标方下浮10%中标，即以200×（1−0.1）=180万元的价格来承包该工程，这里下浮的比率10%即称为下浮率。

3.44 串标和围标

串标，又称串通投标，一般指多家供应商联合起来，通常以高价的形式来实现中标。几家供应商往往有各自的分工，如供应商A负责中标，供应商B、C负责陪同和协助。他们之间往往采取"轮流坐庄"或者"瓜分"好处费的方式进行"合作"。

围标是串标的其中一种，特指供应商相互之间的串通投标，多家供应商共同钩织，形成一张"大网"，招标或采购项目就如同"网中鱼"，他们通过协商报价、共同进退等手段形成优势，将其他供应商排斥在外。围标行为的发起者被称为围标人，参与围标行为的投标人被称为陪标人。

3.45　电子保函

电子保函指申请人通过电子保函服务平台，由担保人向受益人出具的具有法律效力的电子保函证书。类似于纸质保函，电子保函也是由银行、保险公司、担保机构或其他金融机构应申请人的请求，向受益人开立的一种担保凭证，保证在申请人未能按双方协议履行其责任或义务时，由担保人代其履行一定金额、一定时限范围内的某种支付或经济赔偿责任。

电子保函与传统的纸质保函具有相同的法律效力，同时具备高效、快捷、保密等优点。电子保函的推广有助于优化营商环境，降低企业参与政府采购活动的成本，同时也是金融科技发展的体现，为市场主体提供了便利、高效率的金融服务。随着政策的推动和技术的进步，电子保函的应用范围预计将进一步扩大。

3.46　电子保函平台

电子保函平台指由保函业务主体搭建的保函管理服务信息化系统。通过独立建设或嵌入各地公共资源交易平台，电子保函平台提供兼容保证保险、银行保函、担保保函等多种保函形式的电子保函服务，具备交易项目专业全领域覆盖、交易全过程留痕、交易过程实现全程电子化、信息可追溯查询等优点。电子保函平台有助于推动招投标全流程电子化，促进招投标市场监管能力提升，规范公共资源交易市场秩序，将成为未来保函业务发展的重要增长点。

3.47　公共资源交易平台

公共资源交易平台是由政府推动设立的，旨在通过实施统一的制度和标准，构建一个开放共享的公共资源交易电子服务系统。这一平台具备规范透明的运行机制，为市场主体、社会公众以及行政监督管理部门等提供综合性的公共资源交易服务。其覆盖的公共资源交易类别包括工程建设、政府采购、产权交易、土地矿产等。平台上的服务内容丰富多样，包括但不限于招投标、采购、挂牌、拍卖和竞价等。此平台为工程担保领域的业务经理提供了一个发现和获取业务机会的渠道。

3.48　标的物

标的物指当事人双方权利义务指向的对象。在商业买卖合同中，标的物指买卖合同中所指的物体或商品。在非融资性担保业务中，标的物可以是动产、不动产、知识产权、股权、应收账款等各种类型的财产或权利。担保人通过提供这些标的物作为担保，确保在主合同义务人未能履行其义务时，债权人可以通过处置这些标的物来弥补损失。

3.49　保函索赔

保函索赔指在受益人认为申请人未能履行合同义务或保函条款的情况下，向发出保函的银行或担保机构提出要求，要求其支付保函中规定的金额。保函索赔通常在合同履约出现问题时启动，开具保函类型不同，担保机构面对索赔申请时的处理方式也不尽相同。

在实际操作过程中，担保人出于风险控制及避免保函欺诈等目的，仍然会对索赔的真实性和合理性给予一定程度的关注。因此，保函赔付的审核，大致可以分为两个方面的检验，分别为单据相符检验和真实合理性检验。

（一）单据相符检验

首先要明确保函时效，确保索赔申请是在保函有效期内作出。其次是明确索赔单据中是否包含保函条款规定的全部索赔文件，这通常包括索赔函、违约声明以及相关违约证明材料（例如监理报告、货物提单、逾期还款通知等）。最后是比对索赔文件的内容和形式是否与保函条款的要求一致。在此过程中，审核应当依照保函载明的审单标准进行，如保函载明受中国法律管辖，则审单依据独立保函司法解释进行。如保函载明受 URDG 758 管辖，则单据审核应依据 URDG 758 的规则进行。

（二）单据真实合理性检验

首先是对索赔单据形式进行审核，具体包括审核单据是否为原件，其是否有真实的签字和印章，以及签字人的身份证明等。其次是审核被担保人相关材料，比如要求被担保人详细说明交易进度情况、索赔原因、被担保人违约情况、被担保人对索赔金额的处理意见等。最后是审核索赔文件内在逻辑和交易背景。此举的主要目的是避免不合理的高额索赔或者虚构交易。

索赔条款是非融资性担保合同中的一项重要规定，详细描述了在发生特定事件或情况时，受益方（通常是项目业主或委托人）向担保方提出赔偿请求的条件和程序。这些条款明确了索赔的条件、时限、所需的证明文件和证据、赔偿的范围和限额等内容。通过索赔条款，合同各方可以清楚了解在工程项目出现违约、延误或其他问题时应如何处理，以确保在出现纠纷时有明确的依据和处理流程，从而保护各方的合法权益。

国内的银行办理国内保函业务时大多采用的是从属性保函。从属性保函是担保人在保函中对受益人的索赔及对该索赔的受理设置了若干条件的限制，保留一定的抗辩权利，只有在一定的条件得到满足之后，担保银行才予以受理、付款。在实际操作中，保函索赔条款一般分为以下几种。

（1）在保函中约定，受益人提出索赔请求时，由委托人提供证据证明自己已履行基础合同义务，或受益人没有履行基础合同义务。在这种情况下，由委托人承担举证责任，委托人如果不能证明，则承担举证不能的不利后果，推定受益人的索赔成立，银行承担担保责任。

（2）在保函中约定，受益人提出索赔请求时，同时提出证据证明自己已经履行了基础合同义务，或证明委托人没有履行基础合同义务。在这种情况下，受益人负有举证责任。如果受益人不能提供证据证明，则银行不予受理，由受益人承担不利责任。受益人提供的证明材料可以是发运货物的提单副本、第三家检验机构的商检证明或检验报告、合同双方之间的往来函电、项目监理工程师出具的证明或签字认可的其他书面文件等。

（3）在保函中约定，受益人提出的索赔请求，必须经委托人同意或确认，银行才能受理。在这种情况下，银行作为金融中介的作用大为减少，保函的银行信誉转化为普通的商业信誉，对受益人的保护不利，因此，在实际应用中不被受益人所接受。

（4）在保函中约定，受益人的索赔请求，必须经过法院或者仲裁机构生效的裁判文书确定，担保银行仅凭仲裁机构的裁决或法院的判决来实施付款或免于付款。担保银行在签发保函时往往无法知道申请人在保函所涉及的法律诉讼案件中究竟应承担多大的实际赔偿责任，甚至还不能肯定委托人是否必须作出这样的支付行为，因此，保函项下是否发生赔付，以及实际上应赔付多大的金额等，都要根据法院的有关判决来确定，而绝不能仅仅依据受益人的单方索赔进行支付。

3.49.1 部分索赔和多次索赔

部分索赔指在保函规定的总金额范围内，索赔人针对部分金额进行的索赔；多次索赔是指在保函有效期内，索赔人分多次进行的索赔。《见索即付保函统一规则》默认允许部分索赔和多次索赔，除非保函另有约定。若同时提交多项索赔的交单，每项索赔交单之间相互独立，分别进行相符索赔的审查。若索赔通知载明金额高于或低于其他索赔文件（例如，与提交未付发票金额不一致），构成可以拒赔的不符点，担保人此时无权选择按照较低的金额支付。

3.49.2 展期或付款索赔

展期或付款索赔是受益人要求在原定到期日之前延长担保期限或请求支付担保金额的正式申请。对于相符索赔中包含作为替代选择的展期请求时，担保人首先审查交单是否相符，如果是不符的，则应拒付。若交单相符，担保人有权在收到索赔翌日起 30 日内（包含第 30 日）中止付款。在此期间，受益人不得再提起新索赔或变更展期期限的索赔，必须等担保人是否同意展期的决定。担保人提出反担保函下展期或付款索赔时，应告知其在保函下的中止付款期限，但未告知不构成反担保人对相符索赔拒付或拒绝展期的理由。中止付款期限结束后，担保人不同意展期的话，要全额付款，无须受益人重复提交索赔文件。中止付款期间不计算任何利息或延迟支付补偿金。

3.49.3　恶意索赔

恶意索赔在非融资性担保领域指的是受益人通过不正当手段或不诚信行为，利用担保合同或独立保函的机制，提出不合理或虚假的索赔要求，尽管申请人并未违反基础合同，或者申请人的违约是由受益人自身引起的。具体来说，恶意索赔通常涉及受益人提供虚假单据或信息，试图满足担保合同或独立保函的付款条件，从而获得不应得的赔偿或利益。

3.50　索赔动机

索赔动机指个人或组织提出索赔请求的背后原因或动机。保函索赔是一种正当的权利要求，出现包含约定的索赔情形时，保函受益人提请保函索赔具有正当性与合理性，但担保机构要注意严格审查索赔材料，防止受益人故意隐瞒、联合欺诈等恶意索赔行为。

3.51　保函欺诈

保函欺诈指受益人通过虚构交易、伪造单据或其他欺骗手段，非法利用保函资金或滥用索赔权以获取不当利益的行为。在担保机构的保函实践中，因基础交易审查不全面、申请人故意隐瞒等其他欺骗手段，受益人可能非法利用保函资金或滥用索赔权企图获益，进而形成保函欺诈。

保函欺诈纠纷属侵权纠纷，《中华人民共和国涉外民事关系法律适用法》第四十四条规定："侵权责任，适用侵权行为地法律，但当事人有共同经常居所地的，适用共同经常居所地法律。侵权行为发生后，当事人协议选择适用法律的，按照其协议。"

根据《最高人民法院关于审理独立保函纠纷案件若干问题的规定》，在构成独立保函欺诈的情形下，担保人以基础交易关系对其所在独立保函项下的付款义务提出抗辩的，法院会给予支持。与此同时，《最高人民法院关于审理独立保函纠纷案件若干问题的规定》第十二条规定："具有以下情形之一的，人民法院应当认定构成独立保函欺诈：

（一）受益人与保函申请人或其他人串通，虚构基础交易的；

（二）受益人提交的第三方单据系伪造或内容虚假的；

（三）法院判决或仲裁裁决认定基础交易债务人没有付款或赔偿责任的；

（四）受益人确认基础交易债务已得到完全履行或者确认独立保函载明的付款到期事件并未发生的；

（五）受益人明知其没有付款请求权仍滥用该权利的其他情形。"

案例解读：我国某电缆公司（以下简称我国公司）收到某国某公司的信息，称某国有个基建项目，需要 3.3 亿美元的电缆，其愿意和我国公司一起投标。我国公司一名工作人员和该公司签署了会议纪要，纪要显示我国公司在 2014 年 5 月 28 日出具投标保函。双方在 2014 年 6 月 5 日形成了正式合作协议（简称"6 月 5 日协议"），但落款时间误写为 2014 年 5 月 26 日，协议内容包括我国公司同意出具相应的保函。之后，双方在 2014 年 7 月 4 日又对合作协议进行了修改（简称"7 月 4 日协议"），明确了保函为履约保函，不是投标保函，但协议落款时间没有改，仍然是错误的 2014 年 5 月 26 日。无论是 6 月 5 日协议还是 7 月 4 日协议，对保函的出具时间均没有约定。我国公司在 2014 年 7 月 15 日向银行申请了 548 万美元的独立保函。可是，当某国公司收到独立保函后，不但不继续进行投标工作，反而立即向银行索赔，声称我国公司没有在 5 月 28 日开具保函，属于违约，所以要求银行支付保函项下全部款项。我国公司发现受骗后，向当地中级人民法院起诉。诉状以某国公司为被告，以签发独立保函的银行为第三人，主要诉讼请求为要求法院判令银行终止向某国公司支付保函项下款，诉讼的主要理由是某国公司构成保函欺诈。

当地中级人民法院一审判决认定某国公司明知我国公司没有违约而进行保函索赔，属于滥用索赔权，构成保函欺诈，判令银行终止支付保函项下款。

3.52　分级授权

分级授权指根据不同管理层级设置各自的职责和权限，以提高管理效率和风险控制能力的授权制度。非融资性保函项目评审应依据项目特征，设置三级审核制度：项目 AB 角和部长初审、机构审核人独立审核、会议评审。分级授权的原则是各级管理人员行使不同的职责和权限，旨在提高非融资性保函业务的管理效率和风险控制能力，保证担保机构在开具保函时能够有效地平衡业务增长和风险管控的需求。

3.53 总量控制原则

总量控制原则指总量控制贯穿项目审核始终，主要包括单一项目金额上限控制、申请企业总量控制、担保人自身总量控制。

单一项目金额上限控制是指同一工程合同项目下的所有保函的合计担保金额不超过某一上限；申请企业总量控制是指"在保+在审"项目保函金额不能超过申请企业净资产的2倍；担保人自身总量控制是指担保机构在综合评估自身担保实力的基础上，确保一定时期内开具的非融资性保函项目总量能够控制在可承受的范围内，避免因开具过多保函而造成资金占用和风险集中。

3.54 黑名单审核

黑名单审核指银行或担保机构在审批保函申请时，进行的一项合规风险管理措施。具体来说，这项审核过程旨在确认申请人或受益人是否存在任何不良记录或与高风险对象相关联。

黑名单审核通常涉及多个步骤和信息来源。首先，银行或担保机构会检查内部黑名单，这份名单通常包含过去有不良信用记录、欺诈行为或其他违约行为的客户。其次，他们会查询外部黑名单，这些名单可能由政府机构或其他金融机构维护，列有被制裁、涉及洗钱活动或其他非法活动的个人或实体。

如果在黑名单审核过程中发现申请人或受益人有不良记录或与高风险对象相关联，银行或担保机构通常会采取进一步的尽职调查措施，以确认具体风险的性质和程度。在某些情况下，发现的问题可能导致保函申请被拒绝，或者需要申请人提供额外的担保或信息以继续进行。

3.55 敞口保函额度

敞口保函额度指扣除保证金后的信用额度，是没有覆盖银行、担保机构或其他金融机构风险的部分。在非融资性保函领域，敞口保函额度是指担保机构或银行在为被担保人提供担保服务时，除去被担保人缴付的保证金、抵（质）押价值等后的担保额度。具体而言，当企业需要开立保函时，担保机构或银行会要求企业存入一定比例的保证金，而敞口部分就是除了保证金之外，担保机构或银行直接承担的担保额度。

案例解读：银行给予企业 1000 万元的综合授信敞口保函额度，并且企业申请开立了保证金比例为 30% 的银行保函，那么企业需要存入 300 万元保证金，剩余 700 万元就是银行的敞口额度。敞口保函额度是银行基于企业的信用状况提供的，不需要额外的保证金支持。

敞口保函额度可以提高企业的融资效率，降低资金成本，但同时也会增加企业的财务风险，因为一旦发生索赔，企业同样需要承担相应的偿还责任。因此，企业在使用敞口保函额度时，需要根据自身的经营情况和风险承受能力，合理规划和使用该额度。

3.56 保函反担保措施

保函反担保措施是一种为了保障担保人能够顺利行使追偿权而采取的安全保证措施。当担保人为债务人提供担保时，为防止债务人在未来无法偿还担保人代其清偿的债务，担保人会要求债务人提供额外的担保。这就意味着债务人在接受担保人担保的同时，也应向担保人提供担保，以防止债务人未来无力偿还时，担保人的追偿权落空。

在司法实践中，反担保的担保方式应与财产保全的担保方式一致，主要包括以下几种。

（1）现金担保：现金存款是交易流通的媒介，是实现金钱债权最快的方式，因而是人民法院最接受的担保方式。然而，现金又是企业经营运转的血液，以现金作为反担保，势必会加重企业的资金负担，影响企业正常经营。因此，被债务人一般不会选择现金担保方式。

（2）保证担保：又称信用担保，指为了赔偿因错误或不当解除财产保全给债权人造成的损失或被债务人不能赔偿时，担保人以其信用或者特定的财产保障债权人赔偿请求权实现的担保方式。在具体实践中，非融资性担保机构经常作为担保人提供信用担保，该担保方式已成为一种简单、便捷、高效、成本较低的担保方式。值得注意的是，债务人原则上不能为自己担保，但若债务人为"银行、金融资产管理公司、经中国人民银行批准设立的非银行系统的金融组织、国有资产管理公司"，则可以为自己提供资信担保。

（3）抵押或质押：债务人或担保人可以以自己所有或支配的、能够处分并可以直接交易变现的权利或者财产作为抵押或质押，承担因解除财产保全给债权人造成损失的赔偿责任。

（4）当事人约定的担保方式：若当事人就解除财产保全的反担保方式协商一致，法院应当尊重当事人的约定，同意该担保方式。约定担保方式，可以避免担保争议、节约诉讼资源、减少程序冲突、促进诉讼程序的进行，当事人有权对申请与解除财产保全措施进行处分，只要当事人之间的约定符合法律规定，法院就应当尊重其选择。

尽管立法没有明确规定反担保提供担保的数额，但关于财产保全申请人提供担保财产的数额，根据《最高人民法院关于人民法院办理财产保全案件若干问题的规定》第五条规定，其不应当超过申请保全额的30%，特殊情况法院可以酌定。鉴于反担保是对申请人请求保全金额范围内造成损失的担保，因此债务人提供反担保财产的金额亦不得少于保全金额。

3.57　保函解保

保函解保指在满足特定条件或完成特定任务后，由担保人向被担保人发出正式通知，以解除或终止原先出具的保函所承担的担保责任。具体而言，当被担保人履行了其在合同或协议中的义务，或者担保期限届满且没有发生担保事件时，担保人会根据协议条款和程序，通知受益人保函的终止，从而免除其担保责任。保函解保的目的是确保在担保责任解除后，各方的权利和义务得以明确和终结。保函的终止方式主要包括：有效期届满、担保人收到被担保人解除担保的通知等。

3.58　终止支付

终止支付指在某些特定情况下，担保人（通常是银行或保险公司）不再履行其在保函项下的支付义务。这种情形一般是因某些明确规定的条件触发的，导致担保人可以合法地拒绝支付受益人请求的款项。

终止支付的情形可以包括但不限于以下几种情况。（1）如果主合同（即申请人与受益人之间的合同）已经履行完毕或合法终止，那么保函的担保责任也随之解除，担保人不再需要支付保函项下的款项。（2）当受益人未能满足保函中规定的索赔条件时，例如其未能在规定的期限内提出索赔或未能提供必要的索赔文件，担保人可以拒绝支付。此外，如果担保人发现索赔存在欺诈或虚假行为，也可以终止支付。

在实际操作中，保函中通常会列明具体的终止支付条款和条件，以确保各方权益和责任明确。例如，保函可能会规定在特定日期之后，保函自动失效，担保责任自动解除，从而终止支付。也可能会列明在某些情况下，受益人需要提供法院判决或仲裁裁决来支持其索赔，否则担保人有权拒绝支付。

3.59 止付申请

止付申请指申请人（通常是保函的申请方，即被担保方）在特定情况下向担保人（如银行或保险公司）提出的请求，要求担保人暂停或停止向受益人支付保函项下的款项。止付申请通常是在申请人认为受益人提出的索赔不符合保函条款或其存在欺诈等不当行为时提出的。

当申请人认为受益人的索赔不合理或存在争议时，他们可以向担保人提交止付申请，详细说明索赔不应被支付的理由。例如，申请人可能认为受益人没有履行主合同项下的义务，或认为受益人提交的索赔文件不符合保函条款的要求。在这种情况下，申请人通常需要提供相关证据来支持其止付请求。

担保人在收到止付申请后，会对申请人的理由和证据进行审查。这一过程可能涉及与申请人和受益人双方的沟通，甚至可能需要法律顾问的介入。如果担保人认为申请人的止付申请有理，且有充足的证据支持，他们可能会暂时停止支付，并通知受益人有关止付的决定。

然而，担保人的决定并不是最终的。受益人仍然有权通过法律手段（如诉讼或仲裁）来反驳止付决定，并寻求法院判决或仲裁机构的裁决。一旦法院或仲裁机构作出有利于受益人的判决或裁决，担保人仍需履行支付义务。

止付申请在实际操作中是一个非常敏感且复杂的过程，涉及合同法、担保法以及相关的商业惯例。担保人需要谨慎处理止付申请，以平衡各方利益，避免因不当拒付而引发法律纠纷或造成声誉损失。因此，止付申请往往需要专业的法律和金融知识，以及对具体业务情形的深入理解。

总的来说，止付申请是申请人保护自己权益的一种手段，但其成功与否取决于提供的证据和法律依据。担保人和受益人也需要对此有清晰的认识，并遵循保函和相关法律的规定来处理此类争议。

3.60　保函延期

保函延期指在原有的保函有效期到达前，经保函出具方同意将保函的有效期延长一段特定的时间。一般情况下，保函办理后，一经签发不得擅自修改变更，但是工程建设过程复杂，会因各种不确定因素导致工程变更从而导致工期拖延，为确保保函在工程的施工存续期间持续有效，往往需要延长担保期限，以确保担保责任的延续。

根据《最高人民法院关于审理独立保函纠纷案件若干问题的规定》，独立保函一旦开出立即具有不可撤销性，除非保函本身明确了可撤销的条件。这意味着，如果保函是独立保函，申请人可能需要与保函出具方协商，以确定是否可以延期及其相关的条件。此外，根据人力资源社会保障部等多部门联合发布的规定，施工总承包单位在其工程施工期内应提供有效的保函，保函有效期至少为 1 年并不得短于合同期。如果工程未完工且保函到期，相关部门应在保函到期前 1 个月提醒施工总承包单位更换新的保函或延长保函有效期。

3.61　保函赎回

保函赎回指在被担保人履行完合同义务或其他约定条件被满足后，被担保人将保函退还给担保人，或者担保人解除其担保责任的过程。这一过程旨在确保担保人不再承担与该保函相关的潜在赔付责任，从而完成保函的最终结算和解除。

保函的赎回过程通常为被担保人向担保人提出书面请求，请求保函的解除和赎回；担保人会对请求进行评估，并根据保函约定的条款和条件来决定是否同意赎回；担保人一旦确认同意，通常会要求被担保人返还原保函或者提供其他必要的文件和信息，并解除保函责任，不再承担后续的风险和义务。

3.62 保函止付

保函止付实质上是法律范畴内针对保函欺诈的诉讼保全措施，其目的在于更有效地维护保函申请人、开立人（担保人）的合法权益。保函止付可以被看作是担保人行使其审核和控制权的一种方式，申请保函止付可以暂时性或永久性地停止承兑或支付信用证约定款项。独立保函欺诈的救济途径如图 3-1 所示。

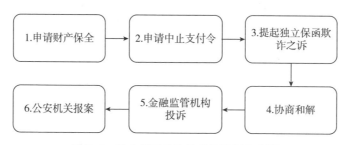

图 3-1 独立保函欺诈的救济途径示意图

根据《最高人民法院关于审理独立保函纠纷案件若干问题的规定》第十三条，独立保函的申请人、开立人或指示人发现有独立保函欺诈的五种情形，可以在提起诉讼或申请仲裁前，向开立人住所地或其他对独立保函欺诈纠纷案件具有管辖权的人民法院申请中止支付独立保函项下的款项，也可以在诉讼或仲裁过程中提出申请。第十二条："具有下列情形之一的，人民法院应当认定构成独立保函欺诈：

（一）受益人与保函申请人或其他人串通，虚构基础交易的；

（二）受益人提交的第三方单据系伪造或内容虚假的；

（三）法院判决或仲裁裁决认定基础交易债务人没有付款或赔偿责任的；

（四）受益人确认基础交易债务已得到完全履行或者确认独立保函载明的

付款到期事件并未发生的；

（五）受益人明知其没有付款请求权仍滥用该权利的其他情形。"

《最高人民法院关于审理独立保函纠纷案件若干问题的规定》第十四条第一款："人民法院裁定中止支付独立保函项下的款项，必须同时具备以下条件：

（一）止付申请人提交的证据材料证明本规定第十二条情形的存在具有高度可能性；

（二）情况紧急，不立即采取止付措施，将给止付申请人的合法权益造成难以弥补的损害；

（三）止付申请人提供了足以弥补被申请人因止付可能遭受损失的担保。"

投保联动

第4篇

4.1 投保联动

投保联动指在担保客户中挖掘有潜力的企业，采取"股权+债权"的联动方式支持企业融资。股权投资介入，不仅为企业提供了必要的发展资金，还帮助企业加强了与整个行业及其上下游产业的联系，提供从初创到成长再到成熟阶段的全生命周期服务，既能有效形成耐心资本，又能产生政策性、收益性的双重回报。此外，在对项目进行投资的过程中，担保机构可以贷款担保辅助进行投后管理，形成业务合力。

融资担保机构在开展投保联动业务时，具有两个显著优势：（1）标的优势：担保机构能够有效下沉到尚未"崭露头角"的广大中小企业的经营、技术层面，为耐心资本提供一片广阔而肥沃的"土壤"；（2）机遇优势：担保机构在为中小企业提供信用支持的过程中建立起了坚实的信任基础和良好的合作关系，占据"先入为主"的优势。

创业投资业务与贷款担保业务在思维模式上有着显著的不同。创业投资更加关注企业未来的增长潜力，倾向于寻找那些当前规模较小但具有巨大成长空间的企业。而贷款担保则更注重企业的财务健康，优先考虑其资产状况和偿债能力，以确保贷款的安全性。

对于融资担保机构来说，成功开展创业投资业务的关键在于储备深入掌握行业知识的专业投资业务人才。这不仅要求担保业务人员具备丰富的金融和投资方面的专业知识，还要求其对所投资行业有深刻的理解和洞察。只有这样的人才，才能在投资决策时做出准确的判断，并在投资后对企业进行有效的管理和支持。

通过在人才、知识、管理和资源等方面的全面提升，融资担保机构能够更好地开展投保联动业务，实现从单纯的贷款担保向"股权+债权"综合金融服务的转型。这不仅为企业提供了全方位的支持，还能在政策性和收益性上获得双重回报，推动担保机构自身的可持续发展。

4.2 私募股权

私募股权指的是一种商业模式。狭义的私募股权是指基金管理人向养老基金、保险公司、银行、慈善基金及富人等投资者筹集资金，将之投资于私有企业，即非上市企业进行的权益性投资，并寻求在一定期限内将投资变现，将资金返还给投资者。

广义的私募股权（PE）涵盖企业首次公开发行前各阶段的权益投资，即对处于种子期、初创期、发展期、扩展期、成熟期和首次公开募股前（Pre-IPO）各个时期企业所进行的投资。相关资本按照投资阶段可划分为创业投资、发展资本、并购基金、夹层资本、重振资本、Pre-IPO资本，以及其他如上市后私募投资、不良债权和不动产投资等。

之所以称之为私募股权，是因为该类基金一般通过私募方式筹集，并且投资方向主要为私募的非上市股权。采用这一商业模式的集合投资实体，不管其名称中是否有"基金"，通常都被称为私募股权基金。私募股权基金在我国有时也被称为股权投资基金或产业投资基金。

现代经济学契约理论认为，作为经济活动的基本单位，交易是有费用或成本的。具体到投资活动中，其往往伴随着巨大的风险和不确定性，这使投资者需要支付搜寻、评估、核实与监督等成本。私募股权投资基金作为一种集合投资方式，能够将交易成本由众多投资者分担，并且能够使投资者分享规模经济。相对于直接投资，投资者利用私募股权投资方式能够获得交易成本分担机制带来的收益，提高投资效率。这是私募股权投资存在的根本原因。

4.3 创业投资（VC）

创业投资也称风险投资，是一种向创业公司进行股权投资的方式，其目的是在创业公司发育成熟或相对成熟后，通过转让股权来获得资本增值收益。这种投资方式通常针对高成长性和高风险的企业，特别是那些处于创业早期阶段的公司。

创业投资的核心逻辑是将资金分散投资于多个有成长前景的企业的股权，

期望将来能够以更高的价格将这些股权出售给公众投资者或收购者。投资的主要目的是开发新技术和新产品，因此投资对象往往是那些虽然风险大，但潜在效益较高的企业。这些企业通常处于初创或未成熟阶段，未来有可能迅速发展，成为具有良好前景的中小企业。

尽管创业公司的失败风险很高，但其预期收益率也相对较高。为了提高成功的概率，创业投资基金不仅为企业提供融资支持，还会为企业提供包括战略指导、团队建设、财务规划和业务发展在内的多方面帮助。

在我国，创业投资基金典型投资的行业包括新能源、新材料、互联网和生物科技等。据统计，大型融资担保机构通常也会开展创业投资业务，通过投保联动的方式给予创业者双重支持，帮助创业公司快速成长。

4.4 创业投资机构

创业投资机构是一种专门从事创业投资的企业组织，旨在通过股权投资支持处于创建或重建过程中的未上市的成长性创业公司。这些机构不仅可以提供必需的资金，还能够提供专业的创业管理服务，帮助企业更好地经营和发展。创业投资机构通过科学的创业投资机制，推动高新技术产业的发展，为中小企业提供增值服务，帮助它们在创业投资的平台上实现腾飞。

具体来说，创业投资机构主要通过两种方式获取收益：一是直接向有潜力的创业公司进行股权投资，待企业发育成熟或相对成熟后，通过股权转让获取资本增值收益；二是代理其他创业投资企业、机构或个人的创业投资业务，提供创业管理服务，并参与设立创业投资管理与顾问机构。

创业投资机构可以多种形式设立，包括有限责任公司、股份有限公司、信托契约及有限合伙企业等。它们通过多形式、多渠道的科技创业投资以及规范化、专业化的资本运作，获取资本增值收益。

创业投资机构的存在不仅促进了技术创新和经济发展，还为投资者提供了多样化的投资机会和风险分散的可能性。通过投资于有潜力的创业公司，创业投资机构为经济注入了新的活力，推动了新技术和新商业模式的产生和发展。

4.5 耐心资本

耐心资本指能稳定投入、可承受较高风险和穿越经济周期的长期资本，是资本市场的一种"工匠精神"。耐心资本概念提出的核心原因在于，在金融支持科创的道路上，存在一个难点：债权融资需要企业在一定期限内（一般为2~3年内）有明确的现金流入预期和盈利空间作为还款来源，这也是银行提供信贷、担保机构提供担保的传统业务逻辑，而科技成长型企业往往重研发、轻资产。尤其是许多初创科技企业的运营状况在一定的时间维度内并不理想，但资金支持又是它们的刚性需求。如何解决这一矛盾？

一个可行的路径是鼓励风险投资、创业投资提供有效的耐心资本支持，坚持"长期主义"，这不仅符合产业发展的特点，也有助于形成一个激发创新的良好产业生态。耐心资本是为了降低风投机构、创投机构的预期，投资在未来应成为落实国家产业支持政策导向的金融模式，例如，在传统的工业母机领域，呈现出链式发展趋势的增材、减材制造技术研发企业尤其值得进行投资布局。

对于融资担保机构而言，投保联动是助力壮大耐心资本的一种重要业务模式。通过在传统行业的担保客户中挖掘专注于产业转型升级的科技企业，采取"股权+债权"的联动方式支持其融资，既能有效形成耐心资本，又能产生政策性、收益性的双重回报。

4.6 私募股权投资基金

私募股权投资基金指将主要基金财产投资于未上市公司股权、不动产项目公司股权、上市公司非公开发行或交易的股票、合伙企业份额、私募股权投资基金份额以及符合中国证监会规定的其他投资标的的私募基金。

在运作模式上，私募股权投资基金通常由一支专业的基金管理团队进行管理。这些团队通常拥有丰富的管理经验和市场运作经验，能够帮助投资企业制定符合市场需求的发展战略，并对企业的经营和管理进行改善。这种专业的管理不仅可以提升企业的运营效率，还能增强企业的市场竞争力。

需要注意的是，私募股权投资者一般并不以控制企业为目的，而是通过参与企业管理来实现其投资目标。也就是说，他们更多的是扮演战略顾问或支持者的角色，而不是试图全面掌控企业的运营。这种投资方式可以让投资企业在获得资金支持的同时，保留其自主经营的权利和灵活性。

对于私募股权投资基金的名称，结合《私募投资基金登记备案办法》《私募投资基金命名指引》和《私募投资基金备案指引》，主要有以下四点要求：（1）合伙型或公司型基金名称需要包含"股权基金""股权投资"等字样；（2）契约型私募股权基金，名称应当标明"私募股权基金"字样；（3）私募股权基金的名称中不得包含"理财""资管产品""资管计划"等字样；（4）未经批准或者授权，不得在基金名称中使用与国家重大发展战略、金融机构、知名私募基金管理人相同或者近似等可能误导投资者的字样。不得在基金名称中使用违背公序良俗或者造成不良社会影响的字样。

4.7 创业投资基金

根据《私募投资基金监督管理条例》第三十五条规定，创业投资基金，是指符合下列条件的私募基金：（1）投资范围限于未上市企业，但所投资企业上市后基金所持股份的未转让部分及其配售部分除外；（2）基金名称包含"创业投资基金"字样，或者在公司、合伙企业经营范围中包含"从事创业投资活动"字样；（3）基金合同体现创业投资策略；（4）不使用杠杆融资，但国家另有规定的除外；（5）基金最低存续期限符合国家有关规定；（6）国家规定的其他条件。

创业投资基金是私募股权投资基金的一种。创业投资基金通过吸收来自机构和个人的资金，将其投入到早期或成长期企业中，并积极参与企业的经营管理，期望通过股权转让等方式在企业发育成熟后实现资本增值。

创业投资基金的运作模式相对简单，通常不需要被投资企业提供资产抵押或担保。这样的机制使手续更加简便和灵活，同时也降低了企业获取资金的门槛。在参与企业经营管理方面，创业投资基金不仅提供资金支持，还通过其专业知识和资源帮助企业制定战略、优化运营和提升市场竞争力。这样深度参与企业管理是为了促进被投资企业尽快成熟，使其具备上市资格。一旦企业成功上市，创业投资基金可以通过证券市场转让股权，实现资金回笼和资本增值。

4.8 母基金（FOF）

母基金指将主要基金财产投资于私募股权投资基金份额、私募证券投资基金份额、资产管理产品份额以及符合中国证监会规定的其他投资标的的私募基金。它是一种专门投资于其他投资基金的基金，通过向机构和个人投资者募集资金，然后将这些资金分散投资于各种类型的基金，包括私募股权基金、对冲基金和共同基金等。母基金的特点是其投资标的是基金本身，而不是具体的项目或企业。

与私募股权投资基金相比，母基金的投资方式更加间接。私募股权投资基金直接投资于特定的企业或者项目，主要通过股权或债权的形式获取收益。而母基金则通过投资多种基金，间接参与这些基金所投资的项目，从而获得投资收益。这样的投资策略和结构，使得母基金能够有效降低单一投资失败带来的风险，因为它的收益和风险被分散到多个基金管理的多个项目和资产上。

母基金的一个显著优势是，其降低了个人和中小型机构投资者进入私募股权市场的门槛。直接投资于私募股权基金通常需要较高的资本投入和专业的投资知识，而母基金通过集合众多投资者的资金，可以实现规模效应，使小额投资者也能参与高门槛的私募股权投资。

此外，母基金还有分散风险的优点。通过投资于多种基金，母基金分散了投资风险。即使某一基金表现不佳，其他基金也可能提供良好的回报，从而平衡整体投资组合的表现。这种多元化投资策略有助于平滑收益波动，降低整体投资组合的风险。

然而，母基金也有其不足之处，如费用问题。母基金在管理和运营过程中会收取一定的管理费和业绩提成，这些费用加上底层基金的管理费和业绩提成，可能导致整体费用较高，削减最终的投资回报。

4.9 政府引导基金

政府引导基金也称创业引导基金，是一种由政府主导且不以营利为目的的专项资金。其主要目的是通过利用财政资金的杠杆效应，吸引地方政府、金融机构、投资机构和社会资本来共同支持创业公司的发展。具体来说，政府引导基金通过股权或债权等方式投资于创业投资机构或新设创业投资基金，进而帮助创业公司尤其是处于种子期和起步期的企业获得必要的资金支持。

政府引导基金的设立宗旨在于增加市场上的创业投资资本供给，并解决单纯依赖市场配置创业投资资本所带来的市场失灵问题。市场失灵通常表现为市场化投资机构倾向于投资相对成熟的企业，而对于早期创业公司的投资意愿较低。政府引导基金通过提供资金和其他支持，鼓励创业投资企业将更多资金投向这些早期创业公司，从而弥补市场在这一阶段的资金短缺。

在运作上，政府引导基金遵循几个核心原则：首先是政府引导，即由政府出资并主导基金的设立和方向；其次是市场运作，即具体的投资决策和管理仍然交由专业的市场化机构来操作；最后是科学决策和防范风险，即通过科学合理的决策机制和风险管理体系，确保资金的有效使用和风险的最小化。

通过这些措施，政府引导基金不仅为创业公司提供了必要的资金支持，还促进了整个创业生态系统的健康发展，推动了创新和经济增长。

4.10　S 基金

S 基金也称二手份额转让基金，是一种专注于私募股权二级市场的投资工具。这种工具以基金的方式通过购买私募股权投资基金的二手份额或投资项目组合而运作。与传统私募股权基金直接投资于企业不同，S 基金的交易对象是其他投资者的基金份额或股权。它为普通合伙人（General Partner，GP）和有限合伙人（Limited Partner，LP）提供解决流动性压力的途径，特别是在 IPO 等退出渠道受阻的情况下。S 基金的优点包括更为清晰的底层资产结构、较短的投资周期、更强的资产流动性以及降低盲池投资风险。这使其成为优化投资组合和设计退出路径的重要工具。

S 基金起源于 20 世纪 80 年代的美国，如今已成为私募股权投资市场中的重要基金类型，并且是早期项目私募股权投资基金的重要退出渠道。传统的私募股权投资基金主要投资于未上市企业股权，流动性相对较差，基金存续期通常为 7~10 年，甚至可能延长。在此期间，投资者无法对基金产生的现金流进行有效控制。S基金的出现显著改善了私募股权投资的流动性。目前，海外S基金市场已较为成熟，在全球私募股权二级市场的买方格局中，S基金占据主导地位，交易规模超过80%。

4.11　有限合伙制基金

有限合伙制基金通常由普通合伙人和有限合伙人共同组成，结合了合伙企业和有限责任公司的特点。普通合伙人负责基金的日常管理和运营，而有限合伙人则主要作为资金提供者，不参与具体的管理事务。

这种结构的优势在于，它能够吸引那些希望投资但不愿意参与管理的投资者，同时也给了普通合伙人足够的权力和灵活性去管理基金。这种分工明确、责任清晰的特点，使有限合伙制基金成为创业投资领域中一种非常有效的组织形式。

有限合伙制基金通常会有一份详细的合伙协议，其中明确规定了各方的权利和义务、利润分配方式、投资策略以及其他重要事项。这份合伙协议是基金运作的基础，确保普通合伙人和有限合伙人之间的合作能够顺利进行，并且使各方的利益都能得到保障。

总的来说，有限合伙制基金通过将管理和投资分离，既能吸引资本，又能确保专业管理团队的高效运作，是创业投资领域中一种非常受欢迎和广泛应用的组织形式。

4.12　公司型基金

公司型基金是由一群投资者共同出资成立股份制投资公司，将公司资产投资于有价证券等金融工具，以期获得投资回报。

从法律角度来看，公司型基金具有独立的法人地位。这意味着它在法律上被视为一个独立的实体，可以自己的名义实施各种法律行为，如签订合同、起诉和被起诉等。公司型基金的设立和运作必须依据基金公司的章程进行，该章程通常会详细规定公司的治理结构、投资策略、股东权利和义务等。

公司型基金的运作方式类似于一般的股份公司。它通过发行股票来筹集资金。这些股票可以被投资者购买，购买股票的投资者就成为公司的股东。作为股东，他们有权根据持有的股份比例领取股息或红利，并分享公司投资所获得的收益。

基金投资者作为公司的股东，享有一定的权利和义务。他们有权参加股东大会、投票表决等重大事项，并根据公司章程和持股比例分享公司的投资收益。同时，他们也承担有限责任，即仅以其出资额为限对公司债务负责，不会因为公司经营不善而承担超出其投资额的损失。

4.13 契约型基金

契约型基金是一种基于契约原理而组织起来的投资工具。它涉及三方主体：委托者、受益者和受托者。

委托者是基金的设立者，负责设定和组织基金的类型，发行受益证券，并将所筹集的资金交给受托者进行管理。委托者决定基金的投资策略和方向，但并不直接参与具体的投资操作。

受益者是购买了受益证券的普通投资者。他们通过购买这些证券成为基金的投资者，并因此享有基金投资收益的分配权。受益者实际上是基金的最终受益人，他们的收益来源于基金的投资回报。

受托者通常是信托公司或银行，负责根据信托契约的规定，具体处理基金的投资和管理事务。这包括证券和现金管理、代理业务以及会计核算等。受托者的职责是确保基金按照契约规定运作，并为受益者谋求最佳的投资回报。

契约型基金的一个显著特点是其设立过程相对简单易行。与公司型基金相比，契约型基金不需要设立独立的法人实体，这使其设立和管理成本较低。此外，契约型基金的法律关系相对灵活，可以根据契约条款进行调整，适应不同的投资需求和市场环境。

然而，契约型基金也存在一些缺点。一个主要问题是资金使用效率较低。由于基金在募集时通常需要全额出资到位，而基金管理人需要时间来寻找合适的投资项目，导致资金在短期内无法全部投入使用。这种低效率在一定程度上削减了基金的投资回报。

在全球范围内，不同国家对这两种基金形式的偏好有所不同。美国的创业投资领域中，公司型基金较为常见，英国则更倾向于契约型基金，而中国以有限合伙形式为主。尽管三者在组织架构和法律关系上存在差异，但实际上并无绝对的优劣之分。许多国家允许这三种基金形式并存，以增强证券投资基金制度的灵活性。

4.14 基金架构

在创业投资领域，基金架构指一个投资基金的法律和组织结构，它决定了基金如何募集、管理和分配资本。基金架构不仅涉及法律和税务方面的考量，还包括治理、管理费用和激励机制等多个层面。

应用最普遍的基金架构是一种有限合伙制。在这种结构中，有两个主要角色：普通合伙人和有限合伙人。普通合伙人负责基金的管理和投资决策，有限合伙人则主要提供资金，不参与日常管理。

普通合伙人通常会设立一个管理公司。这个公司负责基金的运营，包括寻找投资机会、进行尽职调查、管理投资组合等。普通合伙人会收取管理费和管理分红，管理费用于支付管理公司的运营成本，管理分红则是对普通合伙人的奖励。

法律和税务结构也是基金架构的重要组成部分。根据基金设立的地点，不同的法律和税务规定会对基金的运营产生影响。

治理结构也是基金架构不可忽视的部分。治理结构通常包括投资决策委员会、风险管理机制和定期的合伙人会议。这些机制确保基金运作透明、决策科学，并能有效应对风险。

4.15 基金管理人

基金管理人是基金产品的募集者和管理者，其在基金架构中扮演着重要角色。在创业投资领域，基金管理人有两种形式，一种是直接由合伙企业中的普通合伙人作为基金管理人，另一种是委托其他私募基金管理机构作为基金管理人。在我国，以上两种形式的基金管理人均存在，但从目前实践的角度来看，基金管理人一般是普通合伙人，即上述第一种形式。这些基金管理人通过专业的知识和丰富的经验，负责管理和运用基金的资产，以实现资产的增值并为基金持有人创造尽可能多的收益。

在具体操作中，基金管理人需要遵循相关法律法规以及基金章程或基金契约的规定，按照科学的投资组合原理进行投资决策。这意味着他们不仅要对市场有深刻的理解，还要具备制定和执行有效投资策略的能力。其主要目标是通过精心挑选和管理投资项目，使基金资产不断增值。

基金管理人可以独立发起设立基金，或者通过银行等中介机构进行设立。在基金设立后，他们需要寻找和评估潜在的投资项目，进行项目谈判和交易构造，并在投资完成后对被投资企业进行监控，最终实现投资的退出。基金管理人需要具备较强的专业能力和丰富的实践经验。

此外，基金管理人还为被投资企业提供各种增值服务。这些服务包括但不限于融资支持、战略指引、团队招聘和业务发展等。通过这些增值服务，基金管理人能够帮助被投资企业更快地成长和发展，从而提高投资回报率。

成功的基金管理人通常拥有丰富的投资经验和广泛的人脉关系。他们不仅能够识别和抓住优质的投资机会，还能够在投资后为企业提供普通投资者所不能及的帮助。这种帮助体现在多个方面，如提供行业见解、引荐商业合作伙伴、协助企业进行战略规划等。

融资担保机构相关的合伙企业作为基金管理人时，可以尝试通过商业化手段嫁接和撮合各类要素，带动更多资本、科技、人才、数据等资源向中小微企业服务领域聚集。以实现多种金融服务手段的有机融合，形成有效的业务合力，为中小微企业的发展提供强有力的支持。

4.16　合格投资者

合格投资者指那些达到特定资产规模或收入水平，并具备相应的风险识别能力和风险承担能力的单位和个人。此外，这些投资者在认购基金份额时，其投资金额不得低于规定的限额。

具体来说，对于单位而言，净资产必须不低于 1000 万元；对于个人而言，其金融资产必须不低于 300 万元，或者最近三年的个人年均收入必须不低于 50 万元。这样规定是为了确保这些投资者拥有足够的财务实力和风险承受能力，以应对私募基金投资中可能出现的风险。

在实际操作中，创投基金等非公开募集基金必须向合格投资者募集资金，并且合格投资者的总数不得超过 200 人。此外，这些基金不得向非合格投资者募集资金，也不得通过报刊、电台、电视台、互联网等公众传播媒体或者讲座、报告会、分析会等方式向不特定对象进行宣传推介。这些规定的目的是保护普通投资者，防止他们在缺乏足够风险识别能力和风险承受能力的情况下参与高风险的投资活动。

私募基金的投资者必须符合上述合格投资者的要求，这不仅是法律的规定，也是为了确保投资者能够理解并承受私募基金投资的风险。投资者投资于单只私募基金的金额不能低于 100 万元，这一较高的门槛进一步明确了只有具备一定经济实力的投资者才能投资私募基金。

4.17　普通合伙人

普通合伙人指股权投资基金的管理机构或自然人。在有限合伙企业中，普通合伙人承担着管理和处理基金事务的职责。由于绝大多数私募股权基金的组织形式为有限合伙企业，因此这些基金的管理人通常被称为普通合伙人。

从法律角度来看，自然人并不适合作为基金或基金管理人的普通合伙人。原因在于，普通合伙人需要对有限合伙企业的债务承担无限连带责任，这意味着如果基金出现债务问题，普通合伙人需要用自己的全部资产来偿还。此外，税收制度对自然人作为普通合伙人也不利。因此，在实际操作中，有限合伙基金的普通合伙人通常是一家有限责任公司或另一家有限合伙企业。

虽然普通合伙人只是项目公司性质的特殊目的实体（SPV），但在法律上，它对基金的债务负有无限连带责任。这意味着普通合伙人必须对基金的所有债务负责，不论这些债务是如何产生的。尽管如此，普通合伙人在有限合伙中仍处于核心地位，因为它对基金事务有充分的管理和控制权，有权代表合伙基金签订对外的法律文件。

普通合伙人通常会投入基金资本总额 1% 左右的资金，但在基金投资收益中享有 20% 左右的分成。这种分成机制激励普通合伙人尽心尽力地管理基金，以实现最佳的投资回报。此外，普通合伙人还可以获得其所管理的合伙基金总额 1.5%～3% 的管理费。这些管理费用主要用于支付普通合伙人为管理基金而支出的日常开销，包括房租、办公费、通信费等。

4.18 有限合伙人

有限合伙人指在合伙企业中参与投资但不参与企业日常管理和决策的投资者。通常，这些投资者可以是企业、金融机构、保险公司等机构投资者，也可以是个人投资者。此外，一些原本是普通合伙人的人，在经过其他合伙人的一致同意后，也可以依法转为有限合伙人。此外，如果某个合伙人被依法认定为无民事行为能力人或者限制民事行为能力人，也被视为有限合伙人。

有限合伙人最大的特点是其承担的责任是有限的，即他们只对自己投入的资本承担责任，而不对企业的其他债务承担无限责任。这与普通合伙人不同，后者对企业债务承担无限连带责任。

在出资方面，有限合伙人可以多种形式进行出资，包括货币、实物、知识产权、土地使用权或者其他财产权利，但不得以劳务出资。这种多样化的出资方式使有限合伙企业在筹集资金时更加灵活。

有限合伙人需要按照合伙协议的约定按期足额缴纳出资。如果未能按期足额缴纳，他们需要承担补缴义务，并对其他合伙人承担违约责任。这保证了企业的资本金能够及时到位，维持企业的正常运作。

在企业管理方面，有限合伙人不参与企业的日常事务管理，也不得对外代表有限合伙企业。这意味着他们不参与企业的经营决策，也不能以企业的名义进行任何活动。这一规定旨在保护有限合伙人的有限责任地位，同时也确保企业的管理权集中在普通合伙人手中。

4.19 出资能力

出资能力指投资者具备的实际资金支付能力和未来收入潜力，确保其能够履行对基金的投资承诺。这一概念不仅涉及投资者当前持有的金融资产，还包括其未来的收入预期和整体财务健康状况。在私募基金备案过程中，出资能力是一个关键考量因素，因为它直接关系到基金的稳定性和可靠性。

根据备案指引的规定，私募基金管理人在办理基金备案时，需要提供投资者的出资能力证明材料。这是为了确保投资者的资金来源合法且充足，并且对基金的出资金额与其实际的出资能力相匹配。

出资能力证明文件应当包括投资者的金融资产证明或未来收入证明等。这些文件需要显示出投资者的金融资产预计变现价值和未来收入的总和足以覆盖其对基金的累计实缴出资。具体而言，自然人投资者可以提供其持有的银行存款、有价证券、资产管理产品份额、私募证券基金份额、期货权益等流动性较强的金融资产，以及投资性不动产（不含首套房屋）和最近三年的个人所得税完税证明等文件。

对于机构投资者，其出资能力证明文件则包括上一年度的审计报告。如果上一年度的审计报告尚未出具，那么可以提供前一年度的审计报告以及最近一个季度的财务报表。这些文件共同证明机构投资者的财务状况和其履行投资承诺的能力。

4.20　基金协议

基金协议指一系列法律文件和合同，通过这些文件和合同，普通合伙人、有限合伙人以及基金管理人明确彼此的权利和义务，并对基金的运作进行规范。

具体来说，私募股权基金通常以有限合伙企业的形式存在。有限合伙人（投资者）与普通合伙人签订有限合伙协议，以此正式组成有限合伙企业（私募股权基金）。随后，私募股权基金通过管理协议将基金的投资决策权交给普通合伙人，而普通合伙人通常是一个项目公司。为了实际管理基金，普通合伙人会通过顾问协议将管理权委托给投资顾问公司，这个公司就是实际的基金管理公司。通过这些协议，基金的结构、管理、投资策略以及各方的权利和义务都得到了明确的规定和保障。

4.21　存续期限

基金的存续期限指一个基金从设立到最终清算的时间段。在这一期间，基金进行一系列投资活动，并最终实现项目的退出和利润分配。存续期限是封闭式基金的一个关键特征，因为它决定了投资者的资金将被锁定多长时间，以及管理团队需要在多长时间内完成投资和退出。

通常，封闭式基金的存续期限为 10 年或 15 年，而根据我国法律规定，最短的存续期限为 5 年。当基金到期时，如果需要，可以通过基金持有大会的投票认可并获得监管机关的同意来延长存续期限。

创业投资基金的存续期限一般为 10 年。在这 10 年内，基金需要完成四个主要阶段：募集资金、部署投资、投后管理以及项目退出。基金的存续期限通常从"第一截止日"开始计算，这一天是投资者承诺的资本额度超过事先设定的门槛的日期。在此之后，基金仍可在普通合伙人的允许下继续吸纳新投资者。

常见的期限结构包括"10+2""7+2"和"5+2"模式。其中，"10""7"和"5"分别代表基金计划在 10 年、7 年和 5 年内完成清盘。而"+2"则表示在普通合伙人的要求下，基金可以延期两次，每次一年。这种延期通常是因为基金管理人未能及时将投资项目套现，需要更多时间来实现退出。

存续期限的设定有助于明确基金的时间框架，使投资者和管理团队在有限的时间内集中精力实现投资目标和获得回报。同时，存续期限的灵活性（如允许延期）也发挥了一定的缓冲作用，以应对市场环境和投资项目的不确定性。这种结构既确保了基金的纪律性，又提供了在特殊情况下的灵活调整空间，从而平衡投资者和管理团队的利益。

4.22 基金收益

创业投资基金的基金收益指基金在投资项目中的盈利情况。具体来说，基金收益是指基金管理人的初始投资与项目退出时的套现价值之间的差额。这个差额反映了基金投资的盈利能力和回报水平。

与共同基金（无论是开放式还是封闭式）不同，私募股权基金通常收取较高的年管理费。这个管理费的比例通常为承诺资本总额的 1.25%～3%。这意味着，无论基金的投资表现如何，基金管理人都可以从投资者的承诺资本中获得一部分资金作为管理费用。

此外，除了年管理费，基金管理人还会从投资利润中提取一部分作为管理分红。这部分分红通常占投资利润的15%~25%。也就是说，虽然有限合伙人（投资者）提供了几乎全部的资本，但他们只能享有75%~85%的投资收益。剩下的15%~25%则作为管理分红，归基金管理人所有。

为了确保基金管理人和投资者的利益一致，基金管理人在投资者收回全部本金并获得一定的保底收益之后，才能分享投资利润的15%~25%。这种安排旨在激励基金管理人尽最大努力实现良好的投资回报，因为只有在投资者获得预期收益后，基金管理人才能从中获益。

4.23　内部收益率

在创业投资领域，基金收益指投资基金通过投资活动所获得的回报。这个概念不仅包括实际收回的现金，还包括投资期间产生的所有收益。基金收益的衡量指标有很多，其中内部收益率（IRR）是一个非常关键且常用的指标。

具体来说，IRR指使资金流入现值总额与资金流出现值总额相等、净现值等于零时的折现率。换句话说，IRR是投资项目在考虑了时间价值的情况下，未来产生的现金流量现值刚好等于投资成本时的收益率。内部收益率越高，说明投入的成本越少，但获得的收益却相对较多。

IRR在基金业绩评估中具有不可或缺的作用。它直接受到投资成本和投资收益的影响，同时对时间非常敏感。假设回报倍数一定，不同的投资节奏和退出节奏会对应不同的IRR水平。例如，较早的投资和较早的退出通常会带来更高的IRR，因为资金的时间价值被充分利用了。

通过分析基金的历史IRR，有限合伙人可以对基金的历史业绩有一个初步的判断。此外，IRR还可以从时间的维度上反映出基金的投资节奏和退出节奏，从而揭示基金的管理策略。例如，频繁的投资和退出可能反映了基金管理团队积极的投资风格，而较少的投资和退出可能代表了一种更加保守的策略。

然而，在具体计算IRR时，有多种因素会影响其水平，使其不能完全真实地反映基金的实际绩效。不同投资主体在计算各自的IRR时，关于现金流发生额和现金流发生时间的取数口径可能不同，导致计算出的 IRR 水平也不同。此外，为了满足不同的管理要求，IRR 的模型设定也可能有所不同。

因此，在使用 IRR 这一指标来描述基金产品的运营收益情况时，投资者应根据实际情况和目的，灵活调整 IRR 的取数口径，以客观真实地向基金相关各方反映基金产品的运营收益情况。为了更全面地评估基金的绩效，投资者可以结合其他指标，例如投入资本分红率（DPI），对基金进行综合测算，进行更全面的绩效评估。

4.24　投入资本分红率

投入资本分红率用于衡量投资者从基金中获得的分配金额总和与向基金缴款金额总和的比例。它反映了创业投资基金对有限合伙人已分配收益占基金总体规模的比例，是 LP 实际拿到手的现金回报。DPI 的计算公式为：DPI ＝退出收益/投入资本。具体来说，退出收益是指基金通过投资项目的退出（如 IPO、并购、股权转让等）所获得的分配金额；投入资本则是 LP 向基金缴纳的资金总和。这个公式可以直观地展示出投资者从基金中实际收回了多少资金。

DPI 的一个显著优势在于其直观性。当 DPI 等于 1 时，意味着 LP 已经收回了他们的全部投资成本，达到了损益平衡点；当 DPI 大于 1 时，表明 LP 获得了超额收益；当 DPI 小于 1 时，则表示 LP 尚未收回全部成本。因此，DPI 为 LP 提供了一个清晰的指标来衡量基金的实际回报情况。

然而，单独依赖 DPI 来评估基金的表现有一定的局限性。首先，DPI 忽视了时间因素。一个基金可能在很长一段时间内实现了高 DPI，但如果这个过程耗时过长，投资者的实际收益率可能并不高。与此相对，内部收益率则能更好地反映时间价值，因为它考虑了资金的时间成本。

其次，DPI 没有考虑到基金的投资阶段和存续期限。不同的基金可能专注于不同阶段的投资，早期投资通常需要更长的时间才能看到回报，而后期投资可能更快见效。存续期限较短的基金可能显示出较高的 DPI，但这并不一定意味着长期收益更高。

最后，投资策略和赛道也会对 DPI 产生影响。一些基金可能专注于高风险、高回报的投资，而另一些基金则可能采取更为保守的策略。这些策略上的差异会导致 DPI 的不同表现，但并不一定代表基金的整体优劣。

因此，LP 在评估基金的表现时，不能仅仅依赖 DPI 一个指标，而需要综合考虑包括 IRR 在内的多个指标，以全面了解基金的实际表现和潜在的长期收益。

4.25 基金管理费

基金管理费是支付给基金管理人的管理报酬。基金管理费通常按照基金净资产值的一定比例，从基金资产中提取。基金管理人作为基金资产的管理者和运作者，对基金资产的保值和增值起着决定性的作用。

管理费的设置是为了支付基金管理人在日常运营中的各种开支。这些开支包括员工工资、寻找和评估投资项目的费用以及在投资过程中支付给中介机构的费用。基金管理费的收取方式通常按年或按季度，计算基准为基金的承诺资本总额。

基金管理费的费率高低与基金规模密切相关。通常情况下，基金规模越大，管理费费率越低。这是因为较大的基金在管理上可能会有规模效应，管理成本相对较低。而较小的基金则需要较高的费率来覆盖其固定的运营成本。

4.26 管理分红

管理分红，也称管理奖励或业绩分成，是针对基金管理人的一种重要激励机制。创业投资基金的成功高度依赖于基金管理人的表现，因此激励基金管理人尽最大努力去实现投资目标是至关重要的。管理分红制度正是为此而设计的。

管理分红的核心在于基金管理人能够从基金的投资收益中获得一定比例的分成。通常，这个比例为20%。也就是说，当基金投资产生收益时，基金管理人可以从中提取20%的收益作为奖励。这种机制旨在激励基金管理人尽可能地提高投资回报，因为他们的收入直接与基金的表现挂钩。

然而，为了确保管理分红制度的公平性和有效性，投资者通常会设置一个优先收益率，通常为8%。这意味着只有当基金的投资回报率超过这个优先收益率时，基金管理人才能提取管理分红。这种安排不仅激励基金管理人追求更高的投资回报，还在一定程度上保护了投资者的利益，确保在他们获得预期的基本回报之前，基金管理人不会从中获得超额收益。

一般来说，基金投资收益的分配顺序如下：（1）支付基金的固定管理费；（2）返还投资者的资本金；（3）支付投资者的优先收益；（4）支付优先收益对应的管理分红；（5）按2∶8的比例在基金管理人与投资者之间分配剩余利润。

4.27　优先收益率

优先收益率，指在分配基金收益时有限合伙人优先获得的一定回报率，通常被用来保护有限合伙人的利益。这意味着在基金实现收益并进行分配时，有限合伙人首先获得至少达到优先收益率的回报，之后剩余的利润才会在普通合伙人和有限合伙人之间进行进一步分配。

具体来说，当创业投资基金投资的项目开始产生回报时，首先需要确保有限合伙人收到的回报率达到预先设定的优先收益率。通常，这个回报率是一个固定的百分比，在6%~8%之间，具体数值由基金协议决定。只有在有限合伙人获得了优先收益率的回报后，普通合伙人才能获得其应得的利润分成。

优先收益率的设定有几个重要作用。首先，它为有限合伙人提供了一定的安全保障，降低了投资风险，因为他们知道在项目成功时，他们能优先获得至少一定比例的回报。其次，这种机制激励普通合伙人去努力实现高于优先收益率的回报，以便他们能够获得更多的利润分成。

通过这种方式，优先收益率在一定程度上平衡了投资风险和收益分配，确保有限合伙人能够从创业投资中获得合理的回报，同时也激励普通合伙人积极管理和运营基金，以获得更高的投资收益。

4.28　项目渠道

在创业投资领域，项目渠道指创投基金用来寻找和获取潜在投资项目的

途径和方法。渠道的背后最为宝贵的资源是 GP 经营多年形成的人际关系网和声誉。这些关系网和声誉不仅能帮助基金管理人获取第一手的商业信息，还能提升他们在创业者和其他投资人中的可信度和影响力。

基金管理公司的声誉也是其吸引企业家主动上门寻求融资的重要因素之一。然而，尽管声誉和关系网非常重要，如果没有熟人介绍或推荐，企业主动寻找基金投资或者基金主动寻找企业的成功率都比较低。

在没有"关系"帮助的情况下，创投基金经理的大部分时间可能都花在阅读和评估商业计划书上。基金经理需要保持一种"淘金"的心态，通过各种渠道持续寻找潜在的投资项目。

融资担保机构在寻找创业投资项目渠道方面具有独特优势。通过长期的业务往来和深入的尽职调查，担保机构建立了丰富的企业库，不仅能够接触到更多元化的项目，还能在财务等方面对企业有更全面的了解。这使担保机构在评估和选择投资项目时更具准确性和竞争力。此外，与中小微企业之间建立的信任关系也有助于降低投资风险，提高成功率。

综合来说，创业投资公司的项目主要有三个来源。

（1）依托证券投资银行业务、收购兼并业务、国际业务衍生出来的直接投资机会，投资对象为准上市企业；

（2）与国内外创业投资公司结为策略联盟，互通信息，联合投资；

（3）派出专门人员跟踪资本市场的新热点和研究国内新技术，通过项目洽谈、寄送资料、电话查询、项目库推荐、访问企业或网上搜索等方式寻找项目信息，做好项目储备。

除此以外，其他项目渠道包括：合作的中介机构，如律师、会计师、财务顾问和投行；银行等贷款机构；政府机构，如金融办、科技创新局等；行业展会、创业计划大赛、创投论坛、投资协会等；学术研究机构等。

4.29　路演

路演指企业或创业代表通过面对面的方式向潜在投资者详细展示和讲解其项目的过程。这种展示通常在一个正式的场合进行，目的是引起投资者的注意并争取他们的资金支持。

在路演中，企业或创业代表会使用各种工具和方法，如幻灯片、视频、样品展示等，以生动形象地介绍项目的属性、商业模式、市场潜力、发展计划以及融资需求。通过这种面对面的交流，投资者不仅可以了解项目的具体内容，还能感受到创业团队的热情和专业素养。

路演活动通常由政府部门、创业协会或其他相关机构组织。组织者会将具有相同属性或行业背景的企业项目集中在一起进行展示，例如生物医药专场或某一地理区域专场。这种分类有助于投资者集中关注特定领域，提升投资效率。

路演的优点在于，它能够让多个投资机构同时聆听企业家的讲解和说明，提供一个深入思考和交流的机会。投资业务经理通常每天都要阅读大量项目计划书，面对如此多的信息，他们往往只能依靠一些硬性指标如市场份额和盈利水平来进行初步筛选。这样做可能遗漏一些潜力巨大的项目，因为单凭文字和数据很难全面了解一个项目的独特之处。

通过路演，企业家可以在一个相对安静和专注的环境中，通过声情并茂的展示，让投资业务经理更全面、深入地了解项目的核心价值和发展潜力。这对于一些技术含量高或创新性强的项目尤为重要，因为项目的独特性和复杂性可能难以通过传统的商业计划书完全传达。

此外，路演还提供了一个直接互动和交流的机会。企业家可以在现场回答投资者的疑问，进行实时的沟通和反馈，从而快速对接自己的项目与投资者的需求。这种面对面的交流不仅有助于消除误解、建立信任，还能减少融资过程中的不确定性和障碍，从而加快融资进程。

4.30　投资中介

投资中介指那些在资金提供者（如创投基金）与资金需求者（如创业公司）之间起到桥梁作用的专业服务机构。财务顾问通常为创业公司和创投基金提供战略咨询和财务规划服务。他们会根据企业的具体情况，提供关于融资策略、资本结构以及商业模式等的专业建议，对接项目方和资金方，以提高企业的融资成功率和投资回报率。这些中介机构在为企业提供服务的过程中，常常会发现一些适合投资的项目，并将这些项目推荐给创投基金。部分中介机构在推荐项目时不收取费用，但更多的情况下，中介机构会要求创投基金支付介绍费。介绍费通常为投资额的1%~3%，有时会根据项目规模采取累进计费方式。

4.31 财务顾问

财务顾问（FA）是一种金融顾问，专门为企业提供融资方面的第三方专业服务。FA的服务范围广泛，包括企业投融资、收购兼并、股份制改造、公司资产重组、管理机构策划、公司上市前的财务安排以及上市公司的财务重组等。

本质上，FA的角色是企业的融资中介，负责对接项目和资金。由于FA了解主流投资机构的投资偏好和风格，他们能够实现企业与投资机构之间的最优匹配。FA以自身的信誉为企业背书，这使得企业能够接触到投资机构的决策层，从而增加融资成功的机会。此外，FA能够引荐多家不同的投资机构，这有助于企业在交易条件谈判中占据有利位置。同时，FA在撮合交易时出面，可以避免企业给人以直接销售过度的印象，从而提升融资成功率。

FA通常被比喻为"采蜜人"，他们在资本与项目之间游走，其使命在于消除交易双方的信息不对称现象。创业公司作为资金短缺方，需要通过融资来获取发展资金；而投资人作为资金盈余方，希望通过选择优质项目进行投资来获得收益。FA在这一过程中扮演着桥梁的角色，确保资金和项目能够高效对接。

4.32 募资

募资指的是创业投资基金的管理人向潜在投资者募集资金的过程，也是一只基金运作的起点。

基金管理人如欲募资，首先需要设计好新基金的投资策略以及规模，并据此撰写创业基金募集说明书。这份说明书需要详细介绍基金的投资目标、策略、管理团队、费用结构、预期回报以及潜在风险等关键信息。其是吸引投资者和获取投资承诺的关键文件。

其次，基金管理人会通过两种主要途径来推介基金：一种是通过中介机构的帮助，如投资银行或专业的募资顾问公司；另一种是自身的投资经理或募资部门，通过关系网络直接向熟悉的潜在投资者推介基金。

募资阶段的时间跨度通常比较大，私募股权类基金筹资一般需要 6~9 个月，而在某些情况下，甚至可能长达 18 个月。这是因为投资者需要进行详细的反向尽职调查，包括审核基金管理团队的过往业绩、投资策略的可行性以及风险管理措施等，而后才能做出投资决定。

总的来说，募资阶段是私募股权基金启动和运作的关键环节，成功的基金募集不仅需要科学合理的投资策略和规划，还需要有效的推介和沟通策略，以赢得投资者的信任和支持。

4.33　募集说明书

基金管理人在设计好新基金的投资策略和规模后，要编写募集说明书。其作用是向潜在的合格投资人介绍新设立基金的各项重要信息。

募集说明书起到两个关键作用：一是向潜在投资人传达基金的整体规划和运营策略；二是确保投资人在知情的前提下做出投资决策。具体来说，募集说明书不仅会详细描述基金的投资策略，包括投资的行业、阶段、地域以及具体的投资方式；还会说明基金的规模、目标筹资金额、预期的投资回报、持有周期和退出策略等。

除了以上这些，募集说明书还会披露关于基金管理团队的信息，包括团队成员的背景、经验以及以往的投资业绩。这些信息有助于增强潜在投资人对基金管理团队的信任，从而提高募资成功的概率。此外，募集说明书还会列出基金的费用结构，其中包括管理费、绩效费以及可能涉及的其他费用。同时，它还涵盖了法律和合规方面的内容，例如基金的法律结构、投资人的权利与义务、风险提示等。

募集推介材料的相关要求，在《私募投资基金登记备案办法》《私募投资基金备案指引》中主要有以下几点规定。

（1）私募管理人办理基金备案时，所提交的募集推介材料应当为私募基金管理人、基金销售机构在募集过程中真实使用的募集推介材料。如在推介过程中使用多种不同形式的推介材料，包括但不限于 PPT、一页通、募集说明书等，应当提交全部推介材料，并确保募集推介材料中的信息真实、准确、完整。

（2）私募管理人应当在募集推介材料中，向投资者披露私募基金的管理人以及管理团队、投资范围、投资策略、投资架构、基金架构、托管情况、相关费用、收益分配原则、基金退出等重要信息，以及投资风险、运营风险、流动性风险等风险情况。

（3）对于私募股权基金来说，募集推介材料中还应向投资者披露以下重要信息：关键人士（如有）或者投资决策委员会成员（如有）。关键人士指在基金募集、项目获取、投资决策、增值服务、投资退出等重要环节发挥关键性作用的基金管理团队核心成员；单一拟投项目或者首个拟投项目组合（如有）的主营业务、交易对手方（如有）、基金投资款用途、退出方式等。

4.34 资本承诺

资本承诺指投资者承诺在未来一定时间内向基金提供一定金额的资本。在这种机制下，投资者并不需要在基金成立时立即支付全部承诺的资金，而是逐步分期缴付，以提高资金的使用效率和内部收益率。

在基金的筹资阶段，基金管理人只要求投资者缴付一部分（通常是20%~50%）的资本。初步缴付的这部分资本主要用于基金管理人之前储备的项目投资以及支付初期的开办成本。在基金的投资期（通常为3~5年）内，基金管理人会根据项目投资的进度要求投资者缴付其余的资本。基金管理人与被投资企业签约后，会通知投资者在约定的时间内（通常是10~20天）出资到位。

这种分期缴付的承诺资本制有助于基金管理人更有效地管理资金，避免在基金成立时所有资金都立即到账并闲置，导致内部收益率下降。基金管理人可以根据实际需要逐步调用资金，保证投资的灵活性和资金的高效利用。

然而，承诺资本制也存在一些风险，尤其是有限合伙人可能违约的风险。如果有限合伙人在约定的时间内未能按时出资，基金管理人可以尝试与其沟通并给予宽限。如果沟通无效，基金管理人可以采取法律手段对违约的有限合伙人进行惩罚，通常包括暂时中止其在基金中的利润分配权、后续增资权以及投票权等。如果某有限合伙人显然已经无力继续出资，那么可以在基金管理人同意后将其份额转让给其他投资者。一般情况下，其他现有的有限合伙人在同等条件下享有优先购买权。

4.35 未投资资本

未投资资本，被称为"干火药"（Dry Powder），指投资者已经承诺但尚未被基金管理人实际部署的资金。这部分资金是投资机构或基金所保留的储备流动资金，主要用于未来的投资、收购等事项。

未投资资本具有重要的战略意义。首先，它为创投基金提供了灵活性，使其能够在市场上迅速做出反应，抓住突然出现的投资机会。市场环境瞬息万变，拥有充足的未投资资本可以让基金在合适的时机迅速投入资金，从而获得潜在的高回报。

其次，未投资资本也为基金提供了一种安全保障。在经济不确定性增加或市场波动较大的情况下，保留一定比例的未投资资本可以帮助基金应对流动性问题，确保其能够在困难时期维持运营并继续支持现有的投资组合。

再次，未投资资本还可以用于支持现有投资组合中的企业。例如，当一个投资企业需要额外的资金进行扩建或渡过难关时，基金可以动用这部分资金进行后续投资，从而保护和提升其投资组合的整体价值。

最后，对于投资者来说，未投资资本的存在也体现了基金管理人的谨慎和战略眼光。基金管理人需要在投资速度和质量之间找到平衡，既不能过于仓促地部署资金，也不能让资本长期闲置，以免影响整体回报。

4.36 投资阶段

在创业投资领域，投资阶段指基金管理人在筹集到资金后，将这些资金用于投资目标企业的过程。这个阶段通常被称为投资期或承诺期，是基金管理人通过精心挑选和投资潜在高回报企业，以期实现资本增值的关键时期。

基金管理人在投资阶段的主要任务是发现有成功潜质的企业，并在这些企业中占有相当的股权份额。这一阶段的工作质量直接影响到后续的投后管理和最终的退出策略。因此，基金管理人会投入大量精力在企业筛选、尽职调查和谈判投资条款上。

投资阶段从基金的筹资截止日开始，通常持续 3~6 年。这个时间段与基金的整体存续期限相对应。例如，"10+2"期限结构的基金（即 10 年的初始期限加上 2 年的延长期限）通常有一个 5~6 年的投资期，而"7+2"和"5+2"结构的基金投资期较短，为 3~4 年。全球私募股权基金中，"10+2"结构最为常见，因此 5 年的投资期在所有条款中最为普遍。然而，在中国市场，3 年的投资期则更为常见。

在投资期内，基金管理人需要依照普通合伙人的指示，逐步履行出资承诺。如果投资期为 3 年，谨慎的基金管理人会将基金资本平均分配在这 3 年内投资，以避免风险过度集中在特定年份。这种分散投资策略有助于平滑市场波动带来的影响。

值得注意的是，私募股权投资收益具有显著的反周期特征。一般来说，经济衰退时期的投资收益高于经济繁荣时期。这是因为在经济衰退时期，企业估值和盈利水平较低，使基金可以较低的成本进行投资。当经济复苏时，企业估值和盈利水平上升，基金可以享受到估值倍数和盈利增长的双重好处。而在经济繁荣时期，企业估值较高，投资成本也相应增加，导致投资收益率相对较低。

4.37　融资轮次

融资轮次是企业在不同发展阶段进行资金募集的过程，每个阶段具有特定的目的和特点。主要分为种子轮、天使轮、A 轮、B 轮、C 轮、D 轮等。每个融资轮次不仅是资金的获取过程，更是企业在不同发展阶段逐步实现其战略目标和市场定位的重要步骤。通过不同轮次的融资，企业能够不断优化其商业模式，吸引更多资源，最终实现可持续发展和更大成功。

每个融资轮次都有其特定的目的和特点。

（一）种子轮

最初的种子轮融资通常用于验证商业想法，开发初步的产品或服务原型，并进行市场调研。在这一阶段，投资者通常是企业创始人、朋友和家人，或是专门的种子基金，资金规模一般较小。

（二）天使轮

企业已有初建团队和成熟产品上线，天使轮融资的主要目的是帮助企业完成产品开发和市场验证，进一步提升产品或服务的市场适应性。

（三）A 轮融资

企业进入 A 轮融资时，通常已经有初步的市场验证和一定的客户基础。A 轮融资的目的是扩大市场规模，加速业务增长和提高市场占有率。

（四）B 轮融资

B 轮融资通常发生在企业已经证明其商业模式和市场需求的情况下。此轮融资的目的在于进一步扩大业务规模，提高市场渗透率，并可能进行国际化拓展。

（五）C 轮融资

C 轮融资更多的是为了巩固市场地位，增强企业的竞争优势，并可能进行并购以实现进一步拓展。企业在这一阶段通常已经具备较高的市场占有率和稳定的收入流。

（六）D 轮融资

D 轮及更多轮次融资通常是在企业准备上市或进行重大扩展之前进行的，目的是确保企业有足够的资本来支撑其长远发展和战略实施。

4.38 Pre-IPO

Pre-IPO 指公司在首次公开募股（IPO）之前的一轮融资。与投资于种子

期或初创期的创业投资不同，Pre-IPO 基金的投资时点通常是在企业已经具备一定规模和收入水平，并且即将进行公开上市的时候。此时，企业通常已经度过了早期的高风险阶段，业务模式和市场定位相对成熟，财务状况较为稳定。

Pre-IPO 基金的投资具有几个显著的特点。第一，风险较低。因为投资的企业已经接近上市，通常已经通过了多轮融资，验证了其商业模式和市场需求，企业的运营和财务状况更加透明和稳定。第二，回收快。由于企业即将 IPO，投资者通常可以在较短的时间内通过公开市场出售股票来实现投资回报，而不像早期投资那样需要等待较长时间。第三，潜在回报高。如果企业在上市后受到市场和投资者的追捧，股票价格上涨，Pre-IPO 投资者可以获得可观的资本增值。

总的来说，Pre-IPO 投资是一种介于传统创业投资和公开市场投资之间的投资方式，既具有创业投资的高回报潜力，又相对降低了早期投资的不确定性和高风险。对于投资者来说，这是一个在企业即将进入公开市场前夕，通过较低风险获取高回报的机会。

4.39　联合投资

联合投资也称辛迪加投资，指多个创业投资者联合对同一风险企业进行投资。这种投资方式具有多方面的优势和特点。

首先，联合投资有助于创业投资者之间的信息共享。在传统的单独投资模式中，每个投资者只能依赖自己的信息和判断来评估项目的可行性。而通过联合投资，多个投资者可以共享信息资源，从而更加全面和准确地评估项目的风险和潜力。这种信息共享机制不仅提高了项目选择的准确性，还能够帮助投资者更好地了解市场动态和行业趋势。

其次，联合投资加强了对被投资企业的监管。多个投资者共同投资一个企业，可以从不同的角度和层面对其进行监督和管理。这种多元化的监管机制有助于及时发现和解决企业运营中的问题，降低投资风险。此外，联合投资者可以为企业提供更多的增值服务，例如战略指导、资源整合和市场拓展等，这些服务有助于被投资企业的成长和发展。

最后，联合投资还能够保证对风险企业的投资总额达到合理规模。创业公司通常需要大量资金来支持其研发、市场推广和运营活动。通过联合投资，多个投资者可以共同分担投资金额，从而确保企业能够获得足够的资金支持。这种方式不仅减轻了单个投资者的资金压力，还提高了投资成功的可能性。

4.40　领投

领投指在一个投资轮次中，最先决定投资并引导其他投资者的投资机构或个人。领投通常是第一个承诺投入资金的投资者，并且在整个投资过程中起到关键的领导作用。

领投的职责不仅仅是提供资金，他们还会进行详细的尽职调查，以评估创业公司的潜力和风险。这包括审查公司的商业模式、财务状况、市场机会、技术创新、团队能力等。通过这些深入的分析，领投帮助其他潜在投资者更好地了解投资优势，从而增强他们的信心。

一旦领投决定投资，他们通常会与创业公司协商投资条款，并起草投资协议。这些条款可能包括投资金额、股份比例、董事会席位、投票权、退出策略等。领投的参与通常也意味着他们将在公司未来的发展中扮演积极的角色，提供战略指导、资源支持和行业网络。

领投的声誉和专业能力对吸引其他投资者非常重要。因为其他投资者往往依赖于领投的判断和分析，领投的参与能够显著提高整个融资轮次的成功率。因此，在整个投资过程中，领投需要与创业公司和其他投资者保持紧密的沟通和协作。此外，领投通常会在投资轮次中投入较多资金，这进一步增强了其他投资者的信心。

4.41　跟随投资

跟随投资简称跟投，指在基金已经决定投资之后，有限合伙人在承诺资本之外作为独立投资者跟随投资的行为。此外，基金管理公司员工在基金决定投资之后，以自有资金跟随投资也是一种跟投行为。由于基金管理公司在尽职调查阶段投入了相当的成本，而这些成本由基金或受资企业承担，有限合伙人和员工的跟投行为实际上属于"搭便车"。并非所有投资者都有权跟投，跟投往往仅限于个别大的机构投资者。基金管理公司普通员工的跟投通常通过高级管理人员代持来操作，这被视为一种福利，其只需向投资决策委员会做充分披露即可。

4.42　股权代持

股权代持又称委托持股、隐名投资或假名出资，简称代持，指实际出资人与他人约定，以他人名义代实际出资人行使股东权利、履行股东义务的一种股权或股份处置方式。在这种安排下，实际出资人将资金投入一家公司，但因为某些理由（例如规避法律限制、避免暴露身份或出于其他战略考虑），选择不以自己的名义登记股东身份，而是通过与另一方（通常称为名义出资人或代持人）达成协议，由代持人名义上持有股权或股份。

这种安排的具体运作往往通过签署协议来确定，其中详细规定了代持人代为持有股权或股份的事实，以及双方的权利和义务。实际出资人依然是该股份的真正所有者，享有相应的经济利益和投票权等权利，但这些权利由代持人代为行使。

股权代持在创业投资领域中有一定的应用场景。如遇特殊身份限制、需要提高工商登记及股东会开会效率、借名造势、股权激励、预留股权、规避股东人数限制、规避持股比例限制、规避同业竞争与竞业禁止、规避关联关系、强化控制权，都有可能导致股权代持的情况出现。

虽然股权代持在某些情境下具有实用性，但也伴随着一定的风险和法律问题。由于实际出资人并非法律意义上的股东，其权益在法律上难以得到充分保障，尤其是在发生纠纷或代持人违约的情况下。

4.43　强制跟投

强制跟投指有限合伙人要求基金管理人在投资项目中必须投入一定比例的资金。这一机制的主要目的是确保基金管理人和投资者的利益一致，防止基金管理人为了追求自己的利益而进行过度投机或冒险。

具体来说，私募股权基金的主要资本通常由有限合伙人提供，他们是基金的主要投资者。而基金管理人负责管理和运作这些资金，进行项目的筛选、投资和管理。为了确保基金管理人对投资项目有足够的信心，并且在投资决策中与有限合伙人利益一致，投资者通常会要求基金管理人也投入一定比例的资金。

这种强制跟投的比例一般不低于1%，但具体比例可能根据基金的规模、基金管理人的声誉和过往业绩等因素而有所不同。通过要求基金管理人出资，有限合伙人可以确保基金管理人在项目中有利益关系，即让基金管理人承担相应的风险，从而使其更加谨慎地进行投资决策。

此外，强制跟投还可以完善基金管理人的激励机制。因为基金管理人与项目的成功有直接的经济利益关系，他们会更加努力地去寻找优质的投资项目，实施有效的管理和退出策略，以实现投资的最大化回报。这不仅有助于维护有限合伙人的利益，也有助于提高整个基金的投资绩效。

4.44　跟进投资

跟进投资（也称后续投资或追加投资）指创业投资基金在已经投资的企业后续轮次的融资中继续参与并投入更多资金的行为。通常，初创企业在发展过程中会经历多轮融资，从种子轮、天使轮到A轮、B轮、C轮等。每一轮融资的目的都是满足企业在不同发展阶段的资金需求，比如研发新产品、市场扩展或运营扩展。

当初创企业表现良好并且达到预期的里程碑时，早期投资者可能会选择继续投资，以保持或增加他们在公司的持股比例。这种跟进投资不仅可以帮助企业获得所需的资金，还传递了一个积极的信号——现有投资者对公司的未来充满信心。这种信心可以吸引新的投资者加入，从而提升企业的估值和市场信任度。

跟进投资的决策过程通常涉及对企业当前状况的详细评估，包括其财务表现、市场表现、竞争地位和管理团队的能力。投资者会分析企业是否仍然具备高增长潜力，以及是否能够实现预期的回报目标。如果评估结果积极，投资者就会进行跟进投资。

此外，跟进投资也有助于投资者保护其初始投资。通过继续投资，创业投资基金可以确保投资者在企业后续发展中保持影响力，并在公司未来的战略决策中拥有发言权。这对于投资者来说是重要的，因为他们希望企业朝着正确的方向发展，以实现最终的成功退出，例如并购或上市。

4.45 投资限额

投资限额指对单个投资项目的资金投入设定的上限，旨在通过分散投资来降低整体风险。通过设定投资限额，投资基金可以避免将过多的资金集中在一个风险较高的项目上，从而减少对整个投资组合的潜在负面影响。

投资限额的设定方式多种多样。一种常见的方法是将投资限额设定为基金承诺资本的一定比例。例如，投资限额可能被设定为基金总资本的 10% ~ 20%。这种方法使得投资限额与基金规模成比例，确保较大的基金不会在单个项目上投入过多资金。另一种常见方法是规定一个具体的金额上限，例如 1000 万元。

尽管投资限额在多数情况下被严格遵守，但它并非不可突破的。有限合伙协议通常会规定，如果某个投资项目的金额超过了预定限额，就需要采用特殊的表决机制。这意味着，超过限额的投资需要得到所有投资者的一致认可。通过这种方式，投资者可以在特殊情况下灵活应对，放弃严格的风险分散化原则，将资金集中投入在一个具有巨大潜力的项目上。然而，这种突破限额的决定一般需要经过慎重考虑和详细的风险评估，以确保投资者的利益最大化。

4.46 商业计划书

商业计划书（Business Plan，简称 BP）是公司、企业或项目单位为了达到招商融资和其他发展目标，根据一定的格式和内容要求而编辑整理的一份书面材料。商业计划书旨在向受众全面展示公司的现状、未来发展潜力等重要信息。在创业投资领域，商业计划书主要用于吸引创业投资机构的关注和投资。

商业计划书通常有相对固定的格式和结构，涵盖了投资者感兴趣的所有主要内容。首先，商业计划书会写明企业的成长经历。这部分内容通常会描述公司的创立背景、发展历程以及取得的里程碑成就。这能帮助投资者了解企业的历史和持续发展的潜力。

其次，商业计划书会对产品或服务进行描述。这包括产品或服务的核心功能、市场需求以及竞争优势。详细的产品或服务介绍可以帮助投资者了解企业的核心业务及其市场定位。

市场营销策略是商业计划书的一个重要组成部分。它包括市场分析、目标客户群体、市场竞争状况、营销策略和渠道等内容。通过这部分内容，投资者能够评估市场的潜力和企业的市场拓展计划。

管理团队的介绍也是商业计划书中不可或缺的一部分。它通常包括核心管理团队成员的背景、经验和专业技能。一个强有力的管理团队是企业成功的关键，因此投资者非常关注这部分内容。

再次，商业计划书会详细描述企业的股权结构、组织架构和人力资源情况。这些信息有助于投资者了解公司的内部管理和治理结构。财务分析和预测是商业计划书中最关键的部分之一。它包括历史财务数据、当前财务状况以及未来几年的财务预测。投资者通过这些数据来评估企业的财务健康状况和盈利能力。

最后，商业计划书中会有一个具体的融资方案。这个方案通常包括融资金额、资金用途、股权比例、投资回报等内容。通过这些信息，投资者可以了解企业的资金需求和预期的投资回报。

4.47　尽职调查

尽职调查（Due Diligence，简称DD）指在投资者与被投资企业达成初步投资意向之后，投资者或其委托的中介机构对被投资企业就与本次投资相关的事项进行现场调查和资料分析的一系列活动。这些调查活动旨在最大限度地降低信息不对称带来的风险，为投资决策提供可靠的依据。

企业与基金之间存在明显的信息不对称现象，尽职调查的作用便在于消除这种劣势，使投资者能够更全面地了解被投资企业的现状和潜力，从而做出更明智的决策。尽职调查可分为初步和正式两个阶段。在初步阶段，投资经理在签订投资意向书和保密协议之前，无法接触到企业的核心机密数据，因此形成的投资结论较为初步。此时，投资经理和企业谈判形成的投资条款只是意向性的，没有法律约束力。正式尽职调查则是在签署保密协议之后进行的，它为基金的投资决策提供了更加翔实和可靠的事实基础。

尽职调查的目的主要有三个：价值发现、风险发现和投资可行性。首先，价值发现是因为买方和卖方对企业的估值通常不一致。即便采用同一种估值方法，不同的参数估计也会导致估值差异巨大。尽职调查不仅要验证企业过去财务业绩的真实性，更要预测企业未来的业务和财务数据，并在此基础上对企业进行估值。行业状况、资本市场的变化和宏观经济环境等因素会对企业价值产生影响，因此尽职调查应涵盖这些内容。

其次，尽职调查的另一个重要目的是发现潜在的投资风险并评估其对投资项目的影响。基金管理人需要收集充足的信息，评估这些风险触发的可能性以及是否值得承担。尽职调查会关注主要的风险因素，而不可能覆盖所有的风险。企业经营风险、股权瑕疵、或然债务、法律诉讼、环保问题以及监管问题都是尽职调查中需要重点考察的内容。

通过尽职调查，投资者能够对被投资企业有一个全面而深入的了解，从而做出更加明智的投资决策，并为未来的投资管理和风险控制奠定坚实的基础。

4.47.1　业务尽职调查

业务尽职调查是投资决策过程中的关键环节，帮助投资者全面评估目标公司的运营状况和发展潜力。这一过程通常由投资业务经理领导，深入公司内部，对业务的各个方面进行细致的调查。

在尽职调查的初步阶段，投资者会重点分析公司的业务流量数据，包括市场表现、访问量、用户活跃度和转化率等关键指标。这些数据揭示了公司在市场中的地位和增长潜力。紧接着，投资者会对公司的商业模式进行评估，包括核心业务流程、产品或服务的独特卖点、市场需求和客户价值主张，以判断其可持续性及市场竞争力。

此外，竞争分析是尽职调查中不可或缺的一环。它涉及了解公司在行业中的竞争地位、主要竞争对手和市场份额。这有助于投资者评估公司的竞争优势和潜在威胁。同时，对公司关键人员的访谈也是尽职调查的一部分。通过与高层管理团队、技术专家和其他关键成员进行深入交流，投资者可以了解他们的背景、经验和对公司未来发展的看法。这对于评估公司的管理团队和成功潜力至关重要。

用户调研是尽职调查的另一个重要方面，通过收集用户反馈、需求和满意度来评估公司的市场接受度和客户忠诚度，为预测公司未来的市场表现提供参考。业务和财务的未来预测也是尽职调查的重点。投资者需要公司提供基于合理假设和详细计划的未来几年的收入、利润和市场扩展计划，以评估公司的增长潜力和投资回报。

尽职调查还涉及对公司的主要合作方、供应商、分销商和战略合作伙伴的调查，以了解公司的业务网络和合作关系的稳定性。同时，专利和知识产权的审查也是关键。投资者需要确保公司拥有其声称的知识产权，并了解这些知识产权的法律地位和商业价值，以保护公司的核心技术和保持市场竞争力。

4.47.2　财务尽职调查

财务尽职调查旨在系统地评估目标企业的财务健康状况和潜在风险。通常，投资者会通过这一过程来确定目标企业是否值得投资，以及在投资过程中需要注意的关键财务问题。

在财务尽职调查过程中，投资者会详细审查目标企业的三种主要财务报表：资产负债表、利润表和现金流量表。这些报表提供了企业的财务状况、经营成果和现金流动的全部信息。此外，尽职调查还会涉及相关的单据和财务记录，以确保数据的准确性和完整性。

尽管有些创投机构会聘请专业的会计师事务所来进行审计，但多数情况下，这一过程由投资业务经理完成，审查的重点在于企业的历史经营业绩、未来盈利预测、现金流、运营资金、融资结构、资本性开支等方面。通过对这些因素的分析，投资者能够评估企业的财务稳定性和盈利能力，预测未来的财务表现。

财务尽职调查的主要目的是评估企业的财务风险和投资价值。与一般财务审计不同，财务尽职调查并不完全依赖于函证、实物盘点、数据复算等传统审计方法，而更多地使用趋势分析、结构分析等分析工具。这些工具帮助投资者了解企业的财务状况的变化趋势和结构性问题。

在资本运作流程中，财务尽职调查是投资及整合方案设计、交易谈判和投资决策的基础。它帮助投资者判断目标企业是否符合其战略目标和投资原则。通过掌握企业的资产负债状况、内部控制、经营管理等真实信息，尽职调查可以揭示潜在的财务风险或危机。此外，它还可以分析企业的盈利能力和现金流，预测其未来的发展前景。

4.47.3 法律尽职调查

法律尽职调查的目的是确保投资的合法性和降低潜在的法律风险。这个过程通常由专门聘请的律师事务所负责，或者由创投机构内部的法务部门来完成。

法律尽职调查主要是基于企业所提供的法律文件进行的。文件的内容广泛，通常包括但不限于以下几方面：企业的土地和房屋产权、税收待遇、资产抵押或担保、诉讼、商业合同、知识产权以及关联交易事项。通过对这些文件的详细审查，律师能够全面了解企业的合法性法律风险。

具体来说，在土地和房屋产权方面，律师会核实企业是否拥有合法的产权证书，是否存在产权纠纷或限制性条件。在税收待遇方面，律师会检查企业的税务合规性，确保没有税务违约或欠税情况。资产抵押或担保的审查则是为了确认企业的资产是否被抵押或担保给第三方，是否存在潜在的财务风险。诉讼和商业合同的审查尤为重要。律师会查阅企业是否存在未决诉讼或潜在的法律纠纷，同时也会审查企业所签订的商业合同，确保这些合同的条款对企业是有利的，且不存在重大法律风险。知识产权的审查则是为了确保企业拥有合法的知识产权，包括但不限于专利、商标、版权等。关联交易事项的审查是为了确保企业的关联交易是合法、透明和公正的，避免潜在的利益冲突。

4.47.4　访谈

在创业投资领域，访谈指投资者或尽职调查团队与目标企业的相关人员进行深入交流，以获取详细、真实的信息。这些访谈的目的是评估企业的实际状况，验证其业务、财务及法律方面的信息，从而帮助投资者做出明智的投资决策。

访谈过程通常包括对企业高层、中层及基层员工的访问。与高层管理人员的访谈能够为投资者提供战略性和全局性的视角，帮助其了解企业的长远规划、市场定位以及管理团队的愿景和能力。中层管理人员的访谈则可以揭示企业的运营细节和执行情况，并提供日常管理和部门协调的具体信息。基层员工的访谈有助于投资者了解企业文化、员工士气以及实际操作流程，从而评估企业的内在健康状况。

此外，与企业外聘的法律顾问和审计师的沟通也非常重要。这些专业人士通常拥有独立的视角和专业的知识，能够提供关于企业法律合规性和财务透明度的客观评价。他们的意见可以进一步验证企业提供的信息的真实性和完整性。

尽职调查团队还应访谈目标企业的竞争对手及上下游企业的负责人。通过与这些外部利益相关者的访谈，尽职调查团队可以获取对目标企业的第三方评价。这种外部视角有助于投资者全面了解市场环境、行业竞争态势以及目标企业在产业链中的地位和声誉。

4.48　创始人

创始人指那些从零开始创建企业的人，他们通常是企业的灵魂人物和主要推动力。创始人不仅是企业的创立者，更是企业愿景的制定者和实现者。在评估投资项目时，创始人的领导能力和创新能力是两个至关重要的考量因素。

创始人需要具备在发展中的小公司里集结多种力量的能力。这意味着他们必须能够吸引和激励团队成员，协调各方资源，并有效地管理团队，以实现共同的目标。创始人还需要有承担整个公司责任的勇气，面对各种挑战和不确定性时，能够坚定不移地带领公司前进。

处理日常问题的能力对创始人来说也是必不可少的。他们需要在公司运营的各个方面表现出色，从产品开发、市场营销到财务管理，都需要有全面的掌控。此外，创始人必须敢于攀登前人未攀登过的高峰，面对逆境时能够并冲破阻力。这种勇气和决心是企业在激烈的竞争中脱颖而出的关键。

创新能力是创始人另一个重要的品质，也是创业投资者关注的重点之一。创始人需要具备创造性解决问题的能力，能够在资源有限的情况下找到突破口。此外，他们还需要对新技术或商业模式有敏锐的洞察力，敢于探索和尝试新的方向。这种创新精神不仅有助于企业在市场中保持竞争力，还能为企业带来持续的成长和发展。

4.49 管理团队

管理团队指负责公司日常运营和战略决策的核心成员群体。这个团队通常包括企业的创始人以及其他关键高管，他们共同承担起公司发展的重任。管理团队的水平和协作能力是投资者评估一个创业项目的重要考量因素，因为一个强大的管理团队是企业成功的基石。

创业公司中最理想的管理团队结构被称为"铁三角团队"，由三位在市场、技术和运营方面各有所长的人才组成。这种组合能够确保公司在各个关键领域都有专业的领导，形成互补优势。市场专家负责了解和开拓市场需求，技术专家负责产品的研发和技术创新，而运营专家则确保公司的日常运作高效有序。

管理团队成员如果之前就有过合作经历，并且彼此之间有着良好的默契，就拥有巨大的优势。这样的团队通常能够更快地达成共识，解决问题时也更为高效。这种默契不仅源于工作上的配合，更重要的是他们拥有共同的梦想和目标，而不仅仅是因为利益结合在一起。梦想在初创团队中起着至关重要的作用，它不仅是团队前进的动力，也是团队凝聚力的核心。

共同的梦想赋予团队成员一种强烈的使命感和归属感，使他们在面对挑战和困难时能够齐心协力。这样的团队文化能够激发成员的创造力和增强成员的主动性，推动公司不断创新和成长。此外，共同的梦想也有助于吸引志同道合的人才加入团队，进一步提升公司的竞争力。

4.50　商业模式

在创业投资领域，商业模式指企业通过其产品或服务实现盈利的方式。这不仅是指企业提供什么产品或服务，还包括企业创造价值、传递价值以及获取价值的全过程。一个成功的商业模式需要具备以下几个关键点。

首先，明确业务流程是至关重要的。企业需要清楚地了解其客户群体是谁，以及这些客户的需求和痛点是什么。只有深入了解客户，企业才能开发出真正满足市场需求的产品或服务。接着，企业需要设计和优化其产品或服务的生产和交付流程。这个过程包括从产品的研发、生产、营销到最终交付给消费者的每一个环节。企业还需要确定关键业务合作伙伴，这些合作伙伴可能包括供应商、分销商、物流服务提供商等，他们在企业的价值链中扮演着重要角色。

其次，客户购买产品或服务采用何种支付方式也是商业模式中的一个重要环节。不同的企业可能采用不同的支付方式，例如一次性购买、订阅模式、按使用量付费等。企业需要选择最适合其业务特点和客户习惯的支付方式，以确保资金流的顺畅和稳定。此外，企业需要明确其合作伙伴之间的收入分配机制，确保每个参与方都能获得合理的回报，从而维持良好的合作关系。

再次，商业模式的可行性也是一个关键因素。一个好的商业模式不仅要在理论上可行，还需要在实际操作中得到市场的验证。企业需要评估其当前的收入状况，判断其商业模式是否已经成功实现盈利。企业如果尚未实现盈利，则需要明确实现盈利所需的时间和条件。例如，企业可能需要进一步扩大市场份额、优化成本结构或提升产品或服务的附加值。此外，企业还需要识别和分析影响其收入和利润的关键因素，例如市场需求的变化、竞争环境的变化、成本的波动等。

最后，企业的商业模式需要具备一定的自我保护机制，以应对来自竞争对手的挑战。企业可以通过多种方式来保护其商业模式，例如申请专利、建立强大的品牌、签订排他性的销售渠道协议、保护商业秘密等。先行者的优势也可以成为企业的重要保护机制，例如快速占领市场、提高客户忠诚度等。此外，政策性保护也是企业保护其商业模式的一种方式，例如政府的补贴或优惠政策等。

总之，一个成功的商业模式需要在多个方面进行全面的考虑和设计。首先，企业需要明确其业务流程、客户群体、产品或服务的生产和交付流程、支付方式和收入分配机制。其次，企业需要评估其商业模式的可行性，确保其能够在市场中实现盈利。最后，企业需要建立有效的自我保护机制，以应对来自竞争对手的挑战。只有这样，企业才能在激烈的市场竞争中立于不败之地。

4.51 现金流模式

现金流模式指企业在日常运营中管理和优化其现金流入和流出的方式。现金流是企业的生命线，它决定了企业的正常运转和投资未来的增长。

企业的现金流可以通过三种主要活动产生：经营活动、投资活动和融资活动。

经营活动产生的现金流是企业最主要的现金来源。它包括产品销售的收入、提供服务的收入以及其他日常经营活动带来的现金流入。同时，经营活动也涉及市场推广费用、员工工资、租金、原材料采购等现金流出。这部分现金流是企业最健康、最可持续的现金来源，因为它直接反映了企业的核心业务是否能够盈利和持续运营。

投资活动产生的现金流包括购买和出售固定资产、投资其他企业或项目等。这部分现金流通常是间歇性的，且金额较大。投资活动的现金流出往往用于购置新的设备、提高生产能力或进行战略性投资，而现金流入则可能来自出售不再需要的资产或回收投资。

融资活动产生的现金流包括股东投入、银行贷款、发行债券等。这部分现金流可以为企业提供急需的资金支持，尤其是在企业扩展规模或面临短期资金短缺时。然而，融资活动带来的现金流也意味着企业需要承担相应的财务成本，如利息支出或股东分红。

一个健康的企业，必须确保从经营活动中获得稳定的现金流入，因为这是最可持续和可靠的"水源"。如果企业的经营活动能够持续产生正现金流，说明其商业模式得到了市场的认可，产品或服务具有竞争力和需求。这时，创投机构在投资时会更有信心，认为风险较低。

创投机构在评估一个企业时，除了关注其经营活动产生的现金流，还会考察企业的现金流出是否得到有效控制。企业应当尽量将资金用于提升经营活动的效率和效果，而不是过度投入在固定资产或长期投资上，因为后者的资金利用效率较低，回报周期较长，可能会影响企业的短期现金流状况。

4.52 投资概要

投资概要（也称 Teaser）是一份简短的报告，通常不超过三页纸，用于介绍一个企业的主要情况。投资经理会为每一个经过初步筛选的企业制作这份简报。投资概要的目的是在投资团队内进行初步讨论，以决定是否对该企业进行进一步的尽职调查。

投资概要通常包括以下几个关键部分。第一，企业的业务模式。这部分简要描述企业的核心业务、产品或服务，以及其独特的价值主张。第二，市场分析，这部分会提供关于目标市场的规模、增长潜力以及市场趋势的信息。第三，评估企业的竞争地位，指出其主要竞争对手，并分析企业在市场中的优势和劣势。第四，成长前景是另一个重要部分。这部分会讨论企业未来的增长计划和潜力，包括关键扩展策略和市场机遇。第五，管理团队的介绍也是不可或缺的部分。这部分会简要介绍管理团队的背景和经验，强调他们在推动企业成功方面的能力。第六，财务预测数据也是投资概要的核心内容之一。这部分会提供企业的历史财务表现和未来的财务预测，包括收入、利润和现金流等关键指标。第七，提出将来可能的退出渠道选择，例如 IPO、并购等，并给出关于投资方式的具体建议。

4.53 项目备忘录

项目备忘录（简称 Memo）是创业投资领域中投前阶段的一种文件，通常由投资人在与创业者进行初步约谈后编写。这个备忘录旨在详细记录和整理所讨论的项目相关信息，并对其进行初步的分析和评估。投资人通常会在项目备忘录中对项目所处的市场领域、竞争格局、技术创新、商业模式、团队背景等方面进行初步调研和分析。这一文件不仅可以供内部立项讨论时参考，还可以作为日后存档和决策依据的资料。通过项目备忘录，投资人能够更系统地评估项目的潜力和风险，为最终决定是否继续推进投资提供有力的支持。

4.54　投资报告书

投资报告书由投资团队在完成初步尽职调查之后编写，目的是向投资决策委员会介绍并推荐一个特定的投资项目。投资报告书的内容涵盖了企业的各个方面，包括但不限于公司的业务模式、市场前景、财务状况、管理团队、竞争分析以及风险评估。与投资概要相比，投资报告书的内容更加深入和细致。

投资报告书通常包括一个详尽的尽职调查事项列表，以证明投资团队对企业进行了全面的调查和分析。此外，投资报告书还需要对项目的具体交易结构提出建议，说明如何进行投资，包括投资金额、股权比例、投资条款等。投资报告书还要对未来的退出策略和可能的收益进行预测，帮助投资决策委员会评估投资的潜在回报和风险。通过这份详细的报告书，投资团队希望能够说服投资决策委员会批准该项目的投资决策。

4.55　投资意向书

投资意向书（Term Sheet，简称TS），也被称为框架协议、谅解备忘录或投资条款书，是创业投资领域中一个至关重要的文件。它通常在投资者和目标公司之间的初步谈判阶段签订，旨在概述双方在最终投资协议中可能包含的主要条款和条件。

在签署保密协议之前，企业通常不会向投资者开放机密资料。因此，初步尽职调查阶段有点像盲人摸象，基金管理人需要根据有限的信息来判断企业的投资价值与风险，并决定是否进一步推进投资谈判。这种情况下，投资意向书起到了桥梁的作用，为双方提供了一个初步框架，帮助明确彼此的期望和基本条款。

尽管投资意向书一般没有法律约束力，但它具有一定的道德约束力。双方在签订投资意向书时，通常会达成一种默契，即若无正当理由，双方不应单方面拒绝投资或随意降低出价。这种行为不仅会影响双方的合作关系，还可能损害基金管理人的声誉以及减少其未来在行业中的项目渠道和合作机会。

投资意向书通常包含但不限于以下几个方面的内容：投资金额、股权比例、估值方式、董事会构成、投资者的权利和义务、退出机制等。通过这些条款，双方可以在接下来的尽职调查和谈判过程中有一个清晰的方向和预期。

4.56　投资决策委员会

投资决策委员会，简称投决会（IC）或投委会，是基金中的一个重要投资决策机构。其主要职责是对拟投资项目进行评估和决策。投资决策委员会通常由普通合伙人主导设立，有限合伙人代表较少参与其中。投资决策委员会在董事会之下设立，代替董事会行使投资决策权，并通过会议和信函两种方式进行工作。

投决会在审议投资项目时，通常通过简单多数投票的方式决定项目是否通过。如果投票结果出现赞成与反对票各占二分之一的情况，则由投决会的主席做出最终决议。从项目投资经理提交完整材料之日起，投决会的内部审查工作需要在十个工作日内完成，并生成投资决策委员会决策意见表。在项目投资的具体实施过程中，如果遇到与投决会原先通过的投资决策不符的情况，项目负责人需要撰写书面报告并提交投决会重新进行决策，以确保投资活动的合理性和合法性。

4.57　增资协议

增资协议（Share Purchase Agreement，简称SPA）也称股权收购协议，指一份由投资企业和投资者签订的法律文件，通过该文件，投资者向投资企业注入新的资本，从而获得投资企业的股份。增资协议详细规定了各方的权利和义务，以确保交易的顺利进行和双方的利益。增资协议的主要内容包括投资金额、每股价格、购买股份的数量、主要的交割前提、员工期权等。

增资协议是创业公司和投资者之间的重要法律文件。它不仅规定了资金注入和股份分配的具体细节，还涉及公司治理、员工激励和其他关键事项。通过签订增资协议，双方可以明确各自的权利和义务，从而为公司的未来发展奠定坚实的基础。

4.58 股东协议

股东协议（Shareholder Agreement，简称SHA）是创业投资领域中一份关键的法律文件。它详细规定了公司股东之间的权利和义务，确保各方在公司运营和决策过程中有明确的规则和保护机制。股东协议的主要内容包括多项重要条款，如投资人防稀释权利、优先购买权、随售权、登记申请权、需投资人和投资人董事特别批准的公司事项（保护性条款）、董事会构成和优先股转换等。

通过这些条款，股东协议不仅明确了股东之间的关系和规范了其行为，还为公司未来的发展提供了稳定的框架和保障，促进公司实现透明和高效管理。

4.59 投资条款

投资条款指投资者与投资企业之间达成的一系列协议和条件。这些协议和条件规定了投资者向投资企业提供资金的具体方式、金额以及两者间相应的权利和义务。投资条款涵盖了许多方面，包括但不限于投资金额、公司估值、股权分配、董事会席位、投票权、优先股权、反稀释条款、退出机制以及信息披露要求等。

设立这些条款的目的是确保双方的利益得到保护，并为投资企业的未来发展提供一个明确的框架。通过明确这些条款，投资企业和投资者可以减少未来的潜在冲突，并建立起一种基于信任和透明的合作关系。这些条款通常会在投资协议中详细列出，并经过双方的协商和法律审核后达成一致。

4.60 控制权条款

在创业投资领域，控制权条款指投资者与投资企业之间达成的关于公司治理和决策制定的具体规定。这些条款详细描述了投资企业内部的投票权分配、决策机制以及保障投资者权利的各种措施，旨在确保投资者在公司运营和重大决策中具有适当的影响力和得到保护。

通过这些控制权条款，投资者能够在公司治理和决策制定过程中有一定的影响力和得到保护，确保其投资利益得到合理的保障。

4.61 排他/保密条款

排他/保密条款通常是在合同或协议中用来保护敏感信息和限制竞争行为的条款。其目的是锁定投资机会，避免出现抢项目的情况。

排他/保密并非单向的义务。企业或创业者会要求投资者签署排他/保密协议，禁止投资者投资于其竞争对手，以免发生利益冲突。投资者也会要求企业签署排他/保密协议以防止企业或创业者拿着投资者给出的投资条款书去招揽其他投资者。

但是从实践来看，多数基金是不会签排他/保密协议的。因为投资谈判过程的变数很多，一旦签署有约束力的排他/保密协议，将可能导致基金丧失其他机会。

4.62 交割先决条件

交割先决条件（Closing Prerequisites）指在交易或合同完成之前，必须满足的一系列条件。这些条件不仅确保交易各方的权益，还确保交易能够顺利进行。通常投资人会在增资协议（SPA）中设定交割先决条件，在全套正式协议签署完成后还需要按照要求完成设定条件，经投资人和律师审阅确认后再转账打款。

4.63 一票否决权

一票否决权指投资者或特定股东拥有在某些重大决策上单方面否决决策的权利，即使其他股东或董事会成员都同意该决策。该权利与占股多少无关，其目的主要在于保护投资者的利益，确保其在关键决策上有足够的控制权，防止公司做出可能损害其投资价值的决定。

4.64　保护性条款

创投领域中的保护性条款，又称重大事项否决权，指投资人出于对自身作为小股东的利益的考虑，以董事会成员或股东的身份要求对公司的重大事项以及与投资人息息相关的事项有否决权，或者说是反向的决定权。这种条款的主要作用是保护作为小股东的私募投资者的权益，通过表决机制安排，使特定行为非经该私募投资人同意不得实施。

4.65　反摊薄条款

反摊薄条款也称防稀释条款或价格保护条款，是投资者权益保护条款的重要组成部分。它是指当企业发生降价融资，即新一轮融资的发行价格低于之前轮次的发行价格时，投资者有权免费得到一定数额的新股或调整其转换比例，从而使其入股成本降低到与新发行价格相当的水平。

案例解读：某基金以每股 10 元的价格参与了某企业 A 轮融资，买入的股份数是 100 万股。如果该企业的 B 轮融资价格降至每股 5 元，则依据反摊薄条款，基金可以免费得到 100 万股，从而使其持股成本也降到 5 元。反摊薄条款的设定不一定通过发行新股来实现。投资者可以选择调整优先股的转换比例，或者通过免费期权方式来获得价格保护。在上面的例子中，假设 A 系列优先股对普通股的初始转换比例为 1∶1。在 B 轮融资价格降低到 5 元的情况下，如果将 A 系列优先股的转换比例提高到 1∶2，事实上也可以起到反摊薄的作用。

4.66　知情权

投资人一般会要求在交易文件中约定包括信息权、视察权在内的知情权条款，要求公司定期或不定期向投资人提供公司的财务信息、经营信息和其他信息，以使投资人在投后管理过程中及时准确了解公司的运营情况。

创业投资人往往不直接参与公司的日常经营管理。在该情形下，在协议层面明确公司承诺按照约定的要求向投资人提供公司相关信息并赋予投资人适当的核查权力，以令投资人在投后管理中对公司经营情况做到"心中有数"，便成为投资人的惯常要求之一。若投资人缺乏有效渠道获得对公司经营状况的必要信息，投资人难免担心其投资的安全性，也较难有效行使部分股东权利（例如，在公司业务、管理方面的决策权）。在创业投资的交易谈判过程中，若公司同意给予投资人需要的知情权，或许能够换回投资人在其他股东权利上的一定放宽。在投后管理方面，知情权的保障也有助于促进投资人与公司关系的稳定。此外，由于不少投资人（特别是专注某一行业/领域的专业投资机构）往往对于相关行业及同类型公司的运作有着丰富的经验，投资人通过行使知情权对公司有深入了解后，也可对公司的运营和发展提供有价值的合理建议。这亦可能成为公司的隐形财富。

4.67　回购权

回购权指投资企业在特定情况下回购投资人所持有的公司股权。创业投资基金会担心被投资的公司能够产生一定的收入、维持公司运营，但是却无法引起其他公司收购的兴趣，或是实现上市。这种情况下，通过股份回购权，投资人能够获得一条有保障的退出渠道。通常，如果公司既达不到上市的标准，也没有被并购的吸引力，公司就不会留存足够的现金来回购 VC 的股份。因此，尽管股份回购权是 VC 投资协议中很重要的一个条款，但在实际操作中，股份回购权几乎不会被执行。其目的是通过这个条款，让被投资企业的经营者有更多的责任和压力，考虑如何善用投资和经营企业。

4.68　对赌协议

对赌协议也称估值调整机制，是投资方与企业管理团队或原始股东在达成协议时，双方约定在未来不同业绩条件下，投资方与管理团队持股比例的调整机制。如果企业业绩达到约定的标准，投资方就会向管理团队或原始股东转让一部分股权或支付一定金额。反之，则管理团队或控股股东会向投资方转让一部分甚至全部股权。对赌协议对于管理团队而言是强有力的激励机制，也是防止投资者在收购企业时遭遇陷阱的有效条款。

企业家往往要求较高的估值水平，并愿意为此承担风险。这是对赌协议在中国得到广泛应用的原因。市盈率是中国成长资本投资常见的估值指标。不少企业家在估值时要求将融资当年的预期净利润作为估值基数，而不是按照上年净利润或过去四季度净利润总和等已知指标。在此情况下，投资者同意按照企业家坚持的高估值水平入股，但设定了估值调整机制以保护其利益。如果企业家未能兑现其承诺利润，投资者就可以获得现金或股份补偿，事实上，这将企业估值水平调整到了合理水平。

从投资人的角度看，由于信息不对称，在无法完全了解被投公司的实际价值时，对赌协议有助于减少估值分歧。对赌协议也可以作为约束和激励机制，促使创始人团队勤勉尽责地经营公司。

从被投公司和创始人的角度看，在融资难的大背景下，对赌协议更易实现融资、促成交易；同时也向投资人传递了积极信号，表明创业公司对未来的发展有信心。股权回购便是对赌中最常见的方式。

4.69　竞业禁止条款

竞业禁止条款指禁止投资企业创始管理团队成员在投资企业任职期间同时兼职于或在离职后的一定期限内就职于业务竞争企业或从事与投资企业相竞争的业务。在创业投资过程中，投资人往往对创业团队的稳定性有较高的要求。投资人不论是否直接参与公司的日常经营，都希望公司核心员工专注于公司业务，并要求其离职后一定时间内禁止在有竞争关系的单位任职或自营同类业务。在投资协议中约定竞业限制条款，对淡化核心员工在职期间掌握的企业技术秘密和商业信息，维护企业在市场中的核心竞争地位起着重要作用。

竞业禁止条款在本质上是投资企业创始股东（甚至包括实际控制人）基于投资关系而应对创投机构履行的一种诚实信用义务。违反该义务将对投资企业的经营构成巨大影响，从而给创投机构造成相应的投资损失。因此，在确保合法性的前提下，制定一个全面、细致而可操作的竞业禁止条款，对于切实保障创投机构的利益至关重要。

4.70 优先分红权

优先分红权使优先股股东得以优先于普通股股东获得公司利润分配的权利。这一安排使优先股相对普通股而言具有一定的债权性质（当然，优先股在对公司求偿时仍然劣后于公司债券和其他债权，优先股本质上仍具有股权性质）。

如果投资人没有优先分红权，公司一旦分红，就会按照股份比例分配给所有股东。由于投资人一般仅持有少数股份，故而公司大部分的利润将分配给创始人等既有股东。再加上创始人持有的公司股份在公司上市之前很难出售，所以创始人会有很大的动力通过分配利润来"改善生活"。但是，若投资人有优先分红权，即便公司分配利润，也需优先分配给投资人，创始人等其他股东只有在分配完优先股股息之后还有剩余可分利润时方能获得分配。此种情况下，创始人很难再有动力提请公司分红。这实际上限制了公司向创始人等其他股东分红的能力。此种安排既保护了投资人的投资利益，又间接推动公司（不得不）将利润继续用于公司的业务发展，且无须优先股股东行使利润分配的一票否决权（如有）。因此，虽然优先分红权条款表面上让人觉得投资人富有攻击性甚至有些"贪婪"，但事实上这一权利诉求具有相当的合理性，不仅有利于平衡公司股东的利益诉求，也有利于保护公司和股东的长期利益。

4.71 优先购买权

优先购买权指当公司某一股东拟转让其持有的公司股权（标的股权）时，其他特定股东拥有的（按特定比例）在同等条件下优先于公司其他股东和/或外部第三方购买标的股权的权利。

在创业投资交易中，投资人一般都要求享有针对创始人所持公司股权的优先购买权。其原因在于：一方面，基于投资就是投"人"的创业投资理念，投资人不仅希望创始人转让股权应受制于投资人的批准，还希望即便已批准创始人转让股权，乙方亦有权优先购买该项股权，以防止不必要或对公司发展不利的外部第三方进入公司，这在一定程度上净化了股东群，是公司"人合"属性的具体表现；另一方面，依靠优先购买权，投资人也为自身设置了一项期权，即在创始人出售股权时，如投资人认为公司具有进一步投资价值，则可优先于外部第三方购买公司股权，进而维持和增加在公司的持股比例。

在融资过程中，创始人为给予投资人信心，通常会表达其将长期（至少在公司 IPO 前）持有公司股权的决心。相应地，既然创始人都"不可能"卖股权，那投资人要求优先购买权自然难以被拒绝。当然，创始人仍需关注优先购买权的具体条款安排，以在符合投资人要求的情况下使自己的股权也具有一定的流动性。

4.72　优先认购权

优先认购权也称优先认缴权。相比于优先购买权，优先认购权是投资人针对公司新发行股权/股份（"新股"）的优先认购权利，而优先购买权则是投资人针对创始人等现有股东转让公司已发行股权/股份（"老股"）的优先购买权利。

4.73　自由转股权

自由转股权指投资人有权自行决定将其持有的公司股权转让给其他方（无论是公司其他股东，抑或是外部第三方），而无须经公司、创始人或公司其他股东事先同意，亦无须受到其他不合理的限制。投资人的自由转股权条款本质上是为投资人退出公司提供自由与便捷。在我国创业投资交易中，由于《公司法》及其司法解释等法律法规对公司股东转股设置了部分法定限制，因此，交易双方在交易文件中明确投资人的自由转股权，反而显得很有必要。

4.74　认股权证

认股权证（"窝轮"）是赋予持有人在特定时间内以预定价格购买公司股票的权利。它通常作为激励或附加权益提供给投资者、员工或顾问。在认股权证行权时，投资者、员工或顾问需要向公司缴纳事先确定的认股金额，以获得相应的股份数。如前所述，天使投资者可能会以债券加认股权证（等同于可转换债券）的方式投资于公司。如果企业业务发展符合投资者预期，则投资者将债券本息用于行权，获得企业股份，否则企业则需向投资者返还本息。通常，认股权证行权的标的是普通股。在计算完全摊薄总股份数时，投资者应将现存的认股权证对应的股份数计算在内。

4.75　领售权

领售权也称脱售权或强制随售权，指强制原有股东卖出股份的权利。如果被投资企业在一个约定的期限内没有上市，或事先约定的出售条件成熟，投资人有权要求原有股东和自己一起向第三方转让股份，原有股东必须按投资人与第三方谈好的价格和条件按与投资人在被投资企业中的股份比例向第三方转让股份。

对于投资方来说，大多数财务投资人采用基金形式投资，基金均有投资期和退出期，有退出时间的压力，更有为其自身LP争取最大投资利益回报的压力。所以财务投资人的根本理念是追求用最短时间获得最大投资回报，投资人当然不会放弃这种在未来出现整体出售公司的机会时，通过行使领售权，保障自己的安全退出。

4.76　优先清算权

优先清算权指在接受投资的创业公司无法继续经营存续，主动决定清盘或被债权人要求破产减少损失时，投资者拥有的一项权利。一般，对企业变卖资产偿还债权以后剩余的部分，投资者有权按照初始投资额加一定的资金成本首先收回原始投资，如果仍有剩余则将剩余部分返还给其他股东。普通清算则是将偿还债务后的剩余部分按照持股比例进行分配。由于投资者是以高溢价进入公司，因此优先清算权是合理的。

4.77　重大不利条款

重大不利条款是一种保护投资者的法律条款，通常出现在投资协议或并购协议中。它的主要作用是赋予投资者在某些重大不利事件发生时，终止交易或重新谈判协议的权利。具体是指可能对目标公司业务、财务状况、资产、运营或前景产生重大负面影响的事件或情况。尽管其触发门槛较高，但在关键情况下，它为投资者提供了退出或重新谈判的灵活性，是降低投资风险的重要工具。

4.78 企业估值

企业估值指对一家公司的当前或未来价值的评估。它是投资者和创业公司在融资过程中确定投资金额和股权比例的重要依据。简单来说，企业估值决定了投资者用多少钱可以获得公司多少股份。

对于纯财务买家和战略投资者而言，同一个企业的价值是不同的。前者仅侧重于企业未来带来的现金流或红利，而后者还会考虑到企业的协同效应。对同一交易，投资者通常采用两种以上的估值方法相互印证，如投前估值、投后估值、相对估值法、成本法和可比交易法等。相对估值法在天使投资、创业投资及成长资本投资实践中占据主流地位。

4.78.1 投前估值

投前估值指在创业投资中，投资者在注入资金之前对目标公司的估值。这一估值反映了投资者对公司当前市场价值的判断，并在此基础上决定其投资金额和所占股份比例。

投前估值的计算通常考虑公司的财务状况、市场前景、技术水平、团队实力以及行业竞争环境等多方面因素。投资者会详细评估公司的业务模式、收入增长潜力、利润率、市场份额和未来发展计划。通过这些分析，投资者可以初步确定公司在当前阶段的价值。

在实际操作中，投前估值是一个谈判的结果。创业者和投资者会根据各自的期望和市场情况进行协商。创业者通常希望估值越高越好，以减少股权稀释；而投资者则希望估值合理，以确保投资回报的最大化。

投前估值的重要性在于它直接影响了投资后的公司股权结构。举例来说，如果一家公司的投前估值为1000万美元，投资者决定投资200万美元，那么投后估值将是1200万美元。此时，投资者将持有公司约16.67%的股份。

此外，投前估值还影响公司未来的融资轮次和退出策略。较高的投前估值可能为公司在后续融资中提供更大的谈判空间，但也可能增加公司未来的融资难度，因为后续投资者可能会质疑前期估值的合理性。

4.78.2　投后估值

投后估值又称交易后估值，指将外部融资额加入资产负债表后计算而得到的公司价值，简单地说就是公司在投资后所创造的价值。这个价值等于融资前估值和新投资金额的总和。比如，一个风险资本家或者天使投资人会使用一个交易前的估值价格来考虑他们注入资本的公司在启动后能否使其得到回报。

4.78.3　相对估值法

相对估值法也称乘数法，指将企业的主要财务指标乘以根据行业或参照企业计算的估值乘数，从而获得估值参考标准，包括市盈率（P/E）、市净率（P/B）、市现率（EV/EBITDA）和市售率（P/S）等多种方法。初创阶段和成长初期企业的未来业绩不确定性较大，要进行精确的估值比较困难。因此，基金经理使用相对估值法对这类企业的估值较为主观。一般来说，在应用估值乘数时要有前瞻性的判断，并采取保守的估值乘数。

（一）市盈率

市盈率等于企业股权价值与净利润的比值（每股价格除以每股净利润），是创投领域应用最为普遍的估值指标，甚至监管机构在干预 IPO 发行价格时也以市盈率为参考基准。理论上来说，市盈率越高代表市场对企业的成长预期越高，但实践中并非如此。由于市场炒作的盛行，一些企业的股价被短线投资者推高至不合理水平。在实践操作中，投资者需要分析造成高市盈率的原因，之后才可以之作为估值参考标准。

企业的净利润容易受经济周期的影响。市盈率指标也一样受经济周期的影响。两种因素相互叠加会导致周期型企业估值水平在一个周期内呈现大幅起落的特征。因此，一般以历史平均市盈率为参考标准。此外，在应用市盈率评估的时候需要注意，不同行业的市盈率会有很大差别。

在业务实践中，融资方有时会主张以预估全年净利润作为估值基础，尽管当年净利润要到下一年才可能计算出来。这种做法确实能够提高企业的估值，但投资方往往会用业绩对赌协议来保证自身利益。

（二）市现率

净利润很容易受到财务处理手法的影响，虽然普通投资者广泛使用市盈率作为估值指标，但包括华尔街投行在内的专业人士更加信赖市现率指标。市现率是指企业价值与税息折旧及摊销前利润（EBITDA）的比值。EBITDA 为税后净利润、所得税、利息费用、折旧和摊销之和。企业价值涵盖了所有股东、债权人及相关利益实体对企业的法定索取权。

市现率虽然广为专业人士采用，但也有不足之处。首先，市现率和市盈率一样要求企业的业绩相对稳定，否则可能出现较大误差。但实际上不少企业的 EBITDA（尤其是周期型行业）的波动也很剧烈。其次，EBITDA 没有将所得税因素考虑在内。

（三）市净率

市净率也称市账率，等于股权价值与股东权益账面价值的比值，或者每股价格除以每股账面价值。市净率估值方法更加适合资产流动性更高的金融机构，因为这类企业的资产账面价值更加接近市场价值。运营历史悠久的制造企业和新兴产业的企业往往不适合采用这种估值方法。前者多数资产采用历史成本法计价，与市场公允价值差别较大；而后者的主要价值并不体现在资产价值上。

与其他相对估值指标一样，不同行业的市净率也存在巨大差别。一方面，不同行业的资产盈利能力差异巨大；另一方面，一些企业拥有的无形资产并未进入其资产负债表，如垄断或寡头垄断、品牌、专利和特定资源等。

（四）市售率

市售率也称市销率，等于企业股权价值与年销售收入的比值，或者每股价格除以每股销售收入。不少科技企业在创业阶段都处于亏损状态，或者净利润非常低。在这种情况下，市盈率、市现率及市净率都不太适用，用市售率估值反而有参考价值。市售率适用的行业包括公共交通、商业服务、互联网（尤其是电子商务）、制药及通信设备制造。通常来说，市售率越低越好。

投资者偏爱市售率低于 1 的企业。

4.78.4　成本法

成本法是一种保守的估值方法，通常用于评估初创企业或资产的价值。这种方法的核心思想是通过计算企业或资产的重置成本或历史成本来确定其当前价值。具体来说，成本法关注的是企业为了达到目前的运营水平所投入的实际成本，或者如果其他人想要复制这一企业或资产所需的花费。

在实践中，成本法会考虑企业在创建和发展过程中所投入的各种费用，包括研发成本、生产设备的购买费用、员工薪资、市场推广费用以及其他运营成本。通过对这些成本的计算，投资者可以得到一个大致的估值，反映出企业在当前阶段的投入总额。

这种方法的保守性体现在它主要基于已经发生的实际支出，而不是未来的预期收益或市场潜力。因此，成本法通常适用于那些缺乏明确市场价值或未来收益难以预测的企业或资产。尽管这种方法简单直接，但也存在一定的局限性，即它忽略了企业的潜在增长能力和市场环境的变化。

4.78.5　可比交易法

可比交易法是在创业投资领域中常用的一种估值方法。这种方法通过参考与投资企业类似的公司在最近的交易中获得的估值，来确定投资企业的价值。具体来说，投资者会寻找在相同或相近行业中、具有相似规模和收入水平且在近期完成了融资或被收购的公司。通过分析这些类似公司的估值数据，投资者可以推测出投资企业的合理估值范围。

这种方法较为现实，因为它基于市场上实际发生的交易数据，而不是单纯依靠财务模型或未来预测。通过观察市场上类似企业的估值，投资者能够获得一个更为客观和当前市场认可的估值参考，从而减少估值过程中的主观性和不确定性。

例如，如果一家初创科技公司正在寻求投资，投资者会查看最近几个月其他初创科技公司在类似发展阶段和市场条件下获得的估值。如果这些类似公司在融资时的估值在 500 万~700 万美元之间，那么投资者可能会认为这家初创科技公司的估值也在这个范围内。

4.79 员工期（股）权池

员工期（股）权池指公司在不稀释现有创业团队原始股份的前提下，预留出一部分股权，作为未来引进高级人才或激励现有员工的股份。这一预留的股份池旨在确保公司能够灵活地提供股权激励，而不必在未来稀释现有股东的股份。

通常情况下，投资人会要求公司在融资前就设立员工期（股）权池，并明确其占投后估值的一定比例。例如，如果投资人准备投资 1 亿元，而公司的投前估值为 4 亿元，那么投资完成后，投资人的持股比例应为 20%，原股东的持股比例为 80%。然而，如果投资人在投资前要求公司预留一个占投后估值 10% 的期（股）权池，那么情况会发生变化。

具体来说，投资完成后，投资人的持股比例仍然是 20%，期（股）权池的比例为 10%，而原股东的持股比例会降低到 70%。这意味着，如果没有员工期（股）权池条款，公司在后续经营过程中需要拿出一定比例的股份（例如 10%）来激励员工，这部分股份将从现有股东和投资人的股份中分摊，导致双方的股份都被稀释。然而，有了员工期（股）权池条款，这个池子在投前就预留出来了，并且明确了池子的大小，因此这部分股份完全是从原股东的股份中预留出来的，投资人的股份不会被稀释。

从这个角度来看，设立员工期（股）权池条款对投资人是有利的，因为这样投资人实际上是用同样的钱买到了更多的股份，其投资单价相应降低了。对于公司来说，员工期（股）权池确保公司能够在未来灵活地提供股权激励，吸引和留住关键人才，而不必在每次需要提供股权激励时重新商讨股权分配问题。因此，员工期（股）权池在创业投资中起到了平衡各方利益、保障公司未来发展的重要作用。

4.80 创始人股权成熟机制

创始人股权成熟机制是一种用于管理和保护创始人股权的安排，确保创始团队成员在公司发展过程中保持共同的目标和遵守共同的承诺。具体来说，这种机制规定每个创始人在公司成立时都会获得属于他们的全部股权，但这些股权并不会立即全部生效，而是会按照一定的时间表逐步成熟。

创始人股权成熟机制的核心在于，如果某位创始人在股权完全成熟之前离开公司，创业公司有权以极低的价格回购这位创始人尚未成熟的股权。这种安排的目的是防止创始团队成员在公司发展初期离开时而持有大量公司股权，而导致留守创始人感到不公平而失去动力。

创业初期，创始团队的稳定性往往较差，创始人可能会因为各种原因选择离开。如果没有创始人股权成熟机制，这些离职的创始人仍然持有公司股权，可能导致留守的创始人感到不满，因为他们继续为公司努力工作，却要与离职的创始人分享公司未来的成功。创始人股权成熟机制通过设定股权成熟的时间表，合理地平衡了留守创始人和离职创始人之间的利益，确保只有那些真正长期为公司做贡献的人才能最终获得和保有全部股权。

可以说，创始人股权成熟机制是创始人和创业公司的"好朋友"。一方面，它防止了离职创始人带着大量股权离开，从而保护了留守创始人的合理利益，保持他们的工作积极性。另一方面，这一机制也激励每个创始人都朝着共同的目标努力，致力于创建一个成功的企业。通过这种机制，创业公司能够更好地维护团队的稳定性和增强团队的凝聚力，推动公司持续健康发展。

4.81 名股实债

名股实债是一种特殊的融资方式，表面上看起来像是股权投资，但实际上类似于债务融资。名股实债的核心特点在于投资者的回报并不与被投资企业的经营业绩挂钩，而是通过预先约定的固定收益来实现。这意味着，无论企业的经营状况如何，投资者都能获得固定的回报，类似于债券的利息收益。

具体来说，名股实债的投资者在名义上以股权的形式向企业投入资金，成为企业的股东，但实际上，他们的投资目的并不是分享企业的经营成果或承担经营风险，而是确保在约定的期限内收回本金和固定收益。这种投资方式通常包括一些回购条款或其他保障措施，例如企业在满足特定条件后需要回购股权或偿还本息。

名股实债的常见形式包括回购、第三方收购、对赌、定期分红等。例如，投资者可能与企业约定在一定期限内企业必须回购股权，或者在企业达到某些经营指标后进行回购。投资者不参与企业的日常经营管理，仅在重大事项决策中保留一定的权利。

4.82　投后管理

投后管理指在项目投资完成之后，基金管理人对被投资企业进行持续关注和支持的过程。这个阶段的主要目标是确保企业按照预期发展，并帮助企业应对各种挑战，实现投资的预期回报。

在这个阶段，基金管理人会通过多种方式密切关注被投资企业的经营状况。这通常包括出席企业的董事会会议，审核企业的信息披露资料，进行现场考察，以及根据需要提供财务、战略建议、团队建设、行业联系或销售渠道等方面的支持。

对于仍处于研发阶段的企业，基金管理人在财务指标方面一般会关注运营成本的规模以及亏损占持有现金的比例。特别是在早期阶段，创业公司账上现金与每月现金流出的比例是基金管理人需要重点关注的指标，以确保企业有足够的资金支持其研发活动。

当企业的产品研发结束并开始产生销售收入时，财务指标的监控重点会转移到销售收入的成长率上。在这个阶段，基金管理人还会关注企业的客户增长率、销售渠道的建立与拓展，以及市场和销售团队的建设。尽管企业在这个阶段可能需要投入大量营销费用去拓展市场，但基金管理人通常不会过度强调利润和现金流。

当企业接近盈利或已经盈利时，基金管理人的财务监控指标会进一步扩展，除了继续关注销售收入增长率之外，其还会关注销售利润率和现金流，以确保企业的可持续发展和盈利能力。

具体的跟踪管理内容包括以下几方面。

（1）定期（每月或每季度，视项目企业具体情况而定）获取企业的财务报表、生产经营进度表、重要销售合同等，并将这些信息进行整理分析，生成企业情况月（季）度分析表。

（2）参加企业的重要会议，包括股东会、董事会、上市工作项目协调会以及投资协议中规定股东拥有知情权的相关会议，并形成会议记录。

（3）每季度对企业进行至少一次访谈，了解企业的经营状况、存在的问题，提出相关咨询意见，并生成企业情况季度报告。

通过这些措施，基金管理人能够及时掌握企业的发展动态，提供必要的支持和建议，帮助企业实现其业务目标，从而确保投资的成功。

4.83　项目退出

项目退出指投资者通过各种方式实现其投资回报并结束对某项目的投资的过程。基金管理人在做出投资决策的同时，必须有详细的退出策略规划，包括退出的时间、渠道以及预期的收益。在基金的收获期（通常是第4至第10年），基金管理人会通过上市、出售等方式来实现资本增值和项目退出，并将资金返还给投资者。

在项目立项之初，项目投资经理就需要为项目设计退出方式，并随着项目进展及时修订这些计划。具体的退出方式主要有三种：首次公开募股（IPO）、出售和清算或破产。首次公开发行包括国内二板上市、主板上市以及国外主板上市、创业板上市等。出售可以分为向管理层出售和向其他公司出售。当风险公司经营状况不好且难以扭转时，解散或破产并进行清算是可选择的退出方式。对于许多基金而言，IPO和出售是主要的退出渠道。

然而，基金的退出策略有时会与被投资企业的长期发展计划相冲突。例如，竞争企业提出了很高的收购报价，而企业的创始人坚持独立发展。在这种情况下，如何协调投资者和创始人之间的利益是一个大难题。退出策略的选择还需要分析被投资企业当前的发展阶段。如果企业尚未在市场上占据有利地位，出售或退出时的估值水平会较低，无法实现股东利益的最大化。因此，将企业处于强势地位阶段作为退出时机是明智的选择。

如果项目选择通过IPO退出，那么需要分析公司的准备是否充分。IPO和上市过程需要耗费企业相当多的资金、人力和时间，这可能影响企业的正常经营。同时，企业需要在IPO之前便建立与上市公司类似的公司治理体制，人员配备也必须符合资本市场的要求。

私募股权的退出策略明显受到经济周期的影响。在经济繁荣时期，出售和退出案例总数会显著高于平时；而在经济衰退期，退出案例总数则较少。除了经济周期外，产业本身的生命周期也影响私募股权退出的周期。在产业发展的成长阶段，IPO 和出售退出策略的执行率会达到高峰。而当产业进入成熟甚至衰退阶段，退出案例数量随着行业中企业数量的减少而减少，但单案例的成交规模往往显著高于成长阶段。

4.84　首次公开募股

首次公开募股指企业第一次向不特定的公众投资者公开发行股票，以募集资金的过程。对于创业公司来说，上市是企业发展的一个重要里程碑。通过首次公开发行，企业不仅能够获得大量融资，还能提升自身的资信等级，这通常与企业的上市地位密切相关。上市后的企业在市场上的估值往往会显著提高，这对企业的发展起到了重要的推动作用。

在中国的私募股权投资领域，未上市企业和上市企业的估值存在显著差异。企业通过 IPO 实现上市后，能够为投资基金带来丰厚的收益，因为上市后的股票通常具有更高的流动性和市场价值。然而，IPO 退出策略的收益高度依赖于退出时股票市场的状况。如果市场环境良好，企业的股票价格较高，投资者就能够获得更高的回报。

在选择上市地点时，企业需要综合考虑多个因素，包括估值水平、上市标准、上市成本以及交易所对企业类型的接纳情况等。不同的交易所有不同的要求和优势，企业应根据自身的具体情况选择最合适的上市地点，以实现最大化 IPO 的收益和效益。

4.85　上市辅导

上市辅导指证券经营机构对拟发行股票并上市的股份有限公司进行的一系列规范化培训、辅导与监督工作。具体来说，这些机构帮助公司了解相关法律法规、完善内部治理结构、规范财务管理和信息披露等，以确保公司能够符合上市要求。承担上市辅导任务的机构必须具备相应的资格，通常由与公司股票发行的主承销商相同的证券经营机构负责。在公司取得营业执照并依法成立后，按照中国证监会的规定，该公司在向中国证监会提交发行申请之前，必须接受证券公司的辅导。辅导期限一般为不少于三个月，但在某些省市时间可能会有所缩短。

4.86 优先股

在创业投资领域，优先股是一种在红利分配、资产清算或投票权方面享有优先权的股份类别。可转换优先股是一种特殊类型的优先股，在特定条件下可以转换为普通股。每一轮融资都会产生新的优先股，这些新优先股通常在红利分配和资产清算方面优先于之前轮次的股份。这种安排的原因在于，新一轮融资的价格通常高于之前轮次，且新股东处于信息不对称的劣势地位，因此他们会要求在投资者权利方面优先于老股东。

在企业上市或出售时，所有股东通常会得到相同的待遇，因此优先股股东一般会按1∶1的比例将优先股转换为普通股。当企业向机构投资者进行第一轮融资时（A轮），机构投资者购买的是A级可转换优先股。以此类推，第二轮（B轮）和第三轮（C轮）融资时，机构投资者购买的分别是B级和C级可转换优先股。通常在第四轮（D轮）融资时，A轮投资者已经入股三至四年甚至更长时间，他们会催促创始人寻找退出渠道。

在中国，有关公司法律并不允许优先股的设置。因此，当被投资企业为中国境内企业时，投资工具一般为普通股。当企业存在优先股时，企业清算收入会按照优先权的顺序分配。如果企业进行了D轮融资，在破产清算或出售时所得不足以弥补投资者投入的本金，这些资金将按照D轮、C轮、B轮、A轮及普通股的顺序依次清偿投资者的本金。在这种情况下，普通股甚至B轮和A轮投资者通常会血本无归。而当所有投资者都是普通股股东时，清算所得将按照投资者的股权比例进行分配。

相比之下，优先股制度下，企业创始人的激励机制更加硬化。因此，在中国境内成长资本投资实践中，对赌条款等投资者保护条款的使用频率要远高于国际市场。

4.87　锁定期

锁定期指投资者在一定时间内不能出售或转让其所持有的股票或其他证券。这一规定通常用于维持市场稳定，防止大量股票在短时间内被抛售，从而导致股价剧烈波动。锁定期的存在有助于确保投资者在公司发展过程中保持一定的长期利益，而不是追求短期收益。

对于持股比例较低的私募股权基金而言，锁定期通常为 12 个月。这意味着这些基金在投资后的 12 个月内不能出售其所持有的股票。锁定期的设置是为了防止短期套利行为，确保公司有足够的时间进行业务整合和发展，从而实现更高的长期价值。

然而，对于持股比例较高的基金，锁定期可能会更长，通常为 36 个月。这是因为持股比例较高的基金可能被认定为公司的实际控制人。作为实际控制人，这些基金对公司有更大的影响力和控制力，因此需要更长的锁定期来确保它们对公司的长期承诺和责任。这有助于稳定公司的管理层和运营，避免因大股东的频繁变动而对公司造成不利影响。

4.88　赎回

在创业投资领域，赎回指投资者在特定条件下要求企业或其控股股东以溢价买回投资者最初投入的资金。这种机制通常在投资协议中被明确规定，尤其是在 Pre-IPO 阶段的投资协议中。回购条款的设立是为了保护投资者的利益，确保他们在企业未能按计划实现退出（如上市或被收购）的情况下，能够收回投资并获得一定的回报。

具体来说，Pre-IPO 投资协议中通常会约定一个期限，如果企业在这个期限内未能实现上市或其他形式的退出，投资者有权要求企业或其控股股东按照一定的溢价赎回投资者的初始出资。这种溢价通常是对投资者承担风险的一种补偿。

在当前 IPO 市场转冷的背景下，企业难以如期上市，导致回购条款被触发的情况越来越多。投资者为了保障自己的利益，可能会行使回购权，要求企业或控股股东按照协议约定的溢价赎回他们的投资。此外，当外部投资者与企业管理团队在企业发展战略上发生重大分歧时，也可能会出现管理层以收购的形式回购的现象。

总之，赎回条款是一种保护机制，确保在企业未能如期实现退出或在内部出现重大分歧时，投资者能够通过回购获得合理的补偿。

4.89　清算

清算在创业投资领域中指当企业解散或破产时，进行资产清偿的程序。具体来说，清算是为了将企业的资产转变为现金，用于偿还企业所欠的债务和履行其他财务义务。如果企业无法继续运营，清算程序就会启动，以确保所有债权人和相关利益方能够得到他们应得的部分。

在创业投资中，清算是一个重要概念，因为创业公司通常面临较高的失败风险。创业投资基金会投入资金到这些高风险企业中，希望通过少数成功的企业获得高回报。然而，由于高风险的性质，这些企业中有相当一部分可能最终无法成功，而需要进行清算。

在清算过程中，企业的所有资产，包括现金、库存、设备、知识产权等，都会被评估和出售。所得的现金首先用于支付清算费用，然后用于偿还优先债权人的债务，如银行贷款和供应商欠款，剩余的资金再用于偿还普通债权人的债务。如果还有剩余资金，则会分配给股东，通常是根据他们的投资比例进行分配。

清算程序可以通过自愿清算或强制清算来进行。自愿清算由企业的股东或董事会决定，而强制清算通常由法院命令。清算程序通常是在企业无力偿还债务的情况下进行。

4.90　管理层收购

管理层收购（MBO）指公司的管理层通过借贷融资或股权交易等方式，购买公司股份，从而实现对公司的所有权和控制权的转移。这一过程通常会引起公司所有权结构、控制权、剩余索取权以及资产等方面的变化。通过这种收购行为，公司的管理层不仅成为企业的经营者，还成为企业的所有者。这种方式的收购可以改变公司的所有制结构，使管理层在公司中拥有更大的决策权，从而可能激发他们更积极地推动公司发展和提高公司绩效。

商业保理

第5篇

5.1 商业保理

商业保理业务是一种金融服务，保理商通过与供应商签订合同而提供的一整套服务，包括融资、信用风险管理、应收账款管理和催收等。在这种业务模式中，供应商将其应收账款转让给保理商，保理商根据合同为供应商提供资金，并在采购商无法付款时承担向供应商支付款项的义务。通过商业保理业务，中小企业能够改善其现金流状况并降低应收账款的管理风险。

5.2 商业保理公司

商业保理公司是专门从事保理业务以及相关咨询服务的专业机构。商业保理公司的主要职能包括提供保理融资、管理销售分户账、催收应收账款、担保非商业性坏账风险、进行客户资信调查与评估，以及提供与商业保理相关的专业咨询服务。商业保理公司的核心业务集中在应收账款的转让与管理方面，涵盖资金的融通、风险担保及账款的回收等。

商业保理公司能够帮助卖方有效解决资金周转难题，但需要通过提供坏账担保来承担买方不付款的潜在风险。在国内，商业保理公司的相关业务已经被广泛应用，尤其在供应链金融中发挥着至关重要的作用，能够有力促进供应链的健康、可持续发展。

5.3 商业保理牌照

商业保理牌照指地方金融管理部门授权商业保理公司从事应收账款等融资业务的合规资格，使商业保理公司能够合法地在市场上运作，提供相关融资服务。

商业保理牌照的申请条件和流程需根据当地的政策和要求，申请人一般需要向所在区的金融工作部门提交申请，相关部门对拟设立商业保理公司的必要性、可行性、风险性进行审核；审核通过后，申请人需要将审核意见、申请材料连同区有关部门的风险评估证明一并报送至市地方金融管理部门，由其进行复核并出具书面意见。申请商业保理牌照需要满足严格的条件，一般情况下，要求企业的注册资本不低于 5000 万元人民币，并且必须一次性实缴。此外，申请商业保理牌照对申请企业的股东结构、财务状况、总资产和净资产等指标也有一定要求。

获得商业保理牌照的公司可以在全国范围内开展业务，在获得相关许可前提下也可以将业务拓展到国际市场。目前，许多综合性的地方金融控股集团持有商业保理牌照，将保理业务作为解决中小微企业融资问题的重要手段之一。

5.4　商业保理业务类型

5.4.1　融资保理

根据保理商是否提供贸易融资，保理业务可以分为融资保理与非融资保理。融资保理指保理商在买卖双方进行贸易交易后，基于应收账款的转让，向卖方提供贸易融资的模式。具体来说，卖方将其应收账款（即买方尚未支付的货款）转让给保理商，从而提前获得相应的资金。借助融资保理，卖方可以更灵活地进行资金回笼，而买方则可以按照约定的账期支付货款。融资保理在国内贸易和国际贸易中都被广泛应用，是中小微企业管理应收账款和优化财务结构的重要工具。

5.4.2　非融资保理

非融资保理指保理商在不向卖方提供资金支持的前提下，专注于提供一系列服务来帮助卖方管理和优化其应收账款。具体服务内容包括但不限于销售分户账管理（帮助债权人记录和管理每个客户的应收账款情况）、客户资信调查与评估（评估客户的信用状况和支付能力，以降低交易风险）、应收账款管理与催收（协助债权人进行账款的跟踪和催收，提高回款效率）以及信用风险担保（为债权人提供一定的信用保险，保障其在客户未能按时付款时的经济利益）。通过上述服务，非融资保理能够帮助卖方有效降低其财务风险，优化现金流，改善财务状况。

5.4.3 正向保理

保理业务根据发起主体的不同可以分为正向保理和反向保理。正向保理是指债权人（通常是销货方或记录应收账款的一方）将其应收账款转让给保理公司，以获得即时现金或融资支持，而保理公司则承担了其应收账款的催收与信用风险管理义务。正向保理的主要目的是帮助债权人改善现金流，减少因账款拖欠带来的财务压力，从而使其能够更快地进行再投资或维持日常运营。

5.4.4 反向保理

由债务方（采购方/应付方）发起的保理业务类型被称为反向保理。具体来说，买方（供应链中的核心企业）的资信水平较高，保理公司仅需要评估买方的信用风险，而授信的回收资金流也直接来自于买方。反向保理业务旨在构筑大型买家和小型供应商之间的低交易成本和高流动性的交易链。

需要注意的是，由买方发起的保理业务一定是明保理业务（因为买方时刻都会知晓应收账款转让的事实），由卖方发起的保理业务可以是明保理业务，也可以是暗保理业务。根据《民法典》第七百六十四条规定，对于反向保理，买方发出转让通知时可以不附证明应收账款转让事实的相关凭证。

5.4.5 明保理

明保理也被称为公开保理，即卖方将其应收账款转让给保理商，并通知买方在应付款到期时直接向保理商付款。这种方式能够确保保理商直接从买方处收回款项，降低风险并提高资金回笼的速度。

在国际贸易中，明保理业务应用广泛，出口方通过明保理业务不仅可以改善财务状况，还能够通过保理商的信用评估和风险管理，更好地评估和管理业务中的信用风险。这一机制在国际贸易中尤为重要，因为跨境交易通常涉及不同的法律和信用环境，保理业务可以有效降低这些复杂性因素带来的潜在风险。

5.4.6 暗保理

暗保理也称隐蔽保理，其债权转让的过程无须通知买方。在这种安排下，买方并不知道卖方的应收账款债权已经转移到了保理商手中。在暗保理业务中，卖方在应收账款到期时仍然负责收取货款，并在收款后将资金交给保理商。

这种业务模式的优势在于卖方可以与买方保持联系，不会因为债权转让而影响客户关系。

5.4.7 有追索权保理

保理业务根据发起人权益转让程度的不同，可以分为有追索权保理和无追索权保理。有追索权保理指卖方将符合保理协议约定条件且经保理商认可的应收账款债权转让给保理商，双方约定当应收账款不能如期足额回收时，由卖方负责回购应收账款或归还融资，保理商对卖方有追索权。

5.4.8 无追索权保理

无追索权保理指在无商业纠纷等的情况下，买方因财务或资信原因不能履行付款责任时，保理商必须按其确认的保理额度向卖方全额支付保理款项。保理商若已向卖方提供了保理项下融资，则无权向买方追索融资款，由其自身承担应收账款的坏账风险。因此，无追索权保理又称买断型保理。

5.4.9 预付保理

根据保理商是否预先付款，保理业务可以分为预付保理和到期保理。预付保理指保理商在受让卖方转让的应收账款时，支付一定比例的预付融资款，剩余款项于按期从买方处收回后支付，或者由于买方发生违约行为，保理商在一定期限内向卖方支付余款的保理业务类型。

5.4.10 到期保理

到期保理也称定期保理，指保理商在期初收到卖方的应收账款票据后暂不进行支付，直到应付账款到期后，将全部货款支付给卖方。到期保理适用于没有融资需求，但希望获得保理商提供的销售分户账管理、客户资信调查与评估、应收账款管理与催收、信用风险担保等服务的客户。

5.4.11 再保理

再保理业务本质上是对债权的再转让。具体来说，企业当在贸易过程中产生应收账款债权时，可以选择将这些债权转让给保理公司，以获得即时的资金流。保理公司在获得这些债权后，可以进一步将相应债权转让给其他保理公司或金融机构。这一过程被称为再保理。如图5-1所示。

例如，商业保理公司可能会与银行进行再保理合作。银行会为商业保理公司核定一定的授信额度，并在此基础上为其提供融资支持。这样，商业保理公司能够通过再保理的方式，将这些债权转让给银行，从而获得更多的资金支持。

再保理的主要目的在于分散风险和提高资金流动性，使各方在贸易和金融活动中都能更有效地管理资源和风险。

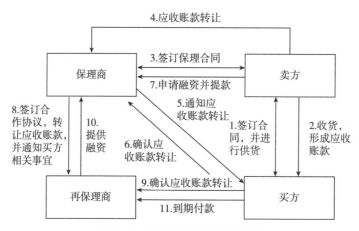

图 5-1　再保理业务模式示意图

5.5　银行保理

银行保理指卖方将其应收账款转让给银行，银行为卖方提供一系列的

综合性服务。这些服务包括但不限于贸易融资、销售分户账管理、应收账款催收以及信用风险控制等。从本质上来说，无论是商业保理还是银行保理，其核心都是保理业务，区别在于前者由保理公司操作，而后者则是由银行开展。

5.6 保理合同

保理合同指应收账款债权人将现有的或将有的应收账款转让给保理商，保理商提供资金融通、应收账款管理或催收、应收账款债务人付款担保等服务中的一项或多项的合同。《民法典》第七百六十二条规定："保理合同的内容一般包括业务类型、服务范围、服务期限、基础交易合同情况、应收账款信息、保理融资款或者服务报酬及其支付方式等条款。保理合同应当采用书面形式。"

5.6.1 债权人（转让人）

保理业务中的债权人（转让人）指因采用赊销方式提供商品、劳务、设施、租赁物等而有权请求债务人履行付款义务的人。债权人一般包括销售商品的卖方、提供服务或劳务方、租赁中的出租人、提供知识产权的权利人、出口退税请求权人等。

5.6.2 债务人

商业保理业务中的债务人指因采用赊销方式接受商品、劳务、设施、租赁物等而承担履行付款义务的人。债务人一般包括商品的买方、接受服务或劳务的一方、租赁中的承租人、知识产权使用人等。

5.6.3 保理商（受让人）

保理商（受让人）指在商业保理的业务中，接受债权人转让的应收账款，并为其提供贸易融资、销售分户账管理、应收账款催收、信用管理、坏账担保等其中一项或多项服务的企业或个体。

5.6.4　保理融资额度

保理融资额度指在额度有效期内任何时候，卖方可以就多笔应收账款向保理公司申请保理融资，但保理融资余额不得超过的数额。保理融资额度可以是循环额度、一次性额度或二者结合。

其中，一次性额度指在额度有效期内任何时候，保理公司向卖方提供保理融资的本金金额之和不得超过的额度。循环额度指在保理合同有效期内的任何时候，卖方可以向保理公司多次转让其对买方的应收账款，但保理公司已受让、买方未支付的各笔应收账款金额之和不得超过的额度。

5.6.5　保理融资余额

保理融资余额指保理公司已预付但未受偿的应收账款对应的保理融资本金金额之和。受偿包括买方支付应收账款、卖方因回购而退还或按合同约定主动偿还应收账款转让价款。保理融资余额也可以简单理解为保理公司已经借出去但还没有收回来的钱。这些钱是保理公司为了帮助企业提前获得货款而垫付的，当买方付款或者企业自己回购这些账款时，这些钱才算被收回。在这个过程中，保理融资余额就是保理公司暂时还没有收回来的垫付款总额。

5.6.6　保理期间

保理期间指保理商接受应收账款转让之日起至应收账款到期日加上卖方在支付承购款时逐笔审批确定的宽限期。通俗来讲，保理期间就是从保理商同意接收应收账款的那一天开始，一直到这笔账款原本应该还清的日期，再加上一段保理商认可的额外宽限时间，这段时间是保理商用来处理应收账款的期限，包括催收等操作。

5.7　应收账款

应收账款指保理公司已受让的，买方根据保理合同在应收账款到期日应向卖方支付的金额。卖方向保理公司转让的各笔应收账款金额以保理公司出具的应收账款转让申请保理审核意见（适用于受让）中所记载的金额为准。

其中，应收账款到期日指保理合同中所规定的最晚付款日。如果买方在同一保理合同项下的付款义务是分期履行的，则该保理合同项下的应收账款到期日应按各期应收账款的最晚付款日分别计算。

5.7.1 账期

账期指在货物或服务提供方与接收方之间，从货物或服务交付完成至接收方实际支付货款的时间间隔。账期在不同的行业和商业模式中有所差异，通常由双方在交易合同中明确约定。账期的设置旨在给接收方提供一定的资金周转空间，促进交易的顺利进行。然而，账期的存在也可能引发资金拖欠风险，尤其在零售行业中，小型零售商由于信用等级较低，通常被要求全款提货，而大型零售商则可能享有较长账期。为了扩大市场份额，一些供应商可能提供更具竞争力的账期条件，但这同时也提高了信用风险。在商业保理业务中，账期的管理和优化是核心环节，通过将应收账款转化为现金流，企业可以有效降低财务风险并提升资金使用效率。

5.7.2 应收账款转让

应收账款转让，指企业将其因销售商品或提供服务而产生的应收账款权益转让给保理商，以换取即时的现金流支持的一种融资方式。在这一过程中，保理商提供资金支持，以缓解企业因应收账款增加而导致的现金流压力。根据合同约定，保理商通常委托原应收账款持有人（即销售商）继续负责催收已转让的应收账款。如果在合同规定的期限内，销售商未能如期收回相关款项，那么其需无条件回购未能收回的应收账款部分。此种安排不仅提高了企业的资金运作效率，还在一定程度上转移了收款的风险。

5.7.3 应收账款承购款

应收账款承购款分为应收账款的基本承购款和追加承购款两部分。基本承购款指保理合同乙方因转让应收账款而于应收账款到期日前从合同甲方处获得的对价款，即转让价；追加承购款为甲方从进口保理商处收到应收账款回款或担保付款后，扣除已付基本承购款、承购费、保理费（若在支付基本承购款时尚未收取或尚未收足）等后，再向乙方支付的剩余款项。

5.7.4 应收账款反转让

应收账款反转让指甲方有权在保理合同所约定的特定情形下，向合同乙方再次转让（乙方有义务回购）协议项下已转让给保理商（甲方）的应收账款，包括应收账款本金及其产生的相应的承购费、逾期偿付违约金、保理费等一切费用。乙方支付完毕反转让款项后，与该应收账款有关的一切权利亦应同时转让回乙方。

5.8 池保理

池保理指供应商将其当前或未来产生的多笔应收账款持续转让给保理商，形成一个相对稳定的应收账款池的保理模式。保理商根据这个应收账款池的总余额以及事先约定的保理融资比例，向供应商提供相应的融资服务。这种模式通常适用于与买方有稳定供货关系的供应商，以及发货批次较多但单笔金额不大的企业，因为这种关系可以确保应收账款的持续流入。池保理的一个关键特征是，其融资期限不需要与个别应收账款的到期日精确匹配。这种灵活性使供应商能够更好地管理现金流。此外，池保理通常有追索权，这意味着如果买方未能支付到期账款，保理商可以向供应商追偿买方未偿付的款项。

5.9 出口保理业务

出口保理业务指出口商在货物装运后，将发票、汇票、提单等单据卖给保理商以获取资金的业务模式。该业务模式适用于非信用证结算的出口贸易，如赊销和承兑交单，在出口商无法获得信用证、需拓展市场或资金紧张时尤为适用。出口保理的特点包括简便的资金融通、风险规避、提前退税和降低管理成本。保理商为买方提供了信用担保，并负责应收账款的管理和催收。

5.10 进口保理业务

进口保理业务指银行在出口商的申请下，接受其转让的应收账款，为进口商提供信用担保及账务管理服务的一种金融服务模式。该模式允许进口商以赊销或承兑交单的方式进行进出口贸易，无须申请授信额度或提供抵押担保，进而节省了开立信用证的相关费用。同时，进口保理业务有助于出口商尽早回收货款，降低应收账款风险，促进贸易伙伴关系的稳定。

5.11 票据保理

票据保理指基础贸易中的供应商将其持有的对核心企业或其成员企业的应收账款转让给保理公司，保理公司为其进行融资后，由核心企业或其成员企业向保理公司开具发票以支付该笔应收账款。票据保理业务通常有先保理后附票、先附票后保理、纯票据保理三种业务模式。

先保理后附票指基础贸易中的债权人转让应收账款债权以获取保理融资，债务人向保理商支付票据，用于支付该笔应收账款。先附票后保理是指债务人已向债权人签发或转让票据，保理商与债权人签订保理合同，自债权人处受让已用票据支付的应收账款。该业务模式中，保理商为控制风险，一般要求债权人将已取得的票据背书给保理商。纯票据保理业务是指保理商只根据融资人提供的票据即向其提供保理融资，融资人不向保理商转让其与债务人之间的应收账款。

5.12 买方信用风险

买方信用风险指在商业交易过程中，买方在合同规定的催账期届满时，未能按照合同约定全额支付应付账款的风险。这种风险不包括因双方在合同执行过程中发生的商业纠纷所导致的非履约行为，而是买方因其自身财务状况不佳或其他原因导致的自身付款能力不足。买方信用风险在商业保理业务中尤为重要，为有效管理买方信用风险，保理商可以采取多种措施，包括但不限于对买方进行详细的信用调查、设定合理的信用额度以及在必要时要求买方提供额外的反担保物。

5.13 债务人信用风险

债务人信用风险指债务人由于自身财务状况和支付能力，拒绝付款、拖延付款或无力偿付合同债务，使应收账款债权不能完全或部分实现。以出口保理为例，债务人信用风险需按照出口保理信用额度核准通知书所确定的信用风险担保比例和条件，该类风险原则上由进口保理商承担，若进口保理商未承担，则由甲方承担。

5.14　共同买方

共同买方指在无追索权保理业务中，当买方发生信用风险时，通过提供担保、受让应收账款等手段，承担并化解买方信用风险的相关当事人。共同买方通常在保理交易中扮演着关键角色，旨在通过其信用背书或资产支持，增强交易的安全性和稳定性，确保供应商能够顺利实现资金回笼。共同买方的介入，能够有效分散保理商的风险敞口，有助于优化金融资源配置，提高市场主体的信用水平。此外，共同买方的引入也体现了风险管理的多元化和精细化，是现代保理业务中必不可少的重要环节。通过法律法规的规范和市场机制的完善，共同买方在我国商业保理行业的发展中将发挥愈加重要的作用。

5.15　保理付款

保理付款是保理业务中的一个重要环节，指在买方在支付困难时，保理公司依据事先签订的保理合同，在催账期届满后，向受让的卖方提供的一种财务保障措施。保理付款旨在缓解卖方的资金压力，确保其现金流的稳定性，从而维持其正常的生产经营活动。

保理付款体现了保理公司在促进企业资金流动、规避信用风险方面的重要作用。同时，这一机制的实施需要各方的协调与配合，以确保保理业务的顺利进行和各方权益的有效维护。

5.16　商务合同交易风险

商务合同交易风险指债务人与乙方就商务合同项下应收账款的合法性、有效性以及乙方是否承担商务合同等事项发生争议时因主张其他形式的抗辩或反索，致使进口保理商拒绝承担担保付款责任，并使甲方所受让的应收账款债权不能完全或部分实现的风险。此时，乙方对所转让的应收账款承担商务合同交易风险。

5.17　间接付款

间接付款指在保理业务中，债务人并未按照既定的保理合同直接向保理商进行付款，而是选择向债权人进行支付的情况。这种情形在保理业务中并不罕见，可能由多种原因导致。

首先，间接付款可能源于债务人对保理流程的不熟悉或对保理商的信任不足，其更倾向于选择向买方付款的方式。其次，债权人和债务人之间可能存在长期的商业合作关系，基于这种信任关系，债务人更愿意直接支付给债权人。为有效规避间接付款可能带来的风险，各方应在保理合同中明确规定付款路径，确保各方遵循合同要求。

5.18　催账期

催账期指当买方未在应收账款到期日前全额支付保理公司受让的应收账款时，保理公司或卖方向买方进行催收的期限。催账期届满日为非银行工作日的，应提前至前一银行工作日。

5.19　回购

回购指在特定条件下，卖方根据合同约定重新购回已售资产或债权的行为。在保理业务中，当发生回购情形时，保理公司有权将已受让但尚未受偿的应收账款部分或全部转回至原始卖方处。此时，卖方有义务无条件地受让该笔应收账款，并根据合同约定，及时向保理公司退还相应的融资本金，并支付相应的利息和其他可能产生的费用。这一过程要求卖方严格履行合同义务，确保资金快速到位，以维护保理公司的合法权益。

此外，卖方在签订保理合同时，应充分了解和接受关于回购条款的具体规定，确保在出现回购要求时能够迅速作出响应并履行相应的责任与义务。

在整个回购过程中，双方应本着诚实信用原则进行合作，确保信息透明、准确。保理公司则需严格按照法律法规和合同条款进行操作，以保障交易的合法性和合规性。同时，双方可以通过协商机制解决可能出现的争议，以避免产生不必要的法律纠纷。

融资租赁

6.1 融资租赁

融资租赁指出租人根据承租人对租赁物件的特定要求和对供货人的选择，出资向供货人购买租赁物件，并租给承租人使用。承租人则分期向出租人支付租金，在租赁期内租赁物件的所有权归属于出租人所有，承租人拥有租赁物件的使用权。在租期届满、租金支付完毕并且承租人根据融资租赁合同的规定履行完全部义务后，合同如果出现对租赁物的归属没有约定或者约定不明的情况，可以协议补充；不能达成补充协议的，按照合同有关条款或交易习惯确定；仍然不能确定的，租赁物件所有权归出租人所有。由于融资与融物相结合的特点，融资租赁公司可以回收、处理租赁物，因而对企业资信和担保的要求不会特别高，所以融资租赁业务非常适合中小企业。此外，融资租赁属于表外融资，不体现在企业财务报表的负债项目中，不影响企业的资信状况。

融资租赁的特征可以归纳为以下五个方面。

（1）租赁标的物由承租人决定，出租人出资购买并租赁给承租人使用，并且在租赁期间内只能租给一家企业使用。

（2）承租人负责检查验收制造商所提供的设备，对于设备的质量与技术条件，出租人不向承租人做出担保。

（3）出租人保留设备的所有权，承租人在租赁期间因支付租金而享有其使用权，并负责租赁期间设备的管理、维修和保养。

（4）租赁合同一经签订，租赁期间任何一方均无权单方面撤销合同。只有设备毁坏或被证明已丧失使用价值的情况下方能终止执行合同，无故毁约则要支付违约金。

（5）租期结束后，承租人一般对设备有留购、续租和退租三种选择权，若要留购，购买价格可由租赁双方协商确定。

6.1.1 出租人

出租人指因从事融资租赁业务的需要，购买租赁物并出租给承租人使用的主体，即融资租赁公司。融资租赁公司负责根据承租人的特定需求和其对租赁物件的要求，出资购买相应的设备或资产，并将其出租给承租人使用。在整个租赁期间，出租人保留租赁物件的所有权，而承租人获得使用权并按照合同约定的条件和期限支付租金。出租人作为专业的金融服务提供者，不仅负责租赁物件的购买与出租，还涉及租赁合同的制定、执行以及后续的租后管理等一系列服务，以确保融资租赁业务的顺利进行。

6.1.2 承租人

承租人指租赁物的实际使用人及租赁服务的直接接受方。在融资租赁交易中，承租人根据自身需求向出租人（通常是融资租赁公司）提出租赁申请，并经过双方协商达成一致后，承租人会获得租赁物的使用权，同时承担按照合同约定支付租金及其他相关费用的义务。承租人在租赁期间享有对租赁物的占有、使用和收益权，但需遵守合同中的各项条款和条件，确保租赁物的妥善保管和合理使用。

6.1.3 租赁物

租赁物指融资租赁合同的标的物，出租人于融资租赁合同生效后交付承租人使用的标的资产。融资租赁公司强调租赁物件不可或缺，严格坚持融资租赁交易所具有的融资与融物相结合的特征，不认可仅有资金空转的融资租赁合同。租赁物为融资租赁业务的基础，其权属、市场价值、权利外观等要素直接关系融资租赁合同的效力与租金债权的实现，对租赁物的选择一般有以下几点要求。

（1）租赁物必须为真实存在的物。

（2）租赁物应当依法可流通，非国家禁止或限制流通之物且其买卖和租赁不违反法律法规的规定。

（3）租赁物权属及所有权转让过程应当明晰，不存在权利瑕疵。若按照法律规定取得租赁物所有权需依法登记的，在操作融资租赁业务前，承租人必须已取得登记证书。不得接受已设置抵押和质押、权属存在争议、已被司法机关查封和扣押的财产或所有权存在其他瑕疵的财产作为租赁物。租赁物所有权与其他权能够分离，出租人享有所有权，承租人享有占有权、使用权和收益权，且承租人确实以占有、使用租赁物为目的。

（4）租赁物为可特定化的有形物、有体物，不接受无形资产作为租赁物。且若以此类物为租赁物，必须有能够将标的物特定化的证据。

（5）租赁物原则上为生产商品、提供劳务或经营管理而持有，且使用寿命超过一个会计年度的固定资产。

（6）租赁物以价值稳定、便于评估、便于处置为原则。可变现能力弱，难以转让或变价抵偿，不具有担保功能的标的物不能作为租赁物。

需要特别指出的是，下列标的物不得成为租赁物。

（1）公益性资产，包括公立学校、公立医院、公共文化设施、公园、公共广场、机关事业单位办公楼等。

（2）市政道路、非收费桥梁等基础设施。

（3）尚不具备清晰所有权的在建工程项目（包括未完工的不动产、构筑物）。

（4）地上或地下定着物，但产权清晰的不动产除外。

（5）高速公路收费权、著作权、商标权、专利权。

（6）无设备载体的软件。

（7）动物或植物等生物资产。

（8）不可重复使用，经使用即改变原有形态和性质的易耗物、消耗品。

租赁物原则上应购买第一受益人为融资租赁公司的财产保险，保单有效期应超过租赁期限3~6个月，保险金额不低于租赁本金金额。如因租赁物特点无法购买保险或需排除某些险种等的，业务经理应在评审报告中注明并经评审会审议通过。

此外，租赁物的权属应当合法、有效、清晰，并通过以下方法确认。

（1）租赁物为机器设备等动产时，业务经理应根据租赁物的权属取得文件，同时结合发票、付款凭证、物流凭证、验收及签收单据、企业固定资产清单等其他权属证明文件综合验证确认。

（2）租赁物为交通工具等动产时，业务经理应根据租赁物的权属取得文件、所有权登记证书以及车辆管理所查档文件，同时结合发票、付款凭证等其他权属证明文件综合验证确认。

（3）租赁物为不动产时，业务经理应根据租赁物的权属取得文件、不动产所有权登记证书以及不动产登记中心查档文件，同时结合发票、付款凭证等其他权属证明文件综合验证确认。

原则上，租赁物的权属证明文件的原件应当由出租人保管，若出租人仅保留复印件的，应当经评审会审议通过。

租赁物的所有权归属于融资租赁公司，由承租人实际占有并使用，为保障融资租赁公司作为所有权人的权利，租赁物应满足以下管理要求。租赁物原则上应放置融资租赁公司铭牌，铭牌内容必须包括融资租赁公司名称和租赁物的权属情况，确有需要还可包括租赁物型号、规格等要素。根据业务模式，确定合格租赁物并对租赁物的所有权状况（包括权属情况以及是否存在抵押、质押、查封、扣押等情况）、租赁物的通用性、租赁物对承租人生产经营的重要性以及变现能力进行详细阐述；明确租赁物放置地点、租赁物权属证明文件、购买保险情况等。

同时，规范融资租赁交易行为和保障交易安全，需要创设、完善相应的融资租赁交易配套机制。例如，针对租赁物因所有权和使用权分离所造成的风险，建议在融资租赁交易较为活跃的省市和地区，设立租赁物登记制度，保障出租人对租赁物的权利。第三人也可通过查阅登记信息知晓租赁物的实际权利状况，降低涉及租赁物的交易风险。针对租赁物回收，急须建立公允、高效的租赁物残值评估机制，并培育建立二次租赁市场，从而有效解决当事人对租赁物残值的争议以及实现租赁物回收后的再次利用。

6.1.4 购买价款

购买价款指出租人（即融资租赁公司）为了取得租赁物的所有权，根据与出卖人签订的买卖合同所支付的对价金额。这笔款项是出租人获取租赁物进而将其出租给承租人使用的必要成本，也是融资租赁交易中不可或缺的一环。购买价款的支付标志着租赁物所有权的转移，为后续的融资租赁业务奠定了基础。

6.1.5　留购价款

留购价款指在融资租赁合同的明确约定下，当租赁期限届满之时，承租人为获取租赁物的所有权，向出租人（即融资租赁公司）支付的一笔额外对价。这笔款项通常作为租赁物最终所有权转移的条件之一，体现了承租人对租赁物价值的认可及购买意愿。留购价款的设定和支付，是融资租赁合同中关于租赁物归属权转移的重要安排，确保了合同双方在租赁期结束后的权益得到保障。

6.1.6　租赁期限

融资租赁期限一般为 1~5 年，优质的承租人可以放宽至 5 年以上。租赁期限直接影响到整个还款周期和结构设计。租赁期限一般按照月份或年份计算，同时，放款当日一般都会被设定为起租日，按照年度有效贷款天数计算。一般来说，出租人会保留单方对租金支付日调整的权利，以便在融资租赁项目发生风险的时候及时把控项目还款和催收节奏。在草拟租赁期限条款时，建议将其结合租金和租金支付条款等予以设计和细化。起租日应避免设定在银行非营业日，如果是跨境租赁的话，还要考虑跨境行营业日情况。现在融资租赁产品创新加速，为了满足客户资金需求节点要求，出租人可以为承租人设计宽限期模式，即融资租赁项目的时间期限可以分为宽限期和租赁期，在宽限期内，租赁物尚未形成，因此达到起租条件，待租赁物整体形成后，宽限期结束，进入到租赁期，建议在设定宽限期和租赁期时注意租金计算方式。针对出租人的及时提醒承租人支付租金的义务，建议设定租金支付提示函，便于承租人按时支付租金，避免出现逾期的情况。

6.2　融资租赁公司

根据控股股东资本类型的不同，融资租赁公司可分为三种类型。

（一）银行系金融租赁公司

此类公司通常由银行或银行附属的非银行金融机构控股。依托银行的资金实力、低成本融资优势、广泛的客户群体和完善的信用信息系统，银行系金融租赁公司在租赁市场中占有重要地位。

（二）厂商系融资租赁公司

这类公司由设备制造厂商或商家投资设立，主要目的是促进产品销售以及提供租赁服务。它们拥有专业的设备维护、再制造和资产处置能力，能为客户提供灵活的租赁方案和优质的售后服务，能够满足多样化的市场需求。厂商系融资租赁公司延伸了制造企业的服务链条，促进了设备销售和货款回流。

（三）独立机构类融资租赁公司

这类融资租赁公司的股东背景多样，包括大型外贸、物流、综合性企业集团、专业投资机构等，或由多家金融机构、制造厂商共同投资设立。它们具有广泛的客户群体、资金的长期来源优势以及明确的行业定位。独立机构类融资租赁公司凭借其专业的金融背景，能够细分市场上提供的可靠的综合性租赁服务。

6.3　保证金

保证金是一种风险管理工具，也是一种调整资金成本的手段。保证金本质上是一笔有保证的存款，保证金一旦交给出租人，通常不会计算利息，往往用于抵消承租人最后一期的租金支付。保证金在每一笔融资租赁交易中并不都是必须的，在不同类型的融资租赁公司中，保证金的作用也可能有所差异，常见的作用有以下几点。

（一）确保按时支付租金

在一些租赁频率较高的交易中，如厂房租赁，承租人可能会偶尔延迟支付租金。在这种情况下，出租人可以从承租人预先支付的保证金中扣除相应金额，以确保租金能够按时支付。

（二）调整表面利率

对于那些信用等级较高的承租人，他们可能出于特定的原因，希望降低融资租赁表面利率，有时甚至低于出租人的资金成本。为了实现这一目的，承租人可能同意在租赁开始前向出租人支付一定比例的保证金，而出租人则可能愿意接受这种安排，以换取较低的名义利率。

（三）提供灵活性

出租人和承租人可以根据各自的需求和信用状况，协商确定保证金的支付方式和使用方式。这种做法有助于双方在融资租赁交易中达到各自的财务目标。

6.4 首付款

首付款是融资租赁交易中的一种常见款项，尤其在厂商系融资租赁公司中普遍使用，而独立融资租赁公司较少采用。首付款作为一种风险管理工具，可以帮助租赁公司保护自身免受承租人违约或退货带来的负面影响，同时也为承租人提供了一种额外激励。首付款的主要目的和作用包括以下几点。

（一）降低退货风险

首付款能够有效防止承租人退回租赁物，因为一旦商品离开销售点，其价值就会下降。例如，一辆新车一旦上牌，即使未被使用，其转售价值通常不会超过原价的85%。因此，厂商租赁公司可能会要求承租人支付高达20%甚至30%的首付款，这样即使发生退货，也能减少租赁公司的经济损失。

（二）提高违约成本

首付款的缴纳可以提高承租人违约的成本，从而起到防止承租人违约的作用，降低承租人因道德败坏而故意违反租赁合同的可能性。

（三）维护租金与资产价值的平衡

首付款有助于确保租金余额始终低于租赁物件的变现价值，这样可以减少租赁公司面临的大面积、系统性风险。当租赁物件的市值高于未付租金时，租赁公司在财务上更为安全，因为租赁物件的剩余价值可以作为额外的保障。

6.5 风险池

风险池是一种金融机制，旨在预防和应对不可预见的金融风险。在融资租赁业务中，常见以下三种风险池。

（一）短贷长用型风险池

这种类型的风险池是出租人为了自身资金安全而设立的一种风险管理工具，主要目的是防止资金链断裂。长期资金的筹措过程复杂、成本较高（包括利息、杂费、承诺费等），相比之下，短期资金的筹措手续更简便、成本较低，且没有承诺费。融资租赁公司倾向于大量使用短期资金，因为融资租赁项目通常持续 3 年、5 年或更长时间。尽管短贷长用对一般企业来说是风险较高的做法，但对于融资租赁公司而言，这是其业务模式的一部分。

（二）保证金型风险池

这种类型的风险池由承租人为自己设立，用于应对可能出现的金融风险。

（三）风险共担型风险池

在厂商租赁模式中，经销商和制造商的租金收入通常是按月到账的。为了防范租金拖欠，这些收入会被暂时存放在风险池中，直到项目结束时再进行统一结算。融资租赁风险池的设置有助于相关方在面对市场波动或其他不可预见事件时，能够迅速采取行动，减少潜在的财务损失，确保业务稳定运行。

6.6　回购

在融资租赁交易中，如果交易的目的是推广制造商的产品，制造商出具的回购承诺函可以作为一种担保机制。回购承诺函包含两个关键含义：当融资租赁合同中的承租人未能按时支付租金时，制造商将代为偿还租金；在代为支付租金的同时，制造商将收回租赁设备，并在内部将其作为退货处理。

然而，并非所有设备都适合使用回购承诺函来替代传统反担保。适合采用回购承诺的设备通常应满足以下条件：技术更新换代的速度较慢，且设备的物理折旧期限较长，意味着设备在较长时间内能够保持其价值和功能。

在回购承诺函中，制造商往往会设定一些回购条件，例如要求设备必须处于完好无损的状态。作为服务中介的融资租赁公司，其应考虑如何转移或降低设备损坏的风险，通常可以采取以下措施。

（一）保险

通过投保财产险，融资租赁公司可将设备损坏的风险转移给保险公司。

（二）确认设备完好的评定标准

为避免未来的争议，融资租赁公司应事先与制造商协商以确定设备完好的评定标准，确保这些标准是科学合理且可操作的。如果评定标准过于模糊，没有科学依据，且不具可操作性，公司则不应接受回购承诺函。

（三）动态监督

在租赁期间，融资租赁公司应定期对设备的使用状况进行监督和检查。一旦发现设备有损坏迹象，公司应立即要求承租人进行修复，或按照合同规定通知制造商进行维修。

6.7 残值

残值指在租赁协议到期时租赁资产的预计价值，它是租赁协议中的一项预估条款。在租赁交易中，残值是预测的，并且通常作为租赁开始时的一个预估值。这个预估值有助于确定租金支付的金额以及租赁结束时承租人购买资产的价格。

在实际操作中，残值的预估需要考虑多种因素，包括资产的类型、预计使用年限、技术陈旧的程度、维护状况以及市场需求等。租赁协议中对残值的准确预估对于租赁双方来说都非常重要，因为它直接关系到租金的计算和租赁结束时的资产处理。

为了管理残值预估的不确定性，融资租赁公司可采取以下措施。

（1）要求承租人提供一定比例的残值保证金，以覆盖租赁结束时资产价值低于预估残值的风险。

（2）通过定期的资产评估和市场分析，调整残值预估，以更准确地反映资产的实际价值。

（3）在租赁协议中设置灵活的条款，允许在租赁期结束时根据资产的实际状况调整残值。

残值的有效管理对于确保租赁交易的公平性和可持续性至关重要，它有助于保护租赁双方的利益，并为租赁市场的健康发展提供支持。

6.8　资产余值

资产余值指在租赁开始时预估的，在租赁期满时租赁资产的公允市场价值。简而言之，它反映了出租人预计在租赁协议结束时，租赁资产在二手市场上能够卖出的价格。例如在某互联网平台上，一台价值 32 万元的平板喷绘机，承租人租用两年后，出租人能在该互联网平台以 6 万元售出。这 6 万元就是该喷绘机的余值。

6.9　担保余值

担保余值是融资租赁交易中用于确保租赁期末资产价值的一种财务安排，如图 6-1 所示。某些租赁合同会要求承租人或与其有关联的第三方（例如母公司、子公司、联营企业、合营企业等）为租赁资产的余值提供一定金额的担保。

例如，如果租赁合同规定承租人或其关联方需要为租赁资产的余值提供 5 万元的担保，这意味着如果租赁期末租赁资产的出售价格未能达到 5 万元，承租人或关联方需补足差额。这 5 万元是担保余值，而超出担保部分的 1 万元（如果最终售价为 6 万元）则是未担保余值。

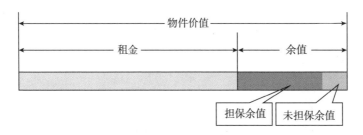

图 6-1　担保余值示意图

6.10　还租方式

融资租赁的还租方式通常包括三种主要类型：等额年金支付方式、等额本金支付方式和折现冲抵本金方式。每种还租方式都有其独特的租金计算方法，适用于不同的融资租赁业务场景。在进行租金计算前，融资租赁公司必须明确租赁本金、租赁期限、还租方式和租赁利率。

（一）等额年金支付方式

在租赁期限内，承租人每期偿还相同金额的租金。每期租金包含本金和利息。通过将每期租金按照规定的利率折现到租赁开始日，所有期的现值总和应等于租赁本金。等额年金支付方式下，每期租金固定，本金部分逐渐增加，利息部分逐渐减少，便于承租人规划财务预算，因此该方式容易受到一些承租人的偏好。如图 6-2 所示。

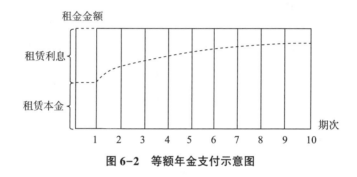

图 6-2 等额年金支付示意图

（二）等额本金支付方式

在租赁期限内，承租人每期偿还相同金额的本金，而利息则是根据每期初的本金余额计算，随着本金的偿还，利息逐渐减少，每期的租金总额也逐渐减少。这种支付方式直观易懂，被多数承租人所接受，也是许多融资租赁公司常用的还租方式。如图 6-3 所示。

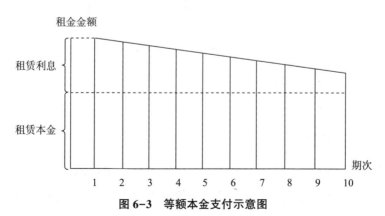

图 6-3 等额本金支付示意图

（三）折现冲抵本金方式

在某些项目融资租赁或灵活还租方式中，可能采用租金折现，冲减本金的方法，即租金在租赁期限内对本金的冲抵额逐渐减少，租金对本金的冲减通常采用日复利方式计算。

在实际操作中，选择哪种还租方式取决于承租人的财务状况、现金流预测和租赁双方的协商结果。等额年金支付方式由于其预算的便利性，在小型交易中尤为常见。等额本金支付方式则因其直观性而广受欢迎。折现冲抵本金方式则适用于需要更灵活还租安排的融资租赁项目。

6.11 租赁利率

租赁利率是在融资租赁业务中，出租人向承租人计收租金时所采用的利率。这个利率用来计算承租人在整个租赁期间应支付的利息总额，它直接关系到租金的构成，即承租人除了需要偿还本金外，还需支付基于租赁利率计算的利息。租赁利率通常在租赁合同中被明确规定，并可能受到多种因素的影响，包括但不限于市场利率水平、租赁物件的价值、租赁期限、承租人的信用状况以及出租人的资金成本等。租赁利率的设定对承租人的财务水平和出租人的收益都有重要影响。

6.12 手续费

手续费是承租人在融资租赁交易中支付给出租人的费用，主要用于补偿出租人在交易过程中产生的营业费用。手续费通常分为租赁手续费和贸易手续费。租赁手续费是承租人为了补偿出租人在租赁交易中的服务成本而支付的费用，如评估、文件准备、资产管理和监督等；贸易手续费则是为了补偿租赁物件的采购或贸易活动产生的额外费用。

手续费的收取方式灵活，可以根据双方当事人之间的协商确定。常见的做法是按照租赁合同金额的一定比例来收取手续费。然而，具体的费率、收费方式以及是否收取手续费，都取决于租赁双方的协议和市场惯例。在某些情况下，为了吸引客户或基于其他商业考虑，出租人可能选择只收取一种手续费，或者完全不收取手续费。

6.13　损失赔偿金

损失赔偿金是融资租赁合同中的一项重要条款，它涉及租赁物件在租赁期间发生毁损、丢失或灭失时，承租人应对出租人进行的经济补偿。承租人可以选择继续按期支付租金，直至合同结束，或选择向出租人支付损失赔偿金，以提前终止合同。损失赔偿金的具体金额和计算方式通常在融资租赁合同中被明确约定，并可采取以下几种模式进行支付。

（1）全部偿还式：承租人需归还全部租金，包括租金预算表上的所有本金和预期利息。这种方式对出租人较为有利，因为它确保了出租人能收回所有预期的租金收入，但对承租人而言，负担较重。目前已较少使用这种模式。

（2）提前还款式：承租人需归还全部本金余额及当期利息。这种方式实质上等同于提前还款，对出租人可能不利，因为它打乱了出租人的资金计划，可能导致资金短期内闲置，给出租人带来一定的损失。

（3）损失赔偿式：这是目前较为普遍采用的方式。承租人需归还全部本金余额及当期利息，并额外支付半年期的利息作为赔偿。这种方式在一定程度上对承租人的违约行为进行了惩罚，同时确保了出租人能获得合理的补偿，减少了其因合同提前终止而造成的资金损失。

在实际操作中，损失赔偿金的确定应考虑租赁物件的实际损失、双方的合同约定以及市场行情等因素。合理的损失赔偿金条款可以平衡出租人和承租人的利益，确保融资租赁交易的公平性和可持续性。

6.14　最低租赁付款额

最低租赁付款额指在整个租赁业务期间，承租人依据租赁合同的约定必须支付或可能被要求支付的所有款项，这通常不包括或有租金和履约成本。此外，如果承租人或与其有关联的第三方为租赁资产的余值提供了担保，这部分被担保的资产余值也应计入最低租赁付款额。在某些情况下，如果承租人拥有购买租赁资产的选择权，并且购买价格预计会显著低于行使该选择权时资产的公允市场价值时，那么承租人在租赁开始时就将行使这一选择权。

6.15 最低租赁收款额

最低租赁收款额指出租人在租赁期内，从承租人处可收取的最低金额，这一金额一般包括两部分：一是承租人根据租赁合同规定应支付的全部最低租赁付款额；二是独立于承租人和出租人的第三方对出租人担保的、在租赁期满时承租人可能未支付或未完全支付的资产余值。

6.16 履约成本

履约成本指在租赁期内，承租人为了使用租赁资产而需要支付的各种直接相关费用。这些费用包括但不限于技术咨询和服务费、人员培训费、日常维护与修理费、保险费以及其他为确保租赁资产正常运营和符合使用要求而发生的直接支出。需要注意的是，履约成本通常不包括因承租人自身运营需要而产生的间接费用或固定成本。

6.17 融资租赁业务融资比例

融资租赁业务融资比例＝授信金额/转让给融资租赁公司的租赁物价值，授信金额要综合考虑租赁物价值、折旧及资产减值损失等因素，原则上融资租赁的融资比例不超过90%，具体项目融资租赁融资比例由评审会决定。

6.18 融资租赁业务流程

不同类型融资租赁公司的基本运营流程，既有共性，又有各自的特点。共性可以分为三个阶段：项目选择、项目评估、签约执行。各自的特点则和交易的特点密切相关。

（一）独立融资租赁公司的运营流程

这一类租赁公司的项目选择以其预先制定的战略规划为依据。战略规划中应确定公司支持的客户的性质，例如是高端还是低端、中小企业还是大型国有企业等；此外，还应规定行业性质，例如主要支持基础设施建设、支持医疗事业、支持教育等；如果有充分的理由，还可以对地区做出限制，例如珠三角地区、长三角地区、环渤海地区、东北地区等。根据战略规划，在市场调查的基础上选定项目或者承租人。对某些重要的承租人或者大型项目，可能需要签订合作意向书、保密协议书、谅解备忘录、合作协议等文件。进入融资租赁交易阶段，基本运营流程如图6-4所示。

（1）客户申请。由选定项目的代表或者选定承租人，按规定的格式提出申请。

（2）三级评审。营业部对项目的评审为一级评审；管理部的评审为二级评审；总经理委员会的评审为三级评审。三级评审通过，表示公司已批准该项目（一定限额以上的大项目，可能还需要董事会批准）。

（3）客户宣传。公司向企业承租人的关键部门和关键人士进行有关融资租赁基本知识的宣讲，解释融资租赁合同的主要条款，回答其提出的问题。

（4）准备合同和文件。利用公司的标准合同文本，根据具体的租赁条件对其进行调整。

（5）协商和签订合同。公司提出的标准合同文本不属于格式合同范畴的，承租人可以对其中的条款提出疑问或意见，双方协商。在协商一致的基础上，双方签订融资租赁合同。

（6）购买设备。公司按承租人的意愿，与供货人签订购买合同。只有在

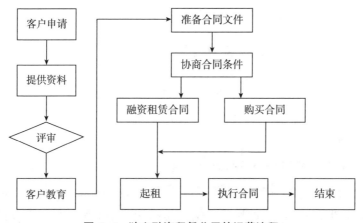

图6-4　独立融资租赁公司的运营流程

签订了融资租赁合同以后，承租人才有可能履行购买合同付款义务。

（7）执行合同。按融资租赁合同回收租金。

（8）结束合同。承租人还完全部租金，付清残值后，办理物件的所有权转移。

（二）项目租赁公司的运营流程

项目租赁公司是在投资人的支持下设立的，项目租赁公司的运营流程大致分为：前期工作，签订融资租赁主协议；执行融资租赁主协议，签订一系列分合同；项目租赁公司和项目公司之间签订合作协议书，明确双方的权利、义务，在此基础上正式启动项目融资租赁。如图6-5所示。

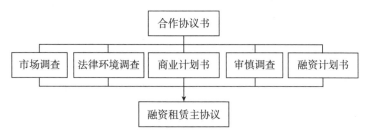

图6-5　项目融资租赁的运营流程

6.19　融资租赁债权

融资租赁合同是一种特殊的债权债务关系，其中，融资租赁公司扮演债权人的角色，而承租人则是债务人。承租人根据合同条款应支付的租金（包括本金和利息）构成了对融资租赁公司的债务，相应地，这些应收租金对融资租赁公司而言则形成了债权。融资租赁公司对所有承租人所持有的债权总和，被称为融资租赁债权，在行业内部通常简称为"租赁债权"。融资租赁债权是一种资产，它在资产负债表的左侧进行反映。

融资租赁债权的表示方式通常有两种。（1）已经起租的融资租赁债权，指的是融资租赁合同已经开始执行，承租人需按合同规定归还租金（本金及利息）的预估总额。随着承租人逐步偿还租金，融资租赁债权的余额会相应递减。起租前的融资租赁债权。在这个阶段，出租人可能已经开始为融资租赁合同项下的费用付款，但合同尚未正式起租。在这种情况下，融资租赁债权被称为起租前的融资租赁债权。

（2）基于已签订融资租赁合同的总价的融资租赁债权。这种方式首先将融资租赁合同金额作为成本的预估，然后在实际购买资产并签订购买合同后，根据实际购买金额进行最终的成本计算。

融资租赁债权的管理对融资租赁公司至关重要，它不仅反映了公司的资产状况，也是公司财务健康和盈利能力的重要指标。有效的债权管理有助于融资租赁公司优化资产结构，降低信用风险，并确保资金流的稳定性。

6.20　择一行使

如果出租人在诉讼请求中，既要求承租人支付全部租金，又要求收回租赁物，那么这类诉讼请求不会得到人民法院支持。因为支付全部租金的诉讼请求实际上是要求继续履行合同，只不过是要求租金加速到期；而收回租赁物的诉讼请求实际上是要求解除合同，故这两项请求在本质上是相矛盾的。因此，出租人只能择一行使。

6.21　直接租赁

直接租赁是融资租赁公司购买由承租人选定的租赁物，承租人实际取得租赁物的使用权与收益权，并按约定承担分期支付租金的义务在如期支付所有租金与留购价款后，承租人取得租赁物所有权的租赁业务模式。直接租赁模式下，租赁物价值按租赁物买卖合同中确定的交易价格认定，但原则上该价格不得过分高于同类型租赁物的市场价格。选择直接租赁模式，需对出卖人资质及其提供合格租赁物的能力、承租人资信情况及其还款来源等要素进行详细说明。选择直接租赁模式，承租人必须将租赁物购买价款直接支付给出卖人。

直接租赁是一切融资租赁交易的基础，只有出租人、承租人和供货人三方参与，由融资租赁合同和供货合同构成。除具备融资租赁的特点外，直接租赁还必须满足以下两个附加条件。（1）出租人向承租人收取的租金确有保证且可合理地预计。（2）不存在影响出租人成本补偿的重大不确定因素。此项不确定因素包括出租人向承租人承诺为租赁资产提供广泛的服务，或排除租赁资产过时或陈旧的保证等。租赁开始日，这种租赁所涉及的租赁资产账面价值等于其公允价值。直接租赁适用于固定资产、大型设备购置及企业技术改造和设备升级。

直接租赁操作流程如下：（1）承租人选择供货商和租赁物件；（2）承租人向融资租赁公司提出融资租赁业务申请；（3）融资租赁公司和承租人与供货厂商进行技术、商务谈判；（4）融资租赁公司和承租人签订融资租赁合同；（5）融资租赁公司与供货商签订买卖合同，购买租赁物；（6）融资租赁公司用资本市场上筹集的资金作为贷款支付给供货厂商；（7）供货商向承租人交付租赁物；（8）承租人按期支付租金；（9）租赁期满，根据合同约定确定租赁物的所有权归属。

6.22　售后回租

售后回租是一种融资租赁形式，其核心在于承租人将其已拥有的物件（通常为机器设备、车辆等动产）出售给出租人（多为融资租赁公司或具有融资租赁资质的担保机构），并立即与出租人签订融资租赁合同，将同一物件从出租人处租回继续使用。这一过程中，承租人与供货人的身份合二为一，形成了承租人和出卖人为同一人的特殊融资租赁模式。

在售后回租业务中，承租人通过出售自有资产获得即时资金回笼，同时保留了资产的使用权，并通过支付租金的方式逐步偿还融资本金及利息。租赁期满后，若承租人如约支付了所有租金及留购价款，则有权重新获得租赁物的所有权。这种业务模式不仅解决了承租人短期内的资金需求，还优化了其资产结构和财务状况。

售后回租的特点显著。首先，它要求租赁物的真实存在与合法性，出租人会严格审查租赁物的权属证明文件以确保交易的合法性。其次，回租行为并不改变租赁物的实际占有和使用状态，承租人可继续在原址使用租赁物进行生产经营。最后，售后回租的主要目的在于解决承租人的资金流动性问题，通过资产变现获取运营资金。

与抵押贷款相比，售后回租在法律关系上有所不同，主要在于租赁物所有权的归属。在售后回租中，租赁物的所有权在租赁物出售时即转移至出租人名下，而在抵押贷款中，抵押物的所有权始终属于债务人。此外，售后回租在本质上是资金融通的一种方式，它与其他融资方式如直接融资租赁相比，更侧重于现有资产的盘活与利用。

实施售后回租需特别注意以下几点：一是确保租赁物的真实性与合法性；二是合理确定租赁物的售价，通常需考虑设备原值、现值、成新率及市场公允价值等因素；三是避免选择受海关监管的减免税物件作为租赁物；四是要认识到售后回租的物件不一定需要直接创造经济效益，但其价值应能通过折旧等方式在财务报表中体现。

售后回租的参与方相对简单，主要包括出租人和承租人。通过售后回租，企业可以快速将现有资产变现，改善资金流状况，提升银行信用等级，为企业的后续发展或新投资项目提供有力的资金支持。在国内，售后回租已成为融资租赁业务的主要形式之一，占据了较大的市场份额，其操作流程清晰、灵活，为企业提供了多样化的融资选择。

6.23 转 租 赁

转租赁指其他担保机构通过直接租赁或售后回租模式与承租人开展融资租赁业务后，再以售后回租的形式将租赁物转让给担保机构或将融资租赁合同项下的全部权利、义务转让给担保机构的模式。在这种模式下，租赁公司实际上并不直接提供资金融通，而是充当中介的角色。第一出租人与第一承租人之间，以及第二出租人与最终承租人之间分别签订租赁合同，形成独立的租赁关系，并各自行使出租人和承租人的权利与履行相应的义务。

转租赁通常在以下几种情况中出现：一是当转租人拥有客户资源而原始出租人拥有资金时，转租人可以通过原始出租人实现融资，而原始出租人则通过为转租人提供资金来参与融资租赁，以此扩大市场。二是大型出租人为了实现国际化战略目标和拓展海外市场，可能会在海外设立子公司。在这种情况下，母公司作为原始出租人为海外子公司提供融资支持，子公司则作为转租人在所在国开展租赁业务。三是当原始出租人认为其客户的信用等级较低时，为了控制投资风险，其可能会寻找信用等级较高的公司作为转租人参与租赁交易，转租人作为原始出租人的直接债务人，起到担保人的作用。四是那些拥有资金或资源优势但不具备租赁技能或租赁许可的企业，可以通过专业的转租赁人进行融资租赁交易。

6.24　杠杆租赁

杠杆租赁也被称为平衡租赁或减租租赁，是一种涉及出租人、承租人和贷款人三方的融资租赁模式。该模式下，出租人（融资租赁公司或商业银行）出资一部分，通常为资产购买成本的 20%~40%，剩余的 60%~80% 则由贷款人提供。出租人拥有资产的法定所有权，并将资产交由承租人使用，承租人则定期支付租金。

杠杆租赁的特点是出租人可以通过较小的资本投入，利用财务杠杆效应，获得较大的资产使用权和收益。出租人既是资产的购买者，也是借款者，需要收取租金以偿还贷款和利息。由于租赁收益通常高于借款成本，因此，出租人可以通过这种方式获得财务杠杆利益。

在杠杆租赁中，出租人将设备的所有权、租赁合同和收取租金的权利作为担保，抵押给提供贷款的银行，租金由承租人支付，银行按约定比例扣除用于偿还贷款和利息的部分后，剩余部分交给出租人。

6.25　委托租赁

委托租赁指出租人接受委托人的租赁物，根据委托人的要求向承租人办理的融资租赁业务。在租赁期内，租赁物的所有权仍然归委托人所有，而出租人则负责管理和运营租赁业务，并收取一定的佣金或手续费。出租人不承担租赁物的任何风险，这些风险由委托人承担。

当委托人缺乏出租资格或对租赁业务不熟悉时，或当委托人和承租人位于不同的地区或国家，委托人无法亲自管理租赁物时，常采用委托租赁模式。

委托租赁具有资产管理的功能，可以帮助企业更有效地利用闲置设备，提高资产利用率。它通常有两种操作模式。一种是设备所有者委托非银行金融机构进行融资租赁，其中第一出租人是委托人，第二出租人是受托人。这种模式允许没有租赁经营权的企业通过"借权"参与租赁业务。另一种是出租人委托承租人或第三方购买租赁物，然后根据合同支付货款，这种模式也被称为委托购买融资租赁。

委托租赁的优点包括：可以实现公司或关联方资金注入方式的多样化；可以使企业享受加速折旧的好处，从而调节税前利润和所得税支出；可以使资金使用方和资金委托方的关系更加清晰，便于明确双方的权利和义务。

委托租赁的操作流程一般包括以下步骤，如图 6-6 所示：首先，租赁公司作为受托人，与委托人签订委托租赁资金协议，并接收委托资金；其次，租赁公司与委托人指定的承租人签订委托融资租赁合同；再次，承租人根据合同约定向租赁公司支付租金，租赁公司向承租人开具租赁费发票；最后，租赁公司根据委托租赁资金协议的约定，从租金收入中扣除手续费和代扣代缴的营业税后，将剩余租金返还给委托人，委托人向租赁公司提供符合税务要求的正式资金往来发票。

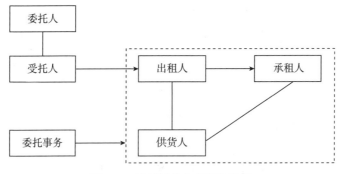

图 6-6　委托融资租赁操作流程

6.26　销售商租赁

销售商租赁指销售商提供的租赁服务。销售商提供的租赁服务具有以下几个显著特点。

（一）资金来源稳定

销售商租赁背后通常有强大的资金提供者支持，如银行、基金等金融机构。这些资金提供者的主要动机是利用销售商租赁渠道为他们的资本寻找投资机会，从而实现资金的有效运用。

（二）独立运营

销售商租赁公司与设备制造商之间通常没有直接的关联，它们是相互独立的法人实体。这种独立性使销售商租赁公司能够客观地选择合作的制造商和产品。

（三）支持制造商销售

销售商租赁公司通过融资租赁的方式，支持一个或多个设备制造商销售其产品。它们会从制造商的产品目录中筛选出适合融资租赁的产品，然后从潜在的客户群体中挑选出合适的承租人，以促进产品的销售和市场的拓展。

销售商租赁的交易关系一般为以下流程：首先，资金提供者（如银行或基金）为销售商租赁公司提供资金；其次，销售商租赁公司从设备制造商处选择适合融资租赁的产品；最后，销售商租赁公司将选定的产品通过融资租赁的方式提供给最终的承租人。如图6-7所示。这种模式不仅为制造商提供了销售渠道，也为承租人提供了灵活的资金解决方案，同时为资金提供者创造了投资回报的机会。销售商租赁是连接资金、产品和市场的桥梁，对促进设备销售和提高金融市场的活跃度具有重要作用。

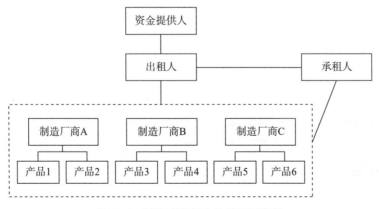

图6-7　销售商租赁交易关系示意图

6.27 经营性租赁

经营性租赁是一种租赁模式，它在计算租金时通常会保留超过 10% 的余值，以便在租期结束时给予承租人更多的选择权。这些选择权包括续租、退还租赁物或留购。与融资租赁不同，在经营性租赁业务中，出租人可以选择提供或不提供租赁物的维修保养服务。在会计处理上，出租人负责对租赁物件计提折旧。

经营性租赁为承租人提供了灵活性，允许他们在租期结束时根据市场条件和自身需求做出最佳选择。同时，这种租赁方式也减轻了承租人的资产负担，使他们能够更有效地管理现金流和资产负债表。对于出租人而言，经营性租赁是一种风险相对较低的租赁方式，因为他们保留了租赁物件的所有权，并在租赁期满后对租赁物件的余值进行管理。

6.28 跨境租赁

跨境租赁指在国际租赁公司参与的情况下，允许国内承租人间接从国外租赁设备。在我国，直接从国外租赁设备通常需要通过特定的国际租赁公司，国内承租人不能直接进行此类交易。目前，我国跨境租赁的物件主要为飞机，其他物件的跨境租赁相对较少。对于飞机这类特殊资产的跨境租赁，航空公司必须向国家主管部门提出申请，并在获得批准后才能进行。

以飞机租赁为例，这种租赁可以采取融资租赁或经营租赁两种会计处理方式。如果采用融资租赁方式，国内的承租人需要缴纳进口关税和进口增值税，考虑到其涉及金额通常较大，这些税费一般会采取分期缴纳的方式；而如果采用经营租赁方式，国内的承租人则需要代扣预提所得税。

在跨境租赁中，外商投资租赁公司扮演着连接境外出租人和境内承租人的桥梁角色。对于境外出租人来说，境内的外商投资租赁公司是承租人；对于境内承租人而言，外商投资租赁公司则是出租人。跨境租赁通常以委托租赁的形式出现，中间的租赁公司实际上不承担资产风险，而是通过提供租赁服务来收取手续费。

在跨境租赁的税务处理中，完税价格通常基于跨境租赁合同中规定的租金。虽然外商投资租赁公司作为交易的中间方负责完税，但实际的税务通常由承租人承担。这种租赁方式为航空公司和其他需要大型设备的企业提供了灵活的融资渠道，同时也为租赁公司拓展了业务范围，提高了租赁公司的市场竞争力。

6.29 出口租赁

出口租赁作为跨境租赁的一个重要分支，涉及的交易结构与进口租赁有所不同。在出口租赁交易中，出租人和供货商位于国内，而承租人则位于境外。这种租赁方式可以进一步细分为融资租赁和经营租赁两种形式，每种形式在海关和税务处理上都有特定的规定。

如图 6-8 所示，在融资租赁模式下，物件出口的发货人是出租人。如果物件出口需要缴税，其完税价格应遵循《中华人民共和国海关进出口税则》（以下简称《海关进出口税则》）第十六条的规定，即将以海关审定的货物售价与境外的离岸价格为基础，扣除出口关税后的价格作为完税价格。如果离岸价格无法确定，完税价格将由海关估定。在融资租赁物件出口的情况下，如果存在退税，该退税应由出租人享有。

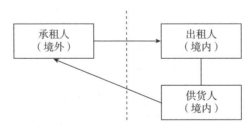

图 6-8 跨境出口融资租赁交易关系

如图 6-9 所示，在跨境出口经营租赁交易模式中，物件出口的发货人同样是出租人。物件出口的完税价格，应参照《海关进出口税则》第十四条的规定，即以海关审定的货物的租金作为完税价格。

在租赁期结束时，境外承租人通常有三种选择。

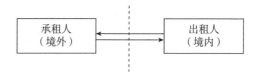

图6-9　跨境出口经营租赁交易关系

（一）续租

如果境外承租人选择续租，境内出租人继续收取租金，并应继续按照规定纳税。

（二）退还物件

如果境外承租人选择退还物件，应参照《海关进出口税则》第三十二条的规定，将退还的物件按无代价抵偿处理。

（三）留购

如果境外承租人选择留购物件，物件按出口处理，出租人可享受相应的退税。

出口租赁为国内出租人提供了进入国际市场的机会，同时也为境外承租人提供了灵活的资产获取方式。通过这种租赁模式，国内企业不仅可以拓展海外业务，还可以享受相关的税收优惠政策，提高其国际竞争力。

6.30　结构式参与租赁

结构式参与租赁是一种创新的融资租赁方式，它结合了风险租赁的某些经验，并根据特定行业的特点开发而成，主要目的是促进产品的销售。这种租赁方式的显著特点是它不需要被担保，通常由供货商背景的出租人提供资金。与传统融资租赁不同，结构式参与租赁没有固定的租金和租期，而是根据承租人的现金流进行折现计算，以确定融资的回收方式。

这种租赁模式由三个阶段组成：注资、还租和回报。在注资阶段，资金的注入方式与常规融资租赁相似。还租阶段，项目产生的现金会在出租人和承租人之间按一定比例分配，例如，70%的现金可能分配给出租人用于偿还融资，而剩余的30%则由承租人留用。在回报阶段，一旦租赁成本被完全冲减，出租人会获得一定年限的资金回报，回报率根据现金流的比例确定。当回报阶段结束，租赁物件的所有权将从出租人处转移到承租人处，标志着整个项目完成融资租赁。

6.31 销售式租赁

生产商或流通部门常常通过自身所属或控股的租赁公司，运用融资租赁的方式来推广产品。这些租赁公司得益于与母公司的关联，能够为客户提供包括维修、保养在内的多方面服务。在销售式租赁模式中，尽管出卖人和出租人实际上属于同一家公司，但他们作为两个独立的法人实体运作。

租赁公司在这一过程中充当融资、贸易和信用的中介，独立承担租金回收的风险。销售式租赁的优势在于租赁公司进行的融资租赁可以减少制造商的应收账款和三角债务问题，有助于分散银行风险，并促进商品的流通。制造商通过这种租赁方式促销产品，不仅能够拓宽销售渠道，还能够为客户提供更全面的服务方案，从而提高市场竞争力。

此外，融资租赁公司还可以根据市场和客户的不同需求，提供灵活的租赁方案，包括租赁期限、租金支付计划等，以适应客户的财务状况和运营需求。这种以服务为导向的租赁模式，不仅为制造商带来了销售上的便利，也为终端用户提供了更多的选择和便利。

6.32 联合租赁

联合租赁指多个出租人共同参与一个大型融资租赁项目的业务模式。当单个项目的融资需求超过单一出租人的融资能力，或者出租人希望分散风险时，联合租赁成为一种有效的解决方案。

在联合租赁中，出租人 A 首先对项目进行审查和评估，基于自身的融资能力、租赁资产结构和风险分散策略，决定接受项目但只提供部分资金。随后，出租人 B 基于对出租人 A 的审查和对评估结果的信任，同意提供剩余所需资金。这样，出租人 A 和出租人 B 通过签订联合租赁协议，共同作为出租人参与项目，形成了联合租赁的结构。如图 6-10 所示。

联合租赁特别适用于处理大型集团客户、高价值且不可分割的租赁物或

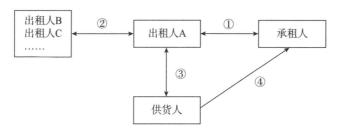

图 6-10 联合租赁交易关系

者单一承租人的融资余额超过出租人资本净额一定比例的情况。联合租赁为融资租赁公司提供了一种灵活的合作方式，使它们能够通过合作拓展业务范围，同时有效管理风险，特别是在处理大型和复杂的融资租赁项目时非常有效。

6.33　结构化共享式租赁

结构化共享式租赁是一种创新的融资租赁模式，它将传统的设备租赁与股权投资相结合，为出租人和承租人提供了一种共享项目收益的机制。在这种模式下，出租人根据承租人对设备和供货商的选择购买资产，并将其出租给承租人，租金的确定基于资产投产后产生的现金流，通常包括购置成本、相关费用和预计项目收益中出租人分享的部分。

结构化共享式租赁特别适用于合同金额大、期限长且有良好收益预期的项目，如通信、港口、电力和城市基础设施等。对承租人而言，这种租赁方式不仅提供了一种融资渠道，还转移了部分风险，提高了投资回报率，并减少了对企业控制权的稀释。对出租人来说，结构化共享式租赁尽管面临一定的风险，但有机会获得较高的回报，享受处理收益的灵活性，并在承租人破产时获得一定的补偿。此外，这种模式还有助于出租人拓展业务范围，提高市场竞争力。因此，结构化共享式租赁为高科技、高风险产业开辟了吸引投资的新渠道，满足了租赁双方对风险和收益的不同偏好。

6.34　捆绑式租赁

捆绑式租赁也称为"三三融资租赁"，它是一种融资租赁安排，其中承租

人需支付的首付款（包括保证金和首付款项）至少占租赁资产价值的 30%。在这种模式下，设备制造商在交付设备时收到的款项并非全额，通常也是全额的 30%左右，剩余的款项则在不超过租赁期限一半的时间内分期支付。租赁公司提供的融资额大约也占资产价值的 30%。

这种租赁方式的特点是将厂商、出租人和承租人的风险和利益紧紧绑定，从而改变了传统融资租赁中出租人独自承担所有风险的局面。通过这种风险共担机制，三方共同承担项目的成败，增加了合作各方的共同利益和增强了其责任感。这种模式有助于降低单一参与方的风险，增强项目的稳定性，并鼓励所有相关方共同努力，确保项目的成功。

财务与法务

第7篇

7.1 会计科目

会计科目是企业在进行会计核算时，对经济活动的各个方面进行分类的一种工具。会计科目通常根据经济活动的性质被分为不同的类别，如资产、负债、所有者权益（股东权益）、收入和费用等。每个会计科目都有一个单独的编码和名称，以便于在会计系统中对其进行准确无误的记录和追踪。

在实际操作中，会计科目的设置通常会根据企业的业务特点和管理需要来确定。例如，一个制造企业可能会有更多关于库存和生产成本的科目，而一个服务型企业可能会有更多关于提供服务和相关费用的科目。此外，企业还可能根据自身需要设置一些非标准会计科目，以满足特定的核算和管理需求。

7.2 资产负债表

资产负债表也被称为财务状况表，是表明企业在一定时期（通常为各会计期末）的财务状况（即资产、负债和业主权益的状况）的主要会计报表。资产负债表根据"资产=负债+所有者权益"这一平衡公式，依照一定的分类标准和次序，将某一特定日期的资产、负债、所有者权益的具体项目予以适当的排列编制而成。其中，资产通常分为流动资产与非流动资产，负债通常分为流动负债与非流动负债。

7.2.1 货币资金

货币资金指在企业生产经营过程中处于货币形态的那部分资金，按其形态和用途的不同可分为库存现金、银行存款和其他货币资金。中小企业的银行流水一般包括对公账户和私人账户两大类，业务经理可以在调研现场打开企业账户的网上银行，抽查核实各账户月末余额合计是否与报表上的数据相

吻合。另外，企业会将质押在银行的保证金计入货币资金，业务经理可以通过查看企业贷款合同保证金比例或者企业的详细保证金记录表格来核实企业保证金金额。

业务经理需要警惕的是，若企业报表上的货币资金余额与银行流水的余额相差较多，企业以现金形式将其差额计入账套，那么企业财务报表可能会存在货币资金虚增的情况。业务经理可要求企业现场打开保险柜确认是否有如此大额现金存在，若企业无法给出合理解释或者百般推辞，业务经理基本可以确定企业财务报表货币资金存在虚增情况。

通常情况下，货币资金占流动资产的比例为10%相对合理。若货币资金过少，则表明企业"血液"不足，难以维持简单再生产；若货币资金过多，则表明资金沉淀未被充分利用，企业在浪费投资机会的同时增加筹资成本，或者企业此时发生非正常的业务活动（如将有大型项目投资或即将偿还到期贷款）。当然，对于收款条件较好的特别是采取预收货款再发货的企业，通常其账上货币资金相对充裕。对货币资金质量的判断还需考虑企业资产规模、业务收支规模、企业行业特点及货币资金构成的因素。就货币资金构成来说，其现金占比过高不太合理，或者企业账务可能不太规范；另外不能随时用于支付的存款（业务保证金、银行或商业汇票信用证等保证金，定期存款）会影响货币资金质量。

7.2.2 短期投资

短期投资指企业购入的各种能随时变现、持有时间不超过一年的有价证券以及不超过一年的其他投资。其中，有价证券包括各种股票和债券等，如购买其他股份公司发行的各种股票，政府或其他企业发行的各种债券（国库券、国家重点建设债券、地方政府债券和企业融资债券等）；其他投资包括企业向其他单位投出的货币资金、固定资产和无形资产等。

对于业务经理而言，了解企业的短期投资情况可以帮助其评估企业的财务健康状况和资金管理能力。如果企业的短期投资占比较高，且投资对象信用良好、资金流动性强，通常表明企业具有较高的资金运作效率和较强风险控制能力。如果企业的短期投资存在高风险或流动性差的问题，业务经理则需要关注其可能带来的财务风险，并在融资担保项目评估中予以考虑。

7.2.3　应收票据

应收票据是一种企业在销售商品或提供劳务过程中收到的书面支付承诺，由付款人或收款人签发，并由付款人承诺在将来某一确定日期无条件支付一定金额给收款人或持票人。应收票据主要包括商业承兑汇票和银行承兑汇票两种形式。商业承兑汇票由企业开具并承兑，而银行承兑汇票则由企业申请，银行开具，到期由银行无条件付款，通常银行承兑汇票的信誉度更高。

应收票据可以背书转让给他人，即持票人可以在票据到期前，通过在票据上背书，将票据的使用权利转让给他人，用于购买商品或偿还债务等。在会计处理上，背书转让时，如果票据是信用等级较高的银行承兑的，可以终止确认应收票据；而如果是信用等级一般的银行或商业承兑汇票，则不能立即对其终止确认，需要等到票据到期兑付后才能终止确认。

业务经理在对企业进行尽职调查时可以通过查看企业的应收票据背书转让记录和贴现情况，来评估企业的资金流动性和偿债能力。如果企业的应收票据主要是由信誉良好的银行承兑，通常意味着企业有较强的收款保障和良好的现金流。如果企业的应收票据多为商业承兑汇票，业务经理则需要进一步分析承兑企业的财务状况和信用风险，以判断其支付能力。

此外，业务经理还可以通过分析应收票据的期限结构和金额大小，来评估企业的财务健康状况。正常情况下，企业的应收票据应当与其业务规模和交易习惯相匹配。如果企业有大量长期未兑现的应收票据，或者应收票据的金额异常庞大，这可能是企业面临资金流动性问题或存在其他财务风险的信号。业务经理需要警惕这些情况，并在必要时要求企业提供更多的财务信息或采取相应的风险控制措施。

7.2.4　应收账款

应收账款作为一项债权，指企业因销售商品、产品、提供劳务等应向购货单位或接受劳务单位而收取的款项，包括应由购买单位或接受劳务单位承担的税金、代购买方垫付的各种运、杂费等。需要注意的是，应收账款是企业做假账的重灾区。业务经理核实企业应收账款余额的真实性，可先将应收账款明细账的余额与总分类账的余额进行核对，看是否一致；之后，将应收账款的账、表、证互相核对，看是否相符。在此过程中，业务经理除了要对应收账款的金额进行核实，还要关注企业是否按照会计制度正确设置应收账款。某些中小企业财务处理不规范，不按规定设置应收账款明细分类账，而是将各种债权统统计入应收账款账户，以模糊债务人的手法，造成债权不明晰的问题；有的企业把往来款项全部记入应收账款科目，用以掩盖不正常的经营活动。

针对以上问题，业务经理可从企业科目余额表中查看科目明细，筛选出金额较大的客户，抽查相关购销合同，对照银行日记账和网银流水，看该客户是否真实存在，实际交易发生的数额是否与账套中的记录相吻合。

（一）应收账款规模

应收账款的规模受诸多因素影响，业务经理应结合企业行业特点、经营方式、信用政策来分析。例如，零售商业活动中，相当一部分为现金销售，因而该企业应收账款较少；而在采用赊销方式的企业中，应收账款则较多。又如，企业放松信用政策，刺激销售，就会增加应收账款；反之，则会减少应收账款。假如某企业的产品具有某种垄断性，处于供不应求状态，其应收账款应当较少，太大额的应收账款则违背常理。另外，对于应收账款规模过大的情况，业务经理则应判断其是否具有利用关联交易虚增企业销售和利润之嫌。

一般衡量企业应收账款流动性的指标有：

应收账款周转率＝当期销售净收入÷[（期初应收账款余额+期末应收账款余额）÷2]

应收账款周转天数＝360÷应收账款周转率

应收账款数额大小的合理性可以通过这些指标并结合行业状况、企业在行业中的地位、企业生产经营规模、企业生产经营生命周期、企业信用条件以及指标发展趋势对比情况来进行分析。

（二）应收账款风险

应收账款风险是企业的应收账款在未来能够回收的额度和回收时间的不确定性。应收账款回收额度上的不确定性也被称为坏账风险，是企业应收账款无法按发生的数额收回形成坏账而造成的损失。应收账款回收时间上的不确定性也被称为拖欠风险,指客户超过规定的信用期限付款使企业蒙受的损失。拖欠风险累积到一定程度就会转化为坏账风险。

企业客户结构,呈现高度集中或高度分散的情况相对较为少见。当企业客户结构相对适中时,业务经理也可通过与单个客户的应收账款周期结合来甄别风险。首先,了解企业客户结构中占比较大的客户的应收账款周期是否过长,企业客户较为优质,但是应收账款周期达到半年以上,也会对企业的流动周转带来压力;其次,了解企业客户是否在短期内变化较大,了解主要客户合作期限等。若客户有较大的变化,观察其应收账款周期是否变长等,企业可能出现产品质量下降客户不与其合作的风险。

7.2.5 预付账款

预付账款指买卖双方协议商定,由购货方预先支付一部分货款给供应方而发生的一项债权。预付账款一般包括预付的货款、预付的购货定金。施工企业的预付账款主要包括预付工程款、预付备料款等。预付账款是预先付给供货方的款项,也是公司债权的组成部分。

预付账款的形成一般和企业在供应链中所处的地位有关,有资源垄断优势的企业往往要求下游先行支付预付款,再提供商品或劳务,过多的支付预付款会减少企业的流动资金,不仅提高了财务成本,也对现金流安全性造成影响。若下游企业资金充裕,其也有可能为争取较低的拿货价格,愿意支付预付款给上游供应商。

在企业尽职调查时,业务经理需要警惕企业可能通过虚构预付账款来虚增资产的行为,应通过审查合同、付款凭证和供应商的信用状况来核实预付账款的真实性和合理性。同时,考虑到预付账款对企业现金流的影响,业务经理需要评估企业的现金流管理策略和资金流动性状况,确保企业具备较高的资金运营效率和良好的财务健康状况。

7.2.6 存货

存货指企业在生产经营过程中为销售或耗用而存储的各种物资。不同

行业、不同企业的存货内容会有所不同，工业企业的存货包括原材料、包装物、低值易耗品、委托加工材料、半成品、产成品等；商品流通企业的存货包括库存商品、出租商品、代销商品、材料物资、包装物、低值易耗品等。

不同产品及其生产制造方式决定了企业存货的规模，对于完全自主生产产品的企业来讲，报表上的存货余额是必须存在的，原材料、在产品、库存商品等都将会被记入存货科目。有些企业产品部分或是全部委托加工，那么业务经理后期到仓库现场核实存货时，存货数量会与报表上的数量存在一定差异，业务经理对这类企业的存货核实需要相当警惕。

业务经理核实存货时应到仓库现场查看，抽查当日企业仓库存货数量与企业存货盘点表上的是否相符。具体方法为：抽取该原材料的材料采购明细账户发生额最大的几笔采购业务（如不设材料采购账户的，抽查原材料、在途材料、包装物发生额最大的业务各一笔），核查从订购合同到入库过程的全部材料，包括采购合同及相关合同、明细账、仓库保管账、原始凭证（发票、运货单等）、付款记录、入库单是否相符，记录是否完整；除此以外，还可去公司仓库实地查看是否有滞销或客户退回的产成品，或生产日期较久的产品，若发现有大量此类产品，业务经理操作该项目时要特别谨慎。

7.2.7　存货周转率

存货周转率是企业一定时期的销货成本与平均存货余额的比率。其用于反映存货的周转速度，即存货的流动性及存货资金占用量是否合理，促使企业在保证生产经营连续性的同时，提高资金的使用效率，增强企业的短期偿债能力。

存货周转率不仅可以衡量企业生产经营各环节中存货运营效率，而且还被用来评价企业的经营业绩。存货周转率是对流动资产周转率的补充说明，通过存货周转率，可以测定企业一定时期内存货资产的周转速度，是反映企业购、产、销平衡效率的一种尺度。存货周转率越高，表明企业存货资产变现能力越强，存货及占用在存货上的资金周转速度越快。存货周转率指标的好坏反映企业存货管理水平的高低，它影响企业的短期偿债能力。一般来讲，存货周转速度越快，存货的占用资金水平越低，流动性越强，存货转换为现金或应收账款的速度越快。因此，提高存货周转率可以增强企业的变现能力。

7.2.8　非流动资产

非流动资产指企业拥有的，预计在一年内不变现或被耗用的资产，它们通常是企业长期运营和发展的基础。这些资产包括固定资产、无形资产、长期投资和其他非流动资产等。比如，企业的机器设备、建筑物、土地、专利权、商标权等都属于非流动资产的范畴。

非流动资产的概念强调的是资产的长期性和在企业内部使用的价值。这些资产不像流动资产那样容易转换为现金，它们通常用于生产过程中产生收益，或作为企业长期发展的一部分。非流动资产的特点是价值创造周期长，价值相对稳定，但同时也可能涉及较高的折旧、摊销或减值风险。

对于业务经理而言，在评估担保项目时，对非流动资产的分析至关重要。非流动资产的规模和质量可以反映企业的长期偿债能力和财务稳定性，非流动资产具有成为反担保物的潜力。拥有大量固定资产的企业可能具有较强的生产能力，但同时也可能面临着较大的折旧和维护成本的问题。此外，业务经理还需要关注非流动资产的所有权权属是否清晰、是否存在抵押或质押等情况，这些因素都可能对担保项目的安全性产生影响。

7.2.9　固定资产

固定资产指使用期限超过一年的房屋建筑、机器、机械、运输工具以及其他与生产、经营有关的设备、器具、工具等。不属于生产经营主要设备的物品，单位价值在 2000 元以上，并且使用年限超过两年的，也应当作为固定资产。未作为固定资产管理的设备工具、器具等，作为低值易耗品核算。一般而言，固定资产属于企业的劳动资料，代表了企业扩大再生产的能力。另外，在建工程的竣工结转也是固定资产需要考虑的因素，企业的在建工程包括施工前期准备、正在施工中的建筑工程、安装工程、技术改造工程、大修理工程等，在建工程本质上是正在形成的固定资产，它是企业固定资产的一种特殊表现形式。

业务经理在考察固定资产时应考虑用固定资产占总资产的比例来衡量，但该指标通常没有通用的标准，因此需结合行业、企业生产经营规模以及企业经营生命周期分析。一般而言，流通类企业、金融服务、咨询类企业固定资产占资产总额的比重较低，生产型企业、酒店、饭店等服务性企业固定资产占资产总额的比重较高。

业务经理应常关注企业固定资产的更新情况、折旧政策、增值潜力、非生产经营用固定资产比例等因素。其中折旧政策、增值潜力往往是企业调整利润的重要工具。

7.2.10　固定资产折旧

固定资产折旧指企业在生产经营过程中使用固定资产而使其损耗导致其价值减少，仅余一定残值，其原值与残值之差在其使用年限内分摊。摊销，是指对除固定资产之外的其他可以长期使用的经营性资产按照其使用年限每年分摊购置成本的会计处理办法。摊销费用计入管理费用中减少当期利润，但对经营性现金流没有影响。摊销期限一般不超过 10 年。从金额上看，一般情况下，摊销的费用相对于折旧费用要少很多，因为大多数公司固定资产要远远大于无形资产，摊销和折旧一般会放在一起披露而不加区分。

在固定资产折旧方面，并不是所有固定资产都计提折旧，可折旧固定资产应具备使用年限有限而且可以合理估计的条件，也就是说固定资产在使用过程中会逐渐被损耗直到没有使用价值。企业计提固定资产折旧的方法有多种，基本上可以分为两类，即直线法（包括年限平均法和工作量法）和加速折旧法（包括年数总和法和双倍余额递减法）。企业应当根据固定资产所含经济利益预期实现方式选择不同的方法，企业折旧方法不同，计提折旧额相差很大。一般来说，机械和其他生产设备折旧期限为 10 年，电子设备折旧期限为 3 年，厂房、办公楼类固定资产，折旧期限较长，一般为 20 年。厂房、办公楼类固定资产原值可以通过核实房产证复印件来确定。若是最近新购置的房产，业务经理可以通过核实购买合同来确定房产价值。另外，要特别注意房产是否有按揭，按揭余额有多少。若有按揭，那么这也是企业负债的一部分。

7.2.11 固定资产净值

固定资产净值，也被称为折余价值，指固定资产原始价值减去已提折旧后的净额。计算公式为：固定资产净值＝固定资产原值－累计折旧。

固定资产净值就像是企业固定资产的"现价"，表示购置或建成这些资产后，经过一段时间的使用和折旧，其账面上剩余的价值。这个数值对于业务经理来说，是评估企业资产状况的重要指标之一。它告诉业务经理，企业在固定资产上的实际投入有多少，在考虑资产的更新或置换时，这部分资金的多少是可以用来再投资或者偿还债务的。同时，固定资产净值还能反映出企业的资产维护和使用效率。如果固定资产净值较高，可能意味着企业在资产管理上做得比较好，资产得到了有效的维护和利用。在进行担保项目评估时，了解固定资产的净值有助于业务经理更全面地掌握企业的财务状况，为风险控制和决策提供重要依据。

7.2.12 无形资产

无形资产是企业拥有的不可见的资产，它们没有实体形态，但对企业的运营和市场竞争力有着重要影响，比如专利权和商标权。这些资产虽然不像机器或设备那样可以触摸，但它们可以带来经济利益，比如技术优势或品牌影响力。

无形资产的账面价值可以通过以下公式计算：无形资产账面价值＝无形资产原价－计提的减值准备－累计摊销。这里的原价是指无形资产的初始成本，包括通过购买、自行开发或其他方式取得的成本。累计摊销是指自无形资产开始使用以来，按照既定的摊销方法和年限进行的分摊金额。而计提的减值准备则是基于对无形资产未来现金流量的估计，如果存在减值迹象，则需要企业进行相应的减值处理。值得注意的是，无形资产的评估需要考虑多种因素，如无形资产的性质、权利状况、宏观经济、行业前景和获利期限等。业务经理应结合企业具体情况和评估目的，选择适当的评估方法，并合理确定折现率，以确保评估结果的准确性和可靠性。

业务经理在评估企业时，需要特别注意无形资产的管理和计价。一些企业可能会通过将研发费用等计入无形资产来调节利润，这种做法虽然可以在短期内提高利润表现，但长期来看可能会影响企业的财务透明度和健康度。业务经理需要识别这种潜在的财务操作，确保评估的准确性。

7.2.13　净资产

净资产也被称为所有者权益，指在企业扣除所有负债后，归属于所有者的资产部分。它反映了企业的真正自有资本，包括初始投入的资本、资本溢价、经营过程中积累的盈余公积、未分配利润以及接受的捐赠等。净资产是企业长期财务健康状况的重要指标，代表了企业在清偿所有债务后，所有者可以自由支配的资产。净资产的计算公式为：净资产＝所有者权益（包括实收资本或者股本、资本公积、盈余公积和未分配利润等）＝总资产−总负债。

对于业务经理而言，净资产是评估企业偿债能力和抗风险能力的关键指标。净资产越高，意味着企业在面对财务压力时有越多的缓冲空间。然而，业务经理在实际操作中还需注意净资产的构成。例如，未分配利润和盈余公积虽然属于净资产的一部分，但它们的流动性和可用性可能受到限制。此外，资本公积和实收资本虽然是净资产的重要组成部分，但它们并不直接反映企业的盈利能力和现金流状况。因此，业务经理应结合企业的盈利能力、现金流、负债水平等因素，全面评估企业的整体财务状况，确保企业在出现财务困难时有足够的自有资本来应对风险。

7.2.14　净资产增长率

净资产增长率指企业本期净资产增加额与上期净资产总额的比率。净资产增长率反映了企业资本规模的扩张速度，是衡量企业总量规模变动和成长状况的重要指标。净资产增长率＝（期末净资产−期初净资产）÷期初净资产。

了解企业的净资产增长率可以帮助业务经理评估企业的成长潜力和资本保值能力。一个高净资产增长率通常意味着企业有良好的盈利能力，能够有效地利用其资本进行规模扩张和效益增长。在提供担保时，业务经理可以通过分析企业的净资产增长率来评估其偿还债务的能力。如果一个企业的净资产增长率持续为正，这通常是一个积极的信号，表明企业财务状况稳定，有能力承担并按时偿还债务。但也有需要注意的情况，例如，如果净资产增长率突然大幅上升，可能是因为企业通过借贷等方式迅速扩大了资产规模，这虽然短期内看起来是好事，但长期来看可能会提高财务杠杆，增加风险。然而，如果净资产增长率为负或持续下降，业务经理则需要更加谨慎，因为这可能表明企业面临财务困难，担保的风险较高。

7.3 负债

企业负债指由于过去的交易或事项所引起的、预期会导致经济利益流出企业的现时义务，具体包括银行贷款、应付账款、预收货款、应付工资、应交税金、应付利润等。负债具有几个基本特征：（1）它是企业当前已承担的义务；（2）这些义务的履行将导致企业未来必须转移资产或提供劳务；（3）这些义务是由过去的交易或事项形成的。

企业的负债水平和结构会直接影响到其财务稳定性和风险状况，因此，业务经理需要对企业的负债状况进行全面的评估，包括负债的总额、结构、到期日以及与负债相关的利率和成本。确保企业的现金流管理不仅能够满足负债的偿还需求，同时还需要满足企业的其他资金需求。

7.3.1 短期借款

短期借款指企业为维持正常生产经营活动或偿还债务，从银行或其他金融机构借入的、还款期限在一年以下（含一年）的各种借款。这类借款通常用于满足企业的流动资金需求，其主要包括：经营周转借款、临时借款、结算借款、票据贴现借款等。短期借款的期限可能非常短，只有几个月，甚至几天。

对于业务经理而言，了解企业的短期借款情况有助于其评估企业的债务负担和偿债能力。如果企业的短期借款过多，可能意味着企业的资金链紧张，存在较大的偿债压力。另外，短期借款的利率水平也是业务经理需要重点关注的指标。较高的利率会增加企业的融资成本，削弱其盈利能力，甚至因利息负担过重而导致其财务困难。

7.3.2　应付票据

应付票据是一种企业在进行商品交易或工程结算时使用的支付工具，它由出票人（通常是购买方）出具，承诺在将来的某个确定日期，由付款人（可能是银行或其他金融机构）无条件支付一定金额给收款人或票据的持有者。这种票据可以是商业承兑汇票，即由企业自身承诺支付，也可以是银行承兑汇票，即由银行承诺支付。在我国，商业承兑汇票的最长付款期限为6个月。

通俗来讲，应付票据就像是企业之间的一种"借条"或"欠条"。当企业A向企业B购买商品或服务，但暂时没有足够的现金支付时，企业A可以出具一张票据，承诺在未来的某个时间点支付这笔钱。这张票据可以是企业A自己承诺支付的，也可以是企业A通过银行来承诺支付的。

应付票据是企业短期负债的一部分，对企业的现金流和偿债能力有直接影响。业务经理在担保业务时应当注意，应付票据的存在意味着企业在未来有一项确定的支付义务，这会影响企业的现金流规划和短期资金需求。业务经理还需要考虑应付票据的金额、到期时间和是否带息等因素。带息应付票据意味着企业除了要偿还本金外，还需要支付一定的利息，这会增加企业的财务成本。

7.3.3　应付账款

应付账款指一切因赊购材料、商品或接收劳务供应等而应付给供应单位的款项，对于企业来讲它是一项流动负债，与应付票据相比，它是以企业的商业信用作保证的。应付账款通常跟存货、主营业务收入以及应付账款平均账期相关联。如在企业供货商赊销政策一定的条件下，企业的应付账款规模应该与企业的采购规模保持一定的对应关系，且应付账款一般不应高于存货；在企业产销较为平稳、应付账款平均账期保持稳定的情况下，企业的应付账款应该与其营业收入保持一定的对应关系。若企业的购物和销售状况没有发生很大变化，企业的供货商也没有主动放宽赊销的信用政策，则企业应付账款规模的不正常增加、应付账款平均付账期的不正常延长，就是企业支付能力降低、资产质量恶化的表现。对此，业务经理应当结合行业、企业生产经营规模，企业经营生命周期以及企业的信用政策来分析。一般而言，对于成长型企业，其应付账款较少，而成熟型企业则较多。

如企业应付账款较多，付款周期较长，业务经理需警惕企业存在两种情况：一是企业对其上游应付账款能拖就拖，且经常更换供应商，则证明该企业诚信度有待考证；二是如果其供应商多年未变，且均给予企业较长账期，说明企业在供应商处地位较高，具有较强的议价能力。如果企业应付账款较少，供应商的付款条件较为苛刻，一是反映了企业在供应商处地位比较低；二是反映了企业具有一定的诚信度，付款较为及时。所以供应商付款状况需要分析其两面性，不能以偏概全。

业务经理如想要核实企业报表中应付账款余额的真实性，需做到以下两点。(1) 将应付账款明细账的余额与总分类账的余额进行核对，看是否一致；将应付账款的账、表、证互相核对，看是否相符。(2) 从应收账款明细表中筛选出数额较大的前几大供应商，抽查相应的采购合同、记账凭证、商品入库单以及银行付款凭证，进一步核实应付账款的真实发生额以及与供应商的结算情况。

在核实应付账款余额真实性的过程中，业务经理也要关注企业是否按照会计制度正确设置应付账款，某些中小企业为了隐藏自己在外借高利贷的事实，将本应属于其他应付款科目的借贷活动计入应付账款。业务经理在调研时应对应付账款明细表中较整的金额给予重点关注，一是看企业名称，查看其供应商是否从事与企业主营业务有关的行业；二是抽查企业采购合同，查看其供应的产品是否与企业主营业务相关，同时也能够从侧面反映采购合同的真实性。

7.3.4 预收账款

预收账款指企业向购货方预收的购货订金或部分货款。企业预收的货款待实际出售商品、产品或者提供劳务时再行冲减。预收账款是以买卖双方协议或合同为依据，由购货方预先支付一部分（或全部）货款给供应方而发生的一项负债，这项负债要用以后的商品或劳务来偿付。

预收账款的特殊性质使它在某些情况下容易被企业用于操纵财务数据，比如，企业可能通过伪造不存在的客户或合同，虚构预收账款。企业可能通过夸大实际的预收账款金额，来虚增其负债和现金流入。企业可能与关联方或虚构的第三方进行循环交易，制造虚假的预收账款等。在进行项目尽调时，业务经理可以通过以下方式防范虚假预收账款。

（一）深入核查合同和客户背景

业务经理可要求企业提供详细的销售合同、订单和预收账款的相关凭证，或与客户直接联系、核对合同条款和交付时间等，排除关联交易，确认合同及交易的真实性。

（二）分析预收账款的合理性

业务经理可将企业的预收账款数据与其历史数据及同行业其他企业数据进行对比，如果预收账款突然大幅增加，与企业的销售收入或业务规模不匹配，或预收账款比例明显高于行业平均水平，那么就可能存在虚增的风险。

7.3.5　长期借款

长期借款指企业向银行或其他金融机构借入的期限超过一年的资金，通常用于购置固定资产、扩大生产等长期性投资项目。长期借款的核算主要包括借款的取得、利息的计算及本息的归还。利息计算方式包括单利和复利。单利计算公式：借款利息金额＝本金×利率×期数；复利计算公式稍复杂，需将前期未付利息并入本金计算利息。

在尽职调查中，业务经理可通过分析企业的长期借款情况，评估企业的财务健康状况、偿债能力以及未来资金需求。例如，如果企业的长期借款占总资产的比例较高，可能表明企业对外部融资依赖较严重，业务经理需要进一步分析其盈利能力和还款来源。此外，业务经理还应关注与长期借款相关的合同条款，包括债务的利率、偿还时间表、是否存在提前还款的惩罚条款等，这些都会影响到企业的现金流和财务稳定性。

7.3.6　应付债券

应付债券是企业为了筹集长期资金而对外发行的偿还期在一年以上的债

券。这类债券具有期限长、数额大、到期无条件支付本息的特点。企业发行的债券主要包括：公司债券（含可转换公司债券）、混合资本债券、金融债、二级资本债券、同业存单、次级债、固定收益凭证等。

业务经理可以通过分析企业的应付债券规模、利率、到期结构等信息，来评估企业的长期资金筹集能力和潜在的偿债风险。此外，业务经理还需要关注企业发行债券所筹集资金的使用情况，包括资金是否用于预期的项目投资、是否能有效提升企业的盈利能力以及是否存在因资金使用不当而增加企业财务负担的风险。

7.3.7　长期应付款

长期应付款指企业在一年以上的时间内需要支付的长期负债，通常不包括长期借款和应付债券。它涵盖了企业因各种业务活动而产生的、需要在较长时间内偿还的款项。典型的长期应付款包括：应付融资租赁款；分期付款购入固定资产；其他长期应付款项。

在评估企业的长期应付款时，担保业务经理应关注以下两个关键点。

（一）长期应付款的构成

如企业的长期应付款中包含融资租赁款项，业务经理应了解租赁资产的性质、租赁条款（如租赁期限、租金支付安排等），并评估这些资产对企业运营的贡献。对于分期付款购入的固定资产，业务经理应关注这些资产的使用情况、折旧年限及其对企业生产经营的影响，确保企业能够从这些资产中获得足够的收益来偿还相关负债。

（二）长期应付款的偿还能力

长期应付款的偿还通常涉及多期支付，业务经理可分析企业的经营现金流，确保其能够按期支付这些款项而不影响日常运营。另外，企业的盈利能力也是其偿还长期应付款的重要保障。业务经理可以评估企业的盈利水平及未来增长预期，确保其有足够的资金来源来履行长期付款义务。

7.4　所有者权益

所有者权益指企业资产扣除负债后由所有者享有的剩余权益，通常包括实收资本（或股本）、资本公积、盈余公积和未分配利润等。它代表了企业所有者对企业净资产的所有权。所有者权益可以分为两大类：一类是投入资本，即所有者直接投入的资金；另一类是留存收益，即企业经营过程中积累的利润。所有者权益的变化通常反映了企业的经营成果和所有者的资本变动情况。所有者权益计算公式：所有者权益＝资产−负债。

　　一般来说，较高的所有者权益意味着企业的资本结构较为稳健，抗风险能力较强。如果所有者权益较低，特别是与负债相比过低，则表明企业的财务杠杆较高，可能存在较大的财务风险。

7.4.1　股本

　　股本也被称为资本股本或实收资本，指股东在公司中所占的权益，特别是在股份有限公司中，它代表了公司发行的股票面值与股份总数的乘积。股本的数额通常不会频繁变动，除非企业进行增资扩股、股东追加投资或股份回购等资本运作。股本的变化会直接影响所有者权益的结构和企业的资本构成。

　　股本的变化通常伴随着股东结构的变化。一方面，业务经理应关注企业是否存在频繁的增资扩股或股东变更。如果企业频繁增资，可能意味着企业需要大量资金支持其业务扩展，同时也意味着企业的股东结构不稳定，存在经营方向调整或股东撤资的潜在风险；另一方面，业务经理应分析股本与资本公积、未分配利润的比例。如果股本占所有者权益的比例过高，而未分配利润较少，可能意味着企业盈利能力较弱，股东依赖资本投入而非经营利润来维持企业的资本结构。这种情况下，企业的可持续发展能力也可能受到影响。

7.4.2　留存收益

　　留存收益指企业从历年实现的利润中提取或形成的留存于企业的内部积累（包括盈余公积和未分配利润）。留存收益源于企业在生产经营中所实现的利润，它与实收资本和资本公积的区别在于，实收资本和资本公积来源于企业外部的资本投入，而留存收益则来源于企业内部的资本增值。

业务经理考察留存收益时，一般需要将当期的数据和往年历史数据进行比较，当期数据和历史数据之间存在一定的勾稽关系：期初留存收益+本期累计净利润-本期累计分红=期末留存收益。若数据勾稽关系不对，则报表可能被调整过，甚至有可能是企业直接对其进行修改后给出的。

留存收益用途灵活广泛，可以用于维持和扩大企业经营活动、弥补企业往期亏损、转增注册资本、给股东发放现金股利，其可以与资产类多个科目对应。业务经理需要注意的是，若企业累计的留存收益总额较大，但企业能体现出的实际资产（如货币资金、应收账款、存货、固定资产、无形资产）等较少，而其他应收账款挂账较多（尤其是老板个人或关联公司借出资金较多时），如果此时企业负责人无法说明资金流向且个人名下资产较少，则企业存在虚增资产和利润的可能（将留存收益和其他应收账款同步做大）。

7.4.3 资本公积

资本公积是企业所有者权益的一部分，它包括企业收到的、投资者投入的超出其在企业注册资本所占份额的投资，以及直接计入所有者权益的利得和损失等。资本公积不是由企业实现的利润转化而来，其本质上属于投入型资本。资本公积的主要来源包括资本溢价或股本溢价、接受捐赠资产、股权投资准备、拨款转入、外币资本折算差额等。

资本公积在企业财务结构中起着重要作用。首先，它可以增强企业的资本实力，帮助企业在需要时通过转增股本的方式扩充资本，而不需要新的外部融资。其次，资本公积有助于优化企业的资本结构，扩大企业的股本规模和提升企业的市场形象，从而增强企业的融资能力和提高企业的信用评级。虽然资本公积不能直接用于分红，但在企业出现亏损时，它可以用于弥补亏损，帮助企业解决财务困难。

当企业计划通过资本公积转增股本时，业务经理应评估这种操作对企业资本结构的影响，以及是否会对股东权益产生稀释效应。此外，业务经理还应注意资本公积的来源，特别是如果资本公积主要来自资产重估增值，业务经理需要评估这些资产的实际价值和变现能力，以避免高估企业的资本实力。

7.4.4　未分配利润

未分配利润是企业在经营活动中产生的净利润中尚未进行分配的部分。它是企业在扣除税费、股东分红和其他法定准备金后的剩余利润。未分配利润通常被保留在企业内部，用于未来的投资、扩展业务或满足潜在的财务需求。它反映了企业留存的盈利能力和内部积累的资金状况。

未分配利润是企业自我积累和可持续发展的关键指标。业务经理应关注未分配利润的规模和变化趋势，以评估企业的盈利能力及其对未来项目的资金支持能力。未分配利润的增长通常意味着企业有足够的资金储备来支持新项目的启动或现有项目的扩展，而不必过度依赖外部融资。此外，业务经理还应考虑未分配利润的分配计划，了解企业是否计划将其用于再投资、分红或其他用途，确保未分配利润的使用符合企业的战略目标。

7.5　勾稽关系

勾稽关系是账簿和会计报表中有关数字之间存在的，可据以相互考查、核对的关系。验证勾稽关系可以帮助担保业务经理确保项目的财务数据准确无误。例如，如果业务经理需要评估一个企业的财务状况，他们会检查资产负债表中的固定资产净值是否与固定资产原值和累计折旧的差额相符。这种核对可以揭示潜在的会计错误或不规范操作，从而帮助业务经理做出更准确的风险评估。此外，勾稽关系还有助于业务经理确认各个财务报表和账簿之间的数据一致性，确保担保项目的风险可控。

典型的勾稽关系示例如下。

（一）资产负债表中的勾稽关系

（1）资产总额＝负债总额+所有者权益总额。这是资产负债表中最基本的勾稽关系，反映了企业的财务结构。如资产总额与负债和所有者权益之和不符，说明资产负债表可能存在错误或不完整。

（2）固定资产净值＝固定资产原值–累计折旧。固定资产净值是企业固定资产的账面价值，应该等于固定资产原值减去累计折旧。如果固定资产净值与原值和累计折旧的差额不符，可能意味着折旧计提错误或固定资产账务处理不规范。

（二）利润表与资产负债表的勾稽关系

（1）净利润＝本期未分配利润－上期未分配利润＋分配的利润。利润表中的净利润应与资产负债表中未分配利润的变动相一致。如果净利润与未分配利润的变化不一致，可能存在利润分配或结转错误。

（2）营业收入与应收账款的勾稽关系。营业收入的增加通常会导致应收账款的增加。通过对比利润表中的营业收入与资产负债表中的应收账款，业务经理可以评估企业的收入确认和应收账款管理是否合理。

（三）现金流量表与利润表的勾稽关系

（1）经营活动产生的现金流量净额 ≠ 净利润。虽然经营活动产生的现金流量净额和净利润不直接相等，但两者之间应有合理的差异。通过分析现金流量表和利润表的勾稽关系，业务经理可以评估企业的盈利质量和现金流管理能力。

（2）现金流量表中的现金净增加额＝资产负债表中期末现金余额－期初现金余额。现金流量表中的现金净增加额应与资产负债表中的现金余额变动相符。如果不一致，企业可能存在现金流量表编制错误的问题或现金管理问题。

（四）其他常见的勾稽关系

（1）存货周转率＝销售成本/平均存货。通过对比存货周转率和企业的销售情况，业务经理可以评估企业的存货管理是否合理。如果存货周转率过低，可能意味着企业存在存货积压问题。

（2）应收账款周转率＝销售收入/平均应收账款。应收账款周转率反映了企业的回款效率。通过核对应收账款周转率与销售收入的关系，业务经理可以评估企业的信用政策和应收账款管理是否合理。

7.6　资产负债率

资产负债率是期末负债总额除以资产总额的百分比，也就是负债总额与资产总额的比例关系。资产负债率反映总资产有多大比例是通过借债来筹资的，可以衡量企业在清算时保护债权人利益的程度。资产负债率这个指标反映债权人所提供的资本占全部资本的比例，也称举债经营比率。这是一项衡量公司利用债权人资金进行经营活动的能力的指标，也反映债权人发放贷款的安全程度。如果资产负债率达到100%或超过100%，说明公司已经没有净资产或资不抵债。

资产负债率是衡量企业负债水平及风险程度的重要标志。它包含以下几层含义。

（1）资产负债率能够揭示企业的全部资金来源中有多少是由债权人提供的。

（2）从债权人的角度看，资产负债率越低越好。

（3）对投资人或股东来说，资产负债率较高可能带来一定的好处［财务杠杆利息税前扣除、以较少的资本（或股本）投入获得企业的控制权］。

（4）从经营者的角度看，他们最关心的是在充分利用借入资金给企业带来好处的同时，尽可能降低财务风险。

（5）企业的资产负债率应在不发生偿债危机的情况下，尽可能择高。

由此可见，在企业管理中，资产负债率的高低也不是一成不变的，它要看从什么角度分析，债权人、投资者（或股东）、经营者各不相同；还要看国内外经济大环境是顶峰回落期还是见底回升期；还要看管理层是激进者、中庸者还是保守者。所以，资产负债率多年来也没有统一的标准，但一般对企业来说，资产负债率的适宜水平是40%~60%。

7.7 净资产收益率（ROE）

净资产收益率是衡量企业股东权益回报能力的财务指标。它通过将企业的净利润与所有者权益（净资产）进行对比，反映出企业运用股东投入资本创造利润的能力。其计算方法为：净资产收益率＝净利润÷平均净资产×100%。

净资产收益率反映了股东权益的回报率，通常用于评估企业的自有资本使用效率。通常情况下，净资产收益率越高，说明企业利用自有资本创造利润的能力越强。净资产收益率的高低会受到多种因素影响，如企业的盈利能力、资本结构、资产管理效率等。净资产收益率可以初步判断企业的财务状况和盈利能力。

（1）如果企业的高净资产收益率主要来源于高销售净利润率，这可能表明企业拥有较大的市场定价权或较强的成本控制能力；如果主要来源于高资产周转率，则可能表明企业资产运用效率高。

（2）如果企业的净资产收益率较高，但资产负债率也很高，说明企业可能通过加大负债来提升股东权益回报，这会增加财务杠杆风险。高杠杆经营虽然能放大收益，但也会在经济下行或企业经营不善时增加破产风险。

（3）不同发展阶段的企业，净资产收益率的表现也会有所不同。业务经理应结合企业的生命周期来分析净资产收益率的合理性。例如，处于高速成长期的企业净资产收益率可能较高，因为企业的利润增长较快；而成熟期的企业净资产收益率可能趋于稳定。

7.8 流动比率

流动比率是流动资产对流动负债的比率，用来衡量企业流动资产在短期债务到期以前，可以变为现金用于偿还负债的能力。其公式为：流动比率＝流动资产合计÷流动负债合计。

一般说来，流动比率越高，说明企业资产的变现能力越强，其短期偿债能力也越强；反之则越弱。但是，比率太大表明流动资产占用较多，会影响企业经营资金周转效率和获利能力。一般认为合理的最低流动比率为2，表示流动资产是流动负债的2倍，即使流动资产有一半在短期内不能变现，也能保证全部的流动负债得到偿还。

流动比率高的企业偿还短期债务的能力并不一定就很强，因为流动资产之中，虽然现金、有价证券、应收账款变现能力很强，但是存货、待摊费用等变现时间较长，特别是存货，很可能发生积压、滞销、残次、冷背等情况，其流动性较差。

7.9 速动比率

速动比率是速动资产对流动负债的比率。它是衡量企业流动资产可以立即变现用于偿还流动负债的能力。速动资产包括货币资金、短期投资、应收票据、应收账款，这些项目可以在较短时间内变现。而流动资产中，存货、1年内到期的非流动资产及其他流动资产等则不应计入短期变现项目。速动比率的相关计算公式为：速动资产＝流动资产–存货–预付账款–待摊费用；速动比率＝速动资产÷流动负债。

传统经验认为，速动比率维持在1∶1较为正常，它表明企业的每1元流动负债就有1元易于变现的流动资产来抵偿，短期偿债能力有可靠的保证。速动比率过低，企业的短期偿债风险较大，速动比率过高，企业在速动资产上占用资金过多，会增加企业投资的机会成本。但以上评判标准并不是绝对的。实际工作中，业务经理应考虑到企业的行业性质。例如商品零售行业，该行业由于采用大量现金销售方式，几乎没有应收账款，速动比率大大低于1，也是合理的。相反，有些企业虽然速动比大于1，但速动资产中大部分是应收账款，这并不代表企业的偿债能力强，因为应收账款能否收回具有很大的不确定性。所以，业务经理在评价速动比率时，还应分析应收账款的质量。

7.10 现金比率

现金比率是现金类资产与流动负债的比值。使用该指标评价企业短期偿债能力是最为适当的选择。现金类资产对流动负债比率反映企业的即刻变现能力，由于作为偿债保证的资产是变现力为百分之百的资产，因而，以此偿还流动负债也有百分之百的稳定性和安全性，以该比率来衡量企业的短期偿债能力更为稳健。现金比率计算公式为：现金比率＝（货币资金+短期投资净额）÷流动负债。

需要注意的是，现金类资产对流动负债比率越高，企业面临的短期偿债压力越小，反之，越大。但是，企业也可能由于维持太高的现金与流动负债比率，而丧失许多有利可图的流转机会和投资机会，从而丧失相应的周转利益和投资利益，带来较高的机会成本。因此，在对这个比率下结论之前，业务经理应充分了解企业情况，结合企业编制的现金预算表。有时候企业可能有特别的计划需要使用现金，如集资扩大生产能力的建设，就必须使手头上的现金增加，这种情况下，即使该比率高，也不能误认为企业偿债能力很强。但过低的比率反映企业的支付能力一定存在问题，时间长了会影响企业的信用。企业保证一定的合理的现金对流动负债的比率是很有必要的。

7.11 利润表

利润表是企业财务报表中的一种，用于反映企业在一定会计期间内的经营成果。它通过对收入、成本、费用、税金等项目的核算，展示企业的净利润或净亏损。利润表通常包括营业收入、营业成本、营业利润、税前利润、净利润等关键项目。它是衡量企业自身盈利能力的重要工具，能够帮助企业管理层、投资者、债权人等利益相关者了解企业的经营状况。

利润表可以被视为企业盈利能力的最直接反映，利润表的核心是揭示企业在一定期间内是否盈利、盈利多少以及盈利的质量如何。业务经理应特别关注营业收入和净利润的变化趋势，了解企业的主营业务是否稳定，是否有依赖单一客户或单一产品的风险。此外，利润表中的毛利率、净利率等指标可以帮助业务经理判断企业的成本控制能力和市场竞争力。

7.11.1 营业收入

营业收入是企业在日常经营活动中通过销售商品、提供服务或其他业务所获得的经济利益总额。它是利润表中的首要项目，也是企业经营成果的直接体现。营业收入通常反映企业的主营业务表现，是衡量企业市场竞争力和经营规模的重要指标。营业收入的构成根据企业的业务性质不同而有所差异。对于制造业企业，其营业收入主要来自产品销售；对于服务业企业，其营业收入则来自服务的提供；而对于金融企业，其营业收入可能来自利息、手续费等。

营业收入是企业经营能力的核心指标之一。业务经理通过分析营业收入的规模、结构和趋势，可以判断企业的市场地位、业务稳定性以及未来的增长潜力。

在实际操作中，融资担保业务经理可通过以下几个方面进行风险识别。

（1）业务经理需要关注企业是否存在虚增收入、提前确认收入等问题。虚增收入可能通过虚假合同、虚假发票等手段实现，业务经理可以通过检查销售合同、客户回款情况、发票记录等方式验证收入的真实性。

（2）业务经理需要关注企业是否依赖于某个单一客户或市场，如果企业的营业收入过于集中在某个客户或某个地区，一旦该客户或市场出现问题，企业的收入将面临较大风险。业务经理可以通过分析企业的客户结构、市场分布等信息，评估企业收入的多元化程度。

（3）业务经理应分析企业营业收入的构成，了解企业的主营业务收入与其他业务收入的比例。如果企业的其他业务收入（如投资收益、资产处置收益等）占比过高，可能意味着企业的主营业务发展不佳，依赖非主营业务来维持收入和利润，这可能增加企业的经营风险。

（4）不同行业的营业收入特征不同，业务经理应结合行业背景进行分析。例如，零售行业的营业收入可能受季节性因素影响较大，而制造业企业的营业收入可能与原材料价格、生产周期等因素相关。业务经理应根据企业所处行业的特征，判断其营业收入的合理性和波动性。

（5）业务经理应将营业收入与其他财务指标（如毛利率、净利率、应收账款周转率等）结合起来分析。比如，营业收入增长的同时，毛利率是否保持稳定。如果营业收入增长，但毛利率下降，可能意味着企业为了增加收入而压低价格，导致盈利能力下降。此外，业务经理还应关注营业收入与应收账款的匹配情况，防止企业通过赊销方式虚增收入。

7.11.2 主营业务收入

主营业务收入指企业经常性的、主要的业务所产生的基本收入，如制造业的销售产品、非成品和提供工业性劳务作业的收入，商品流通企业的销售商品收入，旅游服务业的门票收入、客户收入、餐饮收入等。

核实企业主营业务收入一般通过审查现金日记账、银行存款日记账和应收账款明细账、预收账款明细账记录，业务经理可将有关会计凭证与产品销售合同相对照，查明企业是否已经取得货款或取得索取货款的凭证，有无将应记销售收入款项长期挂在往来账上。

业务经理审查主营业务收入贷方明细账时，可将企业销售的原始凭证与销售收入的入账时间相核对，看其是否相符。如果不符，业务经理应进一步审查企业有关的记账凭证和原始凭证，查明企业是否故意推迟收入的入账时间。

针对发货确认销售收入的情况，核实这种情况最直截了当的方式为核查商品出货单，业务经理可以累加企业一个月或是几个月的出货数量，再根据购销合同的单价来估算大致的销售收入。针对开发票确认销售收入的情况，财报上的销售收入数据应与增值税和所得税纳税申报表上的报税销售收入相吻合，业务经理可以抽查企业一个月或者几个月的销售发票来估算企业相应时期的销售收入。而企业的开票情况也能够从侧面反映企业的客户情况是否优质。

另外，业务经理还可以通过统计企业对公及个人账户回款来核实企业所提供报表中的销售收入。一般来说，业务经理需要在调研过程中现场导出其所有收取货款的对公及个人账户网银流水明细。核实账户回款过程中，业务经理需要剔除往来款等非货款项，因个人账户网银流水中通常无详细交易明细，故业务经理需重视各类投资公司往来款及个人金额较大较整的往来款。核实后企业的对公及个人账户回款需要加上当年财报与去年财报相对应应收账款的增加额（或者减少额）再扣除相应税点（不同行业的企业所缴纳税点也不尽相同），最后得出的数据可与企业报表中的销售收入进行核实对比。业务经理在索取了的企业账套中应收账款的本年借方累计发生额扣除税点即为相对应时期企业主营业务销售收入，而应收账款本年贷方累计发生额即为相对应实际企业客户回款的合计。同时，企业的销售收入应该大致相当于企业的相对应时期的销售回款加上当年与去年相比应收账款的增加额（或者减少额）再扣除相应税点。业务经理可通过抽查主营客户销售合同及相对应的开票凭证核实下游客户的真实性，通过抽查其主要客户回货款的原始凭证与银行回单或者银行流水与银行日记账的一致性来核实企业客户收到货款的真实性。

对于不同行业的企业，业务经理可通过不同的方法进行核实，针对不同类型的企业，还可采用不同的核实销售收入的方式。如对出口外向型企业，业务经理可核实其出口报关单及退税额，如报关和退税额都大幅减少，则销售收入基本是下滑的；对劳动密集型企业，在没有技术革新的情况下，业务经理可核查其员工人数，若人数明显减少，可大致判定其销售收入是下滑的；对一般制造业企业，业务经理可核查其每月的用水量、用电量情况，用电量和用水量和销售收入呈明显正相关关系；对纳税较规范的企业，业务经理可查看其纳税申报表和纳税凭证来判定销售收入增减情况；对主要客户比较集中的企业，业务经理可重点检查前几大客户的订单情况，如果前几大客户订单加总明显减少，则可判定为其销售收入下滑。

7.11.3 营业外收入

营业外收入指企业确认的与企业生产经营活动没有直接关系的各种收入。营业外收入主要包括非流动资产处置利得、非货币性资产交换利得、出售无形资产收益、债务重组利得、企业合并损益、盘盈利得、因债权人原因确实无法支付的应付款项、政府补助、教育费附加返还款、罚款收入、捐赠利得等。营业外收入一般可以通过相关合同以及收款凭证等方式进行核实。

在实操过程中，目前遇到的企业营业外收入主要为政府补助及其他业务收入。对于政府补助，如涉及农产品、民生产品供应、高新科技行业，企业往往可以获得企业所在区内或市内的产业资金；对于其他业务收入，如生产型企业生产过程中产生的一些废料或者残渣，可对外进行销售，该部分销售收入计入营业外收入。

业务经理可通过以下两种方式核实企业营业外收入的真实性。

（1）对于各类政府补贴收入，业务经理需要在已核实过真实性的企业对公银行流水中筛选，通过银行流水中的明细可确认政府补贴收入。

案例解读：A企业主营业务为各类水果的进出口及销售，该企业2015年3月的损益表中营业外收入为200万元，业务经理在核实企业对公银行流水后，发现三笔政府补贴收入，在银行流水中分别体现为深圳市龙岗区经济促进局——2014年度农业总额开发资金20万元，深圳市财政委员会——农业专项资金90万元，深圳市财政委员会——农产品专项费用90万元。

（2）对于其他业务收入，业务经理需要核实企业应收账款中辅料及残渣销售客户的本年借方累计发生额，从侧面确定该客户的销售收入，同时对比该客户（个人或者企业）在银行流水（对公或者对私）中的回款情况加以确认核实其销售的真实性。

7.11.4　营业成本

营业成本是企业在日常经营活动中为实现营业收入而发生的各项直接成本。它是企业为生产商品、提供服务或开展其他业务活动所支付的成本费用，通常包括原材料、人工、制造费用、采购成本等。营业成本与营业收入密切相关，是利润表中的重要项目之一，直接影响企业的毛利率和盈利能力。

在实际操作中，业务经理可通过以下几个方面进行风险识别。

（一）分析企业营业成本的构成是否合理

例如，制造业企业的营业成本是否主要集中在原材料和人工上，零售企业的营业成本是否主要为商品采购成本。通过了解企业的成本结构，业务经理可以判断企业的成本分配是否符合行业特点，是否存在不合理的成本支出。

（二）关注企业毛利率的变化情况 ［毛利率＝（营业收入－营业成本）／营业收入］

如果企业的营业收入增长，但毛利率下降，可能意味着营业成本上升过快，企业的盈利能力受到影响。毛利率下降的原因可能包括原材料价格上涨、生产效率下降、市场竞争加剧等，业务经理应深入分析，以评估企业的经营风险。

（三）分析企业营业成本中固定成本与变动成本的比例

固定成本（如设备折旧、租金等）在短期内不随产量变化而变动，而变动成本（如原材料、人工等）则随产量变化而波动。如果企业的固定成本较高，可能在市场需求下降时面临较大的经营压力，因为即使收入减少，固定成本仍然需要支付。业务经理应评估企业的成本结构，判断其在不同市场环境下的经营弹性。

7.11.5　期间费用

期间费用指企业在一定会计期间内，为组织和管理生产经营活动所发生的、不能直接归属于某项产品或服务的费用。它们与营业成本不同，不是直接与生产或销售活动相关的，而是发生在企业整个经营过程中。期间费用通常包括三大类：销售费用、管理费用、财务费用。

期间费用是企业在日常经营管理活动中发生的重要支出，直接影响企业的当期利润。业务经理应通过分析期间费用的构成、变化趋势、行业对比等，评估企业的费用控制能力、管理效率和资金使用效率，这有助于业务经理评估企业的运营风险和盈利质量，确保项目的安全性和可持续性。

7.11.6　毛利润

毛利润是企业在销售产品或提供服务后，扣除了直接成本（如原材料、直接劳动力成本等）后所剩余的利润。它不包括企业的间接费用，如管理费用、销售费用、财务费用等。其计算公式为：毛利润＝销售价格－原料进价－人工费。

提高毛利润率的主要方法：首先，提高产品价格；其次，降低产品的生产成本。影响毛利率变动的因素可分为外部因素和内部因素两大方面：外部因素主要是指市场供求变动而导致的销售数量和销售价格的升降以及购买价格的升降；内部因素包括企业开拓市场的意识和能力、成本管理水平（包括存货管理水平）、产品构成决策、企业战略要求。

一般来说，如果生产没有异常，产品市场没有异常，企业的毛利水平一般不会有多大变化，净利水平则跟企业的管理，融资成本等相关，变动会较大。传统的生产型企业，因为生产线上的员工工资算入了生产成本，因此毛利水平跟净利水平差异不会太大；贸易型企业的毛利和净利水平都较低，一般不会超过10%；科技型企业因为人员的研发成本等一般算入管理费用，因此毛利水平跟净利相比差异会比较大。

7.11.7　毛利率

毛利率是衡量企业盈利能力的关键财务指标之一，它表示销售收入中扣除销售成本后剩余的部分占销售收入的比例。具体来说，毛利率可以通过以下公式计算得出：毛利率＝（毛利润/营业收入）×100%。

毛利率的高低反映了企业在销售过程中的增值能力的强弱。一个较高的毛利率通常意味着企业在销售其产品或服务时能够保持较大的利润空间，这可能是由于企业拥有较强的市场定价能力、成本控制能力或独特的产品特性。

相反，较低的毛利率可能表明企业面临着激烈的市场竞争，或者其成本控制存在问题。

7.11.8　净利润

净利润（收益）指在利润总额中按规定交纳了所得税后公司的利润留成；一般也称为税后利润或净利润。净利润的计算公式为：净利润＝利润总额－所得税费用。

一般来说，如果生产没有异常，产品市场没有异常，企业的毛利水平就不会有多大变化，净利水平则跟企业的管理、融资成本等相关，变动会较大。传统的生产型企业，因为生产线上的员工工资算入了生产成本，因此其毛利水平跟净利水平差异不会太大；贸易型企业的毛利和净利水平都较低，一般不会超过 10%；科技型企业因为人员的研发成本等一般算入管理费用，因此其毛利水平跟净利水平差异会比较大。

7.11.9　净利率

净利率也称为销售净利率或净利润率，净利率表示企业在扣除了所有运营成本、税费、利息等之后，净利润在销售收入中所占的比例，是衡量企业盈利能力的关键财务指标之一。它反映了企业从每单位销售收入中能够保留多少作为净利润的能力，是企业盈利效率的重要体现。其计算公式为：净利率＝净利润÷销售收入×100%。

净利率提供了一个量化的指标，帮助业务经理评估被担保企业的盈利能力和财务健康状况，如判断企业是否过度依赖债务融资，或者其盈利能力是否低于行业平均水平。

7.11.10　利息保障倍数

利息保障倍数，又称已获利息倍数（或称企业利息支付能力），它是衡量企业支付负债利息能力的指标（用以衡量偿付借款利息的能力）。企业生产经营所获得的息税前利润与利息费用相比，倍数越大，说明企业支付利息费用的能力越强。

如利息保障倍数较低（接近 1 或低于 1），通常表明企业的经营利润不足以支付其债务利息，企业可能会面临较大的财务压力，甚至可能会出现违约风险。这种情况下，业务经理需要特别关注企业的现金流状况、债务结构和未来的盈利预期。

如果企业的利息保障倍数持续下降，业务经理应警惕企业可能存在的经营问题，如盈利能力下降、成本上升或市场需求减少等。此外，低利息保障倍数的企业可能对利率波动更加敏感，如果利率上升，其利息支出将进一步增加，进一步削弱其偿债能力。

7.12　现金流量表

现金流量表是反应一定时期内（可为月度、季度或年度）企业的经营活动、投资活动及筹资活动对其现金及现金等价物所产生影响的财务报表。其中，现金是企业库存现金以及可以随时用于支付的存款；现金等价物是企业持有的期限短、流动性强、易于转换为已知金额现金、价值变动风险很小的投资。

现金流量表主要体现资产负债表与损益表如何影响企业现金及现金等价物，是原先财务状况变动表或者资金流动状况表的替代物。现金流量表的主要分析意义在于：资产负债表与利润表都是依据权责发生制编制的，而现金流量表是依据收付实现制编制，弥补了另外两项报表信息量的不足的问题，提供了除期初、期末、累计额之外的动态发生情况，现金流量表可较充分体现出企业的自身运作能力及购买、偿债能力。担保实务中，因业务主要面对中小企业，这些企业并不编制现金流量表，所以需要业务经理通过单独剖析现金流量相关科目进行现金流量的分析与调研。

7.13　现金流量管理

现金流量管理指企业通过合理规划和控制现金的流入与流出，确保企业在任何时点上都拥有足够的现金来满足日常运营、投资需求和债务偿还的过程。现金流量管理的核心目标是确保企业资产的流动性，即在不影响企业正常运营的前提下，保证企业能够及时支付各项费用和债务。现金流量管理主要涉及三个方面：经营活动现金流、筹资活动现金流、投资活动现金流。

现金流量管理出现以下几种情况将直接影响企业的偿债能力和财务稳定性。

（1）如果企业的经营活动现金流长期为负，说明其核心业务无法产生足够的现金流来维持日常运营和偿还债务。这种情况可能预示着企业的盈利能力下降或成本上升，特别是在经济下行期或行业竞争加剧时，企业可能会面临更大的现金流压力。

（2）如果企业在经营活动现金流不足的情况下，仍然进行大规模的资本性支出（如购置设备、扩展业务等），但没有相应的融资来源，可能导致企业的现金流紧张，甚至出现资金链断裂的风险。

（3）如果企业的筹资活动现金流主要依赖于外部融资（如借款、发行债券等），而不是通过自有资金或经营活动产生的现金流来支持，说明企业的财务结构可能过于依赖负债。这种情况下，企业的财务风险较高，特别是在利率上升或融资环境收紧时，企业可能面临较大的偿债压力。

7.13.1　经营活动产生的现金流入

经营活动产生的现金流入指企业在日常经营过程中，通过其核心业务活动所获得的现金流入。它反映了企业通过销售产品或提供服务等经营活动所获得的现金收入，是企业最主要的现金来源之一，也是衡量企业核心业务盈利能力和现金生成能力的重要指标。

其主要包括：（1）销售商品或提供服务收到的现金；（2）收到的其他与经营活动相关的现金，例如收到的退税、政府补贴、租金收入等；（3）应收账款的回款：企业通过赊账销售产品或服务后，客户支付的款项也属于经营活动的现金流入。

业务经理需注意，经营活动产生的现金流入与利润不同，其是实际收到的现金，因此它比利润更能反映企业资产的流动性和其短期偿债能力。一个企业可以在账面上显示盈利，但如果其经营活动产生的现金流入较少或不稳定，可能会导致资金链紧张，影响其正常运营和债务偿还。

业务经理还应特别关注企业的销售回款情况（应收账款的回收速度）和现金收入的稳定性。如果企业的销售收入主要依赖赊销，且应收账款回收周期较长，可能会导致企业的经营活动现金流入不足，增大其短期资金压力。

7.13.2　经营活动产生的现金流出

经营活动产生的现金流出是企业在日常经营过程中，为维持其核心业务运营所支付的现金。这些现金流出与企业的日常经营活动密切相关，通常包括：（1）支付给供应商的现金，包括采购原材料、商品、服务等的支付；（2）支付给员工的现金，包括工资、福利、奖金等；支付的税款，包括增值税、所得税等与经营活动相关的税费；（3）支付的其他经营费用，如租金、办公费用、运输费用、广告费用等。

一般来说，经营性现金流入总额与经营性现金流出总额相比较，比例越大，企业的营业利润空间越大；销售商品、提供劳务收到的现金与经营活动流入现金总量比较，比例越大，企业的主营业务越突出；将本期经营活动现金净流量与上期数额比较，二者增长率越高，企业经营能力成长性越好。

7.13.3　筹资活动产生的现金流入

筹资活动产生的现金流入指企业通过外部融资渠道获得的资金，通常用于支持企业的运营、扩展或偿还债务。通常包括：（1）发行股票收到的现金：企业通过公开或私募发行股票，吸引投资者购买股份，从而获得资金；（2）发行债券收到的现金：企业通过发行债券向债券投资者借款，债券到期后需偿还本金并支付利息；（3）借款收到的现金：企业通过银行贷款或其他金融机构借款，通常用于短期或长期的资金需求；（4）其他形式的融资：如租赁融资、引入战略投资者等。

筹资活动产生的现金流入是企业获取外部资金的重要途径，尤其是在企业需要大额资金进行扩展、并购或其他资本密集型项目时。它可以帮助企业在短期内获得大量资金，但同时也意味着企业未来需要承担相应的偿债义务或获得股东回报。然而，吸收的权益资金也能体现外界投资者对企业的认可度，并且一般是一项长久的资金支持。因此，业务经理在尽调时，应该区分评判硬性负债（各项应付的贷款或债券）与权益资金。

7.13.4 筹资活动产生的现金流出

筹资活动产生的现金流出指企业进行与筹资相关的活动而支付的现金。这类现金流出通常与企业的融资结构和资本管理策略密切相关，反映了企业偿还债务、回报投资者或调整资本结构的行为。通常包括：（1）偿还借款支付的现金：企业在借款到期时需要偿还本金，通常包括短期借款、长期借款等；（2）支付股利的现金：企业向股东分配利润时支付的股利；（3）回购股票支付的现金：企业通过回购股票减少流通股本，通常用于提升每股收益或调整股东结构；（4）支付债券利息的现金：企业为发行债券而支付的利息；（5）其他与筹资活动相关的现金流出：如融资租赁的租金支付、与筹资活动相关的手续费支付等。

7.13.5 投资活动产生的现金流入

投资活动产生的现金流入指企业通过与投资相关的活动所获得的现金收入，反映了企业通过出售资产或收回投资所获得的资金。其通常包括：（1）出售固定资产、无形资产和其他长期资产收到的现金；（2）出售股权投资或债权投资收到的现金；（3）收回投资收到的现金；（4）收到的投资收益；（5）处置子公司或其他经营单位收到的现金：企业通过出售其子公司或其他经营单位获得的现金。

7.13.6 投资活动产生的现金流出

投资活动产生的现金流出指企业在投资活动中支付的现金，反映了企业为未来发展或扩展业务所进行的投资支出。其通常包括以下几个方面。

（1）出售固定资产、无形资产和其他长期资产收到的现金：企业通过出售如厂房、设备、土地、专利、商标等长期资产所获得的现金收入。

（2）出售股权投资或债权投资收到的现金：企业通过出售持有的股权投资（如股票）或债权投资（如债券、贷款等）获得的现金收入。

（3）收回投资收到的现金：企业收回之前对外的投资，如收回借给其他公司的贷款本金、收回合资企业的投资等。

（4）收到的投资收益：企业从其投资中获得的股息、利息等收益。

（5）处置子公司或其他经营单位收到的现金：企业通过出售其子公司或其他经营单位获得的现金。

越来越多的企业在本土发展的同时会到异地进行土地购买或长期租赁、厂房购建、设备扩大等活动，这种情况通常都会导致企业出现一定的资金缺口。所以，投资活动产生的现金流有可能成为一种后续资金补充，也有可能成为一种本土经营资金的拖滞。业务经理分析投资活动产生的现金流量，应结合企业的投资项目，不能简单地以现金净流入还是净流出来论优劣。

7.14 银行对账单

银行对账单指银行客观记录企业资金流转情况的记录单。银行对账单是银行和企业核对账务的联系单，是证实企业业务往来的记录，可以作为企业资金流动的依据，认定企业某一时段的资金规模。银行对账单具有客观性、真实性、全面性等基本特征。

7.15 存货盘点表

存货盘点表是企业对其存货进行实物盘点后形成的详细清单，该表记录了存货的种类、数量、单价、总金额等信息。它是反映企业存货管理状况的关键文件，能够帮助企业确认其存货是否账实相符。

在融资担保项目的尽职调查中，业务经理应通过存货盘点表发现潜在风险。例如，存货是否存在滞销或贬值的风险，存货金额与企业的销售收入是否匹配，存货周转率是否合理等。如果存货盘点表中的数据与企业的财务报表或实际经营情况不符，可能意味着企业存在虚报存货或存货管理不善的风险。此外，业务经理还需关注存货是否存在质押或其他权利限制，这将影响存货作为反担保物的实际价值。

7.16　账销案存

账销案存是企业财务管理中的一个特殊现象，其是在账面上已经核销的资产或债权（通常是应收账款、存货等），但实际上这些资产或债权仍然存在于企业的经营活动中。换句话说，其是企业在账面上将某些资产或债权处理为损失，不再计入，但这些资产或债权并没有真正消失，可能仍然存在于企业的仓库或客户手中。

在融资担保业务领域，账销案存的情况可能会影响对企业资产的真实评估。如果企业存在大量账销案存的情况，可能意味着其账面资产与实际资产不符，进而影响担保机构对企业偿债能力和资产质量的判断。

作为担保业务经理，需要高度重视账销案存现象。账面上核销的资产或债权，可能因为管理不善、内部控制薄弱甚至是财务造假等，导致企业的实际资产状况与账面不符。业务经理在评估企业资产时，不能仅依赖账面数据，还需通过实地调查、盘点存货、核对应收账款等方式，确认企业的实际资产状况。

7.17　缩表

缩表全称为缩减资产负债表，通常是中央银行或金融机构通过缩小其资产负债表规模来收紧货币政策或降低风险。缩表的核心是减少资产和负债，从而降低市场中的资产流动性。

（一）中央银行的缩表

中央银行通过购买资产（如国债、抵押贷款支持证券等）向市场注入流动性，这会导致其资产负债表扩张。缩表则是中央银行通过出售这些资产或不再续作到期资产，减少市场中的货币供应量，达到收紧货币政策的目的。例如，美联储在金融危机后实施量化宽松（QE），通过大量购买债券等资产来扩张资产负债表。随着经济复苏，美联储开始缩表，即减少债券持有量，回收市场中的流动性。

（二）金融机构的缩表

对于商业银行或其他金融机构，缩表意味着通过减少贷款、出售资产或

减少负债等方式，缩小其资产负债表的规模，通常是为了应对风险、满足监管要求或改善财务状况。

7.18 出表

出表全称为资产负债表外处理，是企业或金融机构通过某些会计或金融操作，将某些资产或负债从其资产负债表中剔除，使这些项目不再反映在报表上。这种操作通常用于优化财务报表、规避风险或满足监管要求。出表的常见方式有以下三种。

（一）资产证券化

企业或金融机构将某些资产（如应收账款、贷款等）打包成证券出售给投资者，从而将这些资产从资产负债表上剔除。这种方式可以帮助企业或金融机构将风险转移给其他投资者，同时获得资金回笼。例如，银行将其持有的贷款打包成资产支持证券（ABS）出售，该贷款不再出现在银行的资产负债表上，银行可以腾出空间发放更多贷款。

（二）融资租赁

企业通过融资租赁的方式获得设备或资产的使用权，但不需要将这些资产计入资产负债表，而是作为租赁费用分期支付。这可以缩小企业的资产负债表规模，提高资产负债率的表现。

（三）特殊目的实体（SPE）

企业设立独立的特殊目的实体，将某些资产或负债转移到该实体中，从而实现出表。这种方式常用于规避风险或优化财务报表。

7.19 本票

本票是一种书面承诺，通常用于借款、商业交易中的延期付款等场景，由出票人向收款人承诺在指定日期无条件支付一定金额。本票不需要第三方参与，通常是出票人和收款人之间的直接承诺。

7.20 汇票

汇票广泛用于国际贸易和国内商业交易，特别是在卖方不愿意在货物交付时立即收款，而是希望在未来某个日期收款的情况下，是由出票人要求付款人向收款人无条件支付一定金额。与本票不同，汇票通常涉及三方：出票人（签发汇票的一方，通常是卖方或债权人）、付款人（汇票上指定的支付方，通常是买方或债务人）和收款人（汇票的持有人，有权在汇票到期时收到款项）。

汇票可以根据不同的标准进行分类，主要有以下几种。

（一）按承兑人分类

（1）银行承兑汇票：简称银票，银行承诺在汇票到期时支付票面金额。这类汇票信用高、风险低，流通性强。

（2）商业承兑汇票：简称商票，企业承诺在汇票到期时支付票面金额。这类汇票的信用和风险取决于承兑企业的信用，流通性相对较弱。在面对企业使用商业承兑汇票作为反担保物这一情况时，融资担保业务经理需要特别关注商票的流动性问题。商票的流通性强弱，主要依赖于承兑企业的信用水平的高低，因此业务经理必须对承兑企业的财务状况进行详尽的评估，以确保其有能力在票据到期时支付票面金额。

（二）按付款时间分类

（1）即期汇票：见票即付的汇票，持票人出示汇票时，付款人必须立即支付票面金额。

（2）远期汇票：在未来某个日期支付的汇票，通常用于商业交易中的延期付款。

（三）按出票人分类

（1）银行汇票：由银行签发的汇票，通常用于大额资金的支付和结算。

（2）商业汇票：由企业签发的汇票，主要用于企业之间的商业交易。

7.21　承兑

承兑指票据（如汇票、本票等）到期后，持票人将票据提交给承兑人或付款人，要求其按照票据的约定支付票面金额的过程。简单来说，承兑就是持票人向承兑人或付款人兑现票据的行为。

7.22　贴现

贴现指票据持有人（通常是企业或个人）在票据到期前，将未到期的票据（如汇票、本票等）转让给银行或其他金融机构，并以此提前获得资金的行为。银行或金融机构会根据票据的剩余期限、票面金额以及市场利率，扣除一定的利息，支付给持票人折扣后的金额。简单来说，贴现是一种票据持有人通过提前兑现票据来获得资金的方式。

7.23　担保函

担保函指担保人出具的，承诺在借款人或被担保人未能履行其合同义务时，其将履行或承担相应责任的一种书面文件。开具担保函这一担保业务流程简称"出函"。与担保合同不同，担保函通常是单方面的承诺，不需要被担保人的签字或同意即可生效。而担保合同则是一种双边协议，涉及担保人与被担保人之间的法律约定，需要双方同意并签署，明确各自的权利和义务。此外，担保合同可能包含更详细的条款和条件，而担保函则相对简洁。

7.24　主合同

主合同指在法律关系中，作为基础或核心的合同，它规定了当事人之间的主要权利和义务。主合同具有独立性，即它不依赖于其他合同的存在而有效。即使存在担保合同、补充合同等从合同，主合同依然是核心，其他合同只是辅助或保障主合同的履行。主合同的内容通常涉及交易的主要条款，如标的、价款、履行期限等，明确了双方的主要权利义务。

7.25　保证合同

保证合同是为保障债权的实现，保证人和债权人约定，当债务人不履行到期债务或者发生当事人约定的情形时，保证人履行债务或者承担责任的合同。保证合同是主债权债务合同的从合同。主债权债务合同无效的，保证合同无效，但是法律另有规定的除外。

7.26　借款合同

借款合同是借款人向贷款人借款，到期返还借款并支付利息的合同。借款合同应当采用书面形式，但是自然人之间借款另有约定的除外。借款合同的内容一般包括借款种类、币种、用途、数额、利率、期限和还款方式等。

7.27　要约

要约是合同法中的一个重要概念，它是一方当事人向另一方提出的订立合同的意思表示。要约的提出者希望通过该意思表示与对方达成合同，并且该意思表示内容具体且明确，一旦对方同意（即作出承诺），合同即成立。

要约与普通的谈判或协商不同，它具有法律上的约束力。要约一经发出，发出方即受其约束，不能随意撤回或更改，除非在法律允许的情况下或者要约中明确规定了撤回的条件。要约的具体内容必须足够明确，能够让接受方清楚地理解要约的条款，并且能够通过简单的承诺达成合同。

要约的法律特征体现在其确定性上。要约必须明确表达出订立合同的意图，并且要约的内容要具体、清晰，能够让对方理解并作出回应。如果要约内容含糊不清，或者只是表达了订立要约方的希望或意向，则不能构成法律意义上的要约，而只能被视为要约邀请。例如，商店的商品陈列、广告宣传等通常被视为要约邀请，而非要约。

7.28　承诺

承诺指受要约人对要约内容的同意或接受。承诺是合同成立的必要条件之一，一旦受要约人作出有效的承诺，合同即成立，双方当事人必须按照合同的约定履行各自的义务。

承诺必须与要约的内容完全一致，不能对要约的内容进行修改或附加条件。如果受要约人对要约内容作出任何变更或附加条件，这种行为被视为反要约，而不是承诺。反要约实际上是对原要约的拒绝，并且提出了新的要约，原要约不再具有法律效力。承诺必须在要约的有效期内作出，如果超过了要约的有效期，受要约人再作出承诺，这通常被视为新的要约，而不是对原要约的承诺。

承诺可以通过明示或默示的方式作出。明示承诺是指受要约人通过明确的言辞或书面形式表示同意要约的内容。例如，受要约人通过签署合同或口头表示接受要约。默示承诺是指受要约人通过行为表示同意要约的内容，而无须明确的言辞。例如，在某些情况下，受要约人履行要约中的义务（如支付货款或提供服务）可以被视为默示承诺。此外，承诺的形式可以根据合同的性质有所不同。某些合同必须以书面形式作出承诺，如涉及不动产的买卖合同，而某些合同则可以通过口头承诺成立。

7.29　格式条款

格式条款指在合同中由一方预先拟定，另一方只能选择接受或拒绝，双方无法对条款内容进行协商的条款。通常，格式条款的制定者是处于优势地位的合同一方，且条款往往包含有利于制定方的规定。格式条款在担保合同中尤为常见，尤其是在金融机构、保险公司等大企业与中小企业或个人签订的担保合同中，格式条款可以大幅提高合同的标准化和效率，但也可能导致不公平的风险分配。

业务经理应仔细审阅担保合同中的格式条款，尤其是那些涉及违约责任、担保范围、解除条件等关键内容的。通过深入分析这些条款，业务经理可以评估企业是否能够在合同的框架内正常履约，或者这些条款是否可能对企业的经营活动产生过度的负担。例如，如果格式条款中规定了过于严苛的违约条件或不合理的担保责任分配，企业可能在日后面临较大的违约风险。

7.30　后合同义务

后合同义务指在合同终止或履行完毕后，合同当事人仍然需要履行的某些义务。这些义务并不因合同的结束而自动消失，而是基于法律规定、合同约定或诚信原则继续存在，并对当事人产生约束力。后合同义务通常包括保密义务、竞业禁止义务、信息披露义务、结算义务、清算义务等。

7.31 情势变更

情势变更指在合同履行过程中，因不可预见的、非当事人双方原因导致客观情况发生了重大变化，致使合同的履行变得极为困难或不公平。在担保行业中，情势变更原则通常适用于那些在合同签订时无法预见且非人为因素引发的重大变动，例如经济危机、政策调整、自然灾害等。这一原则的核心在于维护合同的公平性，避免一方因情势的剧烈变化而承受过度的履约负担。根据情势变更原则，合同双方可以协商修改合同条款，甚至解除合同。

在实际操作中，业务经理应时刻关注外部环境的变化，特别是那些可能影响企业经营状况的重大事件，如金融市场波动、行业政策调整或自然灾害等。当发现可能构成情势变更的因素时，业务经理应及时与企业进行沟通，了解其经营状况是否因此受到影响，并评估其履约能力是否因此下降。如果企业因情势变更而面临履约困难情况，业务经理应考虑建议企业与合同另一方协商修改合同条款，或寻求其他替代方案，以减少担保方的风险暴露。

7.32 协议管辖

协议管辖指合同双方当事人在合同中通过协商，事先约定在双方发生争议时，由指定地区的法院或仲裁机构管辖并解决纠纷的条款。协议管辖条款的设置可以避免在纠纷发生后双方就管辖法院或仲裁机构的问题产生争议，确保诉讼或仲裁程序的高效推进。对于担保合同而言，协议管辖条款尤为重要，因为担保合同往往涉及多个地区的当事人或金融机构，明确的管辖约定可以减少管辖权冲突，节省时间和成本。

担保业务经理在了解协议管辖条款时，应认识到这一条款对合同争议解决的实际影响。协议管辖条款的核心作用在于为合同双方提供确定性，避免在双方发生纠纷时因管辖权问题而延误诉讼或仲裁程序。业务经理需要特别关注担保合同中是否存在此类条款，以及该条款约定的管辖地点是否对担保方有利。例如，某些合同可能会选择对担保方不利的管辖地，增加诉讼或仲裁的难度和成本。

7.33　所有权

所有权是物权中最完整的权利形式,赋予所有权人对物的全面支配权。所有权的核心权能包括四个方面:(1)占有权:所有权人可以直接控制和管理该物;(2)使用权:所有权人可以根据自己的需要使用该物;(3)收益权:所有权人可以从该物中获取经济利益,如收取租金或生产产品;(4)处分权:所有权人可以自由地转让、出租、抵押或销毁该物。

7.34　撤销权

撤销权指在特定情况下,合同的一方当事人可以依法请求法院或仲裁机构撤销已经成立的合同,使合同自始不发生法律效力。撤销权的行使通常基于合同订立过程中存在的某些瑕疵,例如欺诈、胁迫、重大误解或显失公平等情形。

在担保行业中,撤销权的行使可能对担保方产生重大影响,特别是在担保合同或主合同因撤销权的行使而被解除时,担保方的责任和风险可能随之发生变化。因此,担保业务经理需要对撤销权有清晰的认识,并在合同审查和风险管理中加以关注。

撤销权并不是无限期可以行使的,通常法律会规定一个时效,比如自当事人知道或应当知道撤销事由之日起一年内。因此,担保业务经理在发现合同订立过程中存在欺诈、胁迫或重大误解等情况时,应及时与法律顾问沟通,评估是否行使撤销权,并在法律规定的期限内采取行动,以保护担保方的权益。

7.35　虚假表示与隐藏行为效力

虚假表示指当事人一方或双方在订立合同或实施法律行为时,故意作出与其真实意思不符的表示。这种表示通常是为了欺骗第三方或规避法律规定。虚假表示的法律行为一般被认定为无效,因其缺乏真实的意思表示基础。

隐藏行为指当事人通过虚假表示掩盖其真实的法律行为。换句话说,表面上当事人进行的是一个虚假的法律行为，但在背后隐藏着一个真实的法律行为。隐藏行为通常是当事人为了规避法律或税务等而采取的手段。根据法律规定，隐藏行为如果符合法律要求，仍然可能有效，但虚假的外在行为通常被认定为无效。

案例解读：A公司向B银行申请了一笔贷款，C公司作为担保人提供担保。为了规避法律或债务，A公司与C公司签订了一份虚假的担保合同，表面上看C公司为A公司提供了担保，但实际上A公司与C公司之间有私下协议，约定C公司并不真正承担A公司担保责任。与此同时，A公司与C公司之间还隐藏了一个真实的法律行为——A公司实际上已经将一部分资产转移至C公司作为偿还债务的对价。在这个例子中，A公司与C公司之间的担保合同表面上看是合法的，但实际上却存在虚假表示，双方存在隐藏行为。

7.36　留置

留置指债权人依照法律规定，在债务人未按期履行债务的情况下，合法占有债务人的动产，并有权留置该动产，直到债务人履行债务或清偿相关费用。留置权是一种法定担保物权，具有优先受偿的效力，即债权人可以通过留置物的变卖或拍卖，优先获得其债权的清偿。

留置权的设立不需要双方的特别约定，而是基于法律的直接规定。通常情况下，留置权的成立条件包括：债权人合法占有债务人的动产，且该动产与债权具有牵连（即债权人对该动产的占有与债权的产生具有一定的关联性）。如修理工对修理的汽车享有留置权，直到车主支付修理费为止。

留置权人负有妥善保管留置财产的义务，如因保管不善导致留置财产毁损、遗失，留置权人应承担赔偿责任。此外，留置权人还有权收取留置财产产生的利息，并应先充抵收取利息的费用。在留置权的行使过程中，留置权人与债务人应约定留置财产后的债务履行期限，未约定或约定不明确的，留置权人应给予债务人一定的履行债务的期限。

7.37　违约责任

违约责任指合同一方在未按合同约定履行义务时，依法或依合同约定应承担的法律后果。它是担保合同中的核心概念之一，旨在确保合同的严肃性和合同履行的可预期性。在担保行业中，违约责任不仅涉及主合同中的债务人违约，还包括担保人因未履行担保义务而需承担的责任。担保人可能因债务人违约而承担连带责任或一般责任，具体取决于担保合同的约定。担保行业的核心任务是防范债务人违约，因此，违约责任的设定和判断直接影响担保机构的风险控制和损失预防。

违约责任不仅限于合同条款层面的违约后果，还应深入掌握违约责任的触发条件、责任形式以及可能产生的法律后果。业务经理需要明白，违约责任的承担方式可能包括继续履行、赔偿损失、支付违约金、解除合同等多种形式。

（一）根本违约

根本违约指合同一方的违约行为严重到使另一方无法实现合同的根本目的，从而导致合同关系的实质性破裂。根本违约的结果通常允许守约方选择解除合同，并要求违约方承担相应的赔偿责任。根本违约与一般违约的区别在于，其违约行为的严重性足以使合同的履行失去意义，守约方不再有继续履行合同的必要或可能。

（二）非违约方防止损失扩大义务

非违约方防止损失扩大义务又称减损义务或损失减轻义务，是合同法中的一项原则。它要求在合同一方违约后，守约方（即非违约方）有义务采取合理措施防止或减少因违约行为所造成的损失。如果非违约方未能履行这一义务，导致损失扩大，那么违约方可以主张减轻其赔偿责任，非违约方因此扩大的部分造成的损失将不由违约方承担。这一原则的核心目的是防止非违约方因违约行为被动等待，而不采取任何行动去减少损失，从而导致不必要的损失增加。

案例解读：假设 A 公司与 B 公司签订了一份合同，约定 B 公司为 A 公司提供一批重要的设备，交付日期为 6 月 1 日。这批设备对 A 公司的生产至关重要，A 公司计划在 6 月 15 日开始使用这些设备进行生产。然而，B 公司由于内部管理问题，未能按时在 6 月 1 日交付设备，导致 A 公司无法按计划进行生产。这种情况下，B 公司构成违约。

（三）连带责任

连带责任指在多个责任主体共同承担责任的情况下，债权人可以要求其中任何一方承担全部责任，而不必按照各自的责任份额追偿。承担全部责任的一方在履行责任后，可以向其他责任人追偿其应当承担的部分。连带责任通常出现在合同责任、侵权责任和担保责任中，尤其是在多个担保人为同一债务提供担保时，连带责任意味着每个担保人都对全部债务负责，债权人可以向任何一个担保人主张全部债务。连带责任这种责任形式对债权人是非常有利的，因为它大大增强了债权的保障力度。

7.38　不可抗力

不可抗力指在合同履行过程中，出现了当事人无法预见、无法避免且无法克服的客观事件，导致合同无法按约履行。这类事件通常包括自然灾害（如地震、洪水、台风等）、战争、暴动、政府行为（如禁令、法律变更）等。不可抗力事件的发生通常会导致合同当事人部分或全部免除其因未履行或延迟履行合同义务所产生的责任。

如果不可抗力事件导致债务人无法履行还款义务，业务经理应评估是否可以通过调整还款计划、延长担保期限或采取其他补救措施来减少损失。此外，业务经理还应关注不可抗力事件结束后的合同履行问题，确保合同能够在合理的时间内恢复履行。

7.39　追偿权

追偿权指在担保关系中，担保人因履行担保责任代替债务人偿还债务后，向债务人追讨其代偿的金额及相关费用的权利。追偿权是担保人承担担保责任后获得的一项法定权利，目的是确保担保人不因履行担保义务而遭受不应有的经济损失。在担保合同中，追偿权的行使通常包括代偿金额、利息、违约金、诉讼费用等相关费用的追讨。追偿权的有效行使是担保机构控制风险、减少损失的重要手段。

业务经理应通过分析追偿权的实现难度来评估企业的潜在风险。首先，业务经理应评估债务人的偿债能力，包括其资产状况、现金流、负债水平等。如果债务人财务状况不佳，即便担保人代偿后享有追偿权，实际追偿的难度也会增加。其次，业务经理应关注债务人的资产结构，特别是其是否有足够的可执行资产来保障追偿权的实现。如果债务人资产流动性差或存在隐匿资产，追偿权的实现将更加困难。最后，业务经理还应评估债务人的信用状况和履约意愿，判断其在违约后是否会主动配合偿还代偿款项。

7.40 保全

保全指在债务履行过程中，为了防止债务人转移、隐匿或损害其财产，债权人（包括担保人）可以采取的一种法律措施。保全的目的是确保债权能够顺利实现，避免债务人恶意逃避履行义务。保全主要分为财产保全和证据保全。财产保全是针对债务人的财产采取查封、冻结等措施，确保债务人在诉讼或仲裁期间无法转移资产；而证据保全则是为了防止证据灭失或日后难以取得，确保诉讼或仲裁中有足够的证据支持。

在担保业务中，保全措施是担保机构防范风险的重要手段之一。担保机构在代偿后，往往面临债务人无力偿还或恶意逃避责任的情况。通过申请保全，担保机构可以冻结债务人的财产，确保在代偿后能够顺利追偿。

保全措施的具体适用和实施方式根据具体的法律和司法体系会有所不同，但申请人通常都需要在法院或仲裁机构提出书面申请，解释申请保全措施的理由，并提供相关证据来支持申请保全的必要性。

（一）保全期限

保全期限指在担保或诉讼过程中，法院对债务人财产采取查封、冻结、扣押等保全措施的有效时间。保全期限的长短取决于保全的类型（诉讼前保全、诉讼中保全或执行中保全）以及案件的进展。诉讼前保全的期限较为严格，通常要求申请人在保全后 15 天内提起诉讼或仲裁；而诉讼中保全的期限与案件审理和执行进展密切相关，通常持续到判决执行完毕或债务清偿为止。

（二）保全解除

保全解除指在特定条件下，法院或仲裁机构根据法律规定或当事人的申请，解除对债务人财产的查封、冻结、扣押等保全措施。保全解除的常见情形包括：债务人提供了充分的替代担保、当事人达成和解、案件审理终结且判决已执行完毕或者保全申请人主动申请解除保全。保全解除意味着法院对债务人财产的控制权终止，债务人可以恢复对其财产的自由支配权。因此，保全解除的时机和条件对债权人和担保机构的利益有直接影响。

7.41　诉前保全

诉前保全指在诉讼程序启动之前，利害关系人因面临紧急情况，若不立即采取财产保全措施，将导致其合法权益遭受无法弥补的损害时，向人民法院提出的财产保全申请。申请诉前保全需满足以下条件：（1）案件涉及明确的给付内容；（2）债权、债务关系明确且需提供相应证据证明对被申请人的财产权利；（3）情况紧急，延误将导致难以弥补的损害；（4）申请必须在诉讼启动前提出，并由利害关系人主动申请；（5）申请人需提供担保以防止错误保全对被申请人造成不当损害。诉前保全措施可以确保在诉讼过程中申请人的合法权益不受损害。

7.42　抗辩权

抗辩权指担保人或被担保人在面对债权人主张权利时，能够提出事实或法律上的依据，拒绝履行特定义务或拒绝承担特定责任的权利。这意味着当债权人要求担保人履行担保责任时，担保人可以基于抗辩权提出合法的理由来对抗这种要求，从而使自己免于或延迟履行担保义务。抗辩权的行使并不仅限于对抗请求权，还可以针对其他形式的权利主张，但狭义上主要用于对抗请求权，即当债权人提出担保人履行担保责任请求时，担保人有权拒绝满足该请求。

7.43　调解

调解是一种非诉讼的纠纷解决方式，指在第三方中立调解员的主持下，争议双方通过协商达成自愿协议，以解决彼此之间的争议。与诉讼或仲裁不同，调解的核心特点是灵活性和自愿性。调解员不具备强制裁决权，其主要作用是引导双方沟通，帮助他们找到一个双方都能接受的解决方案。调解通常比诉讼更快捷、成本更低，且能保持双方的关系不至于因对抗性的法律程序而恶化。

调解可以分为法院调解和非法院调解。法院调解是在诉讼过程中，由法官或法院指定的调解员主持，促使双方达成和解协议，避免其进入审判程序。非法院调解则是在诉讼之外进行的调解，通常由专业的调解机构或调解员主持。非法院调解的形式更加灵活，双方可以选择调解员，且调解过程保密，不会公开争议的细节。此外，调解还可以根据调解员的角色分为强制调解和自愿调解。

业务经理应当在纠纷发生的早期阶段考虑调解的可能性，并与法律顾问探讨调解是否为解决纠纷的最佳途径。如果调解是可行的，业务经理应确保调解员对项目背景有充足的了解，并为调解过程提供必要的支持。同时，业务经理应确保调解协议的条款明确且可执行，避免因调解协议不清晰而导致后续出现执行问题。如果调解未能成功，业务经理还应准备好法律手段，如提起诉讼或提出仲裁。

7.44　仲裁

仲裁是一种替代诉讼的争议解决机制，双方当事人通过事先达成的协议，将纠纷提交给一个或多个中立的仲裁员，由仲裁员作出具有法律约束力的裁决。与调解不同，仲裁员的裁决具有强制执行力，类似于法院的判决。仲裁的特点包括自主性、程序的灵活性、保密性、终局性以及国际性。双方可以选择仲裁员和仲裁规则，程序相对灵活，且仲裁结果通常是终局性的，不允许上诉。

仲裁通常比诉讼更快，仲裁员也往往是相关领域的专家，能够对复杂的技术或行业问题作出更专业的裁决。然而，仲裁也有一些缺点，如费用较高、缺乏上诉机制以及在某些情况下执行裁决可能遇到困难。

业务经理应在项目初期阶段与法务经理商讨是否在合同中加入仲裁条款，以确保在发生纠纷时能够通过仲裁快速解决问题。仲裁条款应明确规定仲裁地点、适用的仲裁机构或规则以及仲裁语言等关键要素，以避免后续发生纠纷时产生不必要的程序争议。

7.45　诉　讼

诉讼是当事人通过法院解决纠纷的法律程序。它是最常见的争议解决方式，由国家司法机关主持，具有强制性和公开性。诉讼程序严格按照法律规定执行，法院的判决具有法律约束力，并且可以通过国家强制执行。诉讼的特点包括程序的正式性、公开性、严格的证据规则以及多级审判制度。诉讼的结果可以通过上诉进行复审，确保判决的合法性和公正性。

诉讼可以分为民事诉讼、刑事诉讼和行政诉讼三大类。民事诉讼主要解决个人、法人或两者之间的民事权益纠纷，如合同纠纷、侵权纠纷等；刑事诉讼则由国家对涉嫌犯罪的个人或组织提起，目的是追究其刑事责任；行政诉讼是公民、法人或其他组织对行政机关的具体行政行为不服而提起的诉讼。每种诉讼类型都有不同的程序和法律适用规则。

诉讼的优点在于其程序的规范性和法律的强制性。法院的判决具有国家强制力，确保了判决的执行效力。此外，诉讼程序公开、透明，能够保障法律的公正性和当事人的合法权益。诉讼还具有上诉机制，允许当事人对一审判决不服时提起上诉，确保裁判的公平性。然而，诉讼也有一些缺点。首先，诉讼程序复杂且耗时较长，尤其是在多级审判的情况下，可能需要数年才能最终解决纠纷。其次，诉讼的费用较高，包括律师费、诉讼费等。且公开审理可能会对当事人的声誉或商业秘密造成不利影响。

在实际操作中，业务经理应与法务经理密切合作，评估诉讼风险和成本，考虑法律制度、诉讼程序和判决的执行问题。

（一）诉讼时效

诉讼时效指法律规定的权利人请求法院保护其权利的法定期限。如果在该期限内权利人未向法院提起诉讼或主张权利，法院将不再保护其权利，除非有法律规定的例外情况。诉讼时效的设立是为了督促权利人及时行使权利，维护法律关系的稳定性和社会秩序。

一般保证的债权人在保证期间届满前对债务人提起诉讼或者申请仲裁的，从保证人拒绝承担保证责任的权利消灭之日起，开始计算保证债务的诉讼时效。

连带责任保证的债权人在保证期间届满前请求保证人承担保证责任的，从债权人请求保证人承担保证责任之日起，开始计算保证债务的诉讼时效。

（二）除斥期间

除斥期间指法律规定的某些权利必须在特定的期限内行使，超过该期限后权利自动消灭。与诉讼时效不同，除斥期间不受中断、中止或延长的影响。一旦除斥期间届满，权利本身消灭，法院或仲裁机构也不再保护该权利。除斥期间通常适用于合同撤销权、解除权等特殊的法律关系。

除斥期间和诉讼时效的主要区别如下。除斥期间是权利的存续期限，超过后权利自动消灭；而诉讼时效是请求法院保护权利的期限，超过后权利仍然存在，但法院不再强制保护。此外，诉讼时效可以中断或延长，但除斥期间一旦开始计算，通常不会中断或延长。

7.45.1　一审

一审指人民法院对案件进行的初级审判阶段，属于司法程序的首要环节。在我国司法体系中，一审程序依其复杂程度和案件性质，分为普通程序和简易程序。通常情况下，基层人民法院负责普通案件的一审，但性质复杂、问题严重或具有广泛社会影响的案件，则可能由中级人民法院、高级人民法院或最高人民法院进行管辖。需要特别指出的是，最高人民法院进行的一审即为终审，其判决具有最终法律效力。

7.45.2　二审

二审，即上诉审程序，指在我国司法体系中，第二审人民法院针对第一审法院尚未生效的判决或裁定，根据上诉人的申请，对案件事实认定和法律适用进行重新审查和判断的程序。此程序旨在保障司法公正，通过对初审判决的复核，确保法律适用的正确性和事实认定的准确性。二审程序是司法救济的重要组成部分，是维护司法权威和当事人合法权益的关键环节。

7.46　冻结

冻结是法院在强制执行程序中使用的一种措施，目的是防止被执行人转移或隐匿财产。通过冻结，法院可以暂时控制被执行人的财产，确保这些财产在后续的执行程序中能够用于清偿债务。冻结的财产类型包括银行账户、不动产、股权、车辆等。业务经理需要理解，冻结并不意味着立即扣押或拍卖财产，而是限制被执行人对财产的处分权，防止其转移或变卖。

7.47　查封

查封指法院或其他权力机关在执行法律程序时，对债务人或被担保人的特定不动产、动产或其他财产采取的强制性控制措施。与冻结不同，查封主要针对的是不动产（房产、土地）或特定动产（车辆、设备等），而冻结则更常用于银行账户和资金流动。与冻结相比，查封往往意味着企业的财务或经营状况已经出现严重问题，甚至可能进入破产清算阶段。

业务经理如果发现企业的主要资产已被第三方查封，这可能意味着企业的财务状况已经恶化到难以维持正常经营的地步。

（一）首封

首封指在多个债权人向法院申请查封同一债务人的财产时，法院首先批准的查封措施。首封债权人享有优先受偿权，即在该财产被拍卖、变卖或用于清偿债务时，首封的债权人通常会优先于其他债权人获得清偿。首封的优先权意味着在债务人财产有限的情况下，首封债权人可能会获得较高比例的清偿，而后续查封的债权人则只能根据剩余财产进行分配。

然而首封债权人虽享有优先权，但并不意味着一定能全额受偿。业务经理还需考虑企业整体的债务负担、其他债权人的竞争情况以及被查封资产的实际变现能力。在成为首封债权人之后，业务经理要及时做好资产拍卖或变卖后的分配方案预估。

（二）轮候查封

轮候查封指在同一债务人的财产已经被其他债权人查封的情况下，后续债权人向法院申请查封该财产时，法院会将这些后续申请排在首封之后，形成一个轮候顺序。轮候查封的债权人在首封查封解除或财产拍卖、变卖后，才有机会根据其轮候顺序获得清偿。

简单来说，轮候查封是指在首封债权人之后，其他债权人对同一财产的查封申请会按照时间顺序依次排队，等待前面的查封债权人处理完毕后，才能轮到自己行使权利。

虽然轮候查封可以为担保机构保留一定的权利，但业务经理不应过度依赖这一措施。轮候查封的效果很大程度上取决于首封债权人清偿的结果以及被查封财产的变现能力。因此，业务经理应尽量避免让企业的核心资产进入轮候查封的状态，而应在企业出现违约风险时，迅速采取行动，争取成为首封债权人。

如项目进入轮候查封，在某些情况下，业务经理可以考虑与其他债权人进行协商，尤其是首封债权人，沟通是否能够达成协议，通过债务重组、财产分配等方式，提前获得部分清偿，而不必等待轮候查封。

（三）财产保全续封

财产保全续封指在法院对某项财产进行查封后，查封期限即将届满时，申请人可以向法院提出申请，要求延长查封期限，继续对该财产进行查封。通常，财产保全的查封期限为两年，如果在查封期限内案件尚未审结或执行完毕，申请人可以在查封期限届满前，向法院申请续封，以确保查封财产在法律程序未完成前不会被转移或处置。

在查封期限即将届满时，债务人可能会试图通过各种手段转移或隐匿被查封的财产。业务经理应密切关注债务人的动态，防止在查封解除前发生财产转移的情况。如果发现债务人有转移财产的迹象，业务经理应及时采取法律措施，甚至可以申请法院采取更为严厉的保全措施。

7.48 执行

执行指在法院作出判决或仲裁机构作出裁决后，如果一方当事人不自愿履行判决或裁决，另一方可以申请法院强制执行。执行程序旨在确保判决或裁决的实际履行，保障胜诉方的合法权益。执行的特点在于其强制性和公权力的介入。

执行可以分为两大类：民事执行和刑事执行。民事执行主要用于民事案件中，涉及财产纠纷、合同履行、债务清偿等。刑事执行则主要涉及刑事案件中对刑罚的执行，如监禁、罚金等。此外，执行还可以根据执行标的的不同分为财产执行和行为执行。财产执行是对被执行人的财产进行强制执行，而行为执行则是强制被执行人履行特定行为。

执行程序通常由法院的执行部门负责。首先，胜诉方（申请执行人）需要向法院提交执行申请，法院在审查后会立案执行。其次，法院会采取一系列强制措施，如查询被执行人的财产状况、冻结其银行账户、查封其不动产等。如果被执行人仍不履行，法院可以进一步采取拍卖、变卖财产等措施，甚至将被执行人列入失信名单，限制其高消费行为或出行自由。在某些情况下，法院还可以对拒不履行判决的被执行人采取拘留、罚款等惩戒措施。

尽管法院的执行程序具有强制性，但在实际操作中，执行难的问题较为普遍。主要难点包括：（1）被执行人隐匿、转移财产，导致法院难以查找到可供执行的财产；（2）被执行人恶意逃避执行，如通过假离婚、虚假诉讼等手段规避责任；（3）部分案件涉及跨国执行，因各国法律制度不同，执行程序复杂且耗时；此外，执行过程中还可能面临执行标的不足的情况，即被执行人的财产不足以清偿全部债务，导致部分债权无法实现。

如果执行时遇到困难，例如被执行人转移、隐匿财产，业务经理应及时追查财产去向并保留相关证据，向法院举报被执行人的失信行为。

7.49　强制执行

强制执行指在法院作出具有法律效力的判决、裁定或仲裁裁决后，如果被执行人（义务人）不主动履行其义务，申请执行人（权利人）可以向法院申请，要求其通过法律手段强制被执行人履行义务。强制执行是确保法院判决或仲裁裁决得到实际执行的重要手段，具有国家强制力。

强制执行的法律依据主要包括以下几种。

（1）法院生效的判决、裁定：法院作出的生效判决、裁定，具有法律效力，必须执行。

（2）仲裁裁决：仲裁机构作出的裁决具有法律效力，如果被执行人不履行，申请执行人可以向法院申请强制执行。

（3）公证债权文书：如果债务人不履行经过公证的债权文书，债权人可以直接向法院申请强制执行。

（4）支付令：在特定情况下，法院可以根据债权人的申请发出支付令，如果债务人在规定期限内未提出异议，支付令生效，债权人可以申请强制执行。

7.50　司法拍卖

司法拍卖简称法拍，指法院在执行程序中，为了清偿当事人债务或实现其债权，通过公开竞价的方式对被执行人的财产进行处置的法律程序。法院通常会委托拍卖机构或通过网络平台进行拍卖，拍卖所得款项用于实现债权人的债权。拍卖标的物可以是动产、不动产、股权、知识产权等各类财产，拍卖过程公开透明，任何符合条件的竞买人都可以参与竞价。

在债务人财产进入司法拍卖程序时，业务经理需及时评估拍卖标的物的市场价值和法律状态。如果拍卖标的物的评估价过低，或拍卖过程中出现流拍、竞买人不足等情况，可能导致拍卖所得无法覆盖担保债权，进而影响担保机构的债权实现。此外，业务经理还应警惕拍卖标的物是否存在法律瑕疵，如产权不清、抵押权未解除等，这些都可能在拍卖后影响资产的处置和债权的回收。

7.51　债权转让

债权转让指债权人将其对债务人的债权全部或部分转让给第三方的法律行为。通过债权转让，原债权人（转让人）将其享有的债权让渡给新的债权人（受让人），从而使其享有原债权人对债务人的权利。债权转让不需要经过债务人的同意，但需要通知债务人，否则对债务人不产生效力。

7.52　债务转移

债务转移指债务人将其所负的债务全部或部分转移给第三方的法律行为。与债权转让不同，债务转移通常需要获得债权人的同意，因为债务的转移可能影响债权人的利益。债务转移一旦完成，原债务人不再承担该债务，新的债务人承担履行债务的全部责任。债务转移可以通过协议的方式进行，通常发生在企业重组、资产剥离、并购等场景中。

7.53　债权债务终止

债权债务终止指因某种法律事实或行为，债权人与债务人之间的债权债务关系不再存在，双方在合同中的权利和义务归于消灭。债权债务终止的原因有多种，包括但不限于债务的履行、债务的抵销、债务的免除、混同（债权人和债务人成为同一主体）、债务的提存以及法律规定的其他情形。债权债务终止意味着债权人不再享有向债务人主张债权的权利，债务人也不再负有履行债务的义务。

对于债务的履行，业务经理需要确认债务人是否按照合同约定履行了全部义务，并且债权人是否已经确认收到债务义务履行结果。如果是通过抵销、免除或混同等方式终止债务，业务经理应确保这些行为符合法律规定，并且相关文件和手续齐全。

另外，业务经理应确保在债务终止时，所有相关的附随义务（如利息、违约金等）已经全部履行或明确处理，以避免担保人承担额外的责任。

7.54　法定抵销

法定抵销指在法律规定的条件下，债权人和债务人之间互负债务时，可以通过抵销的方式使双方的债权债务关系部分或全部消灭，而无须经过对方的同意。法定抵销的前提是双方互负的债务必须符合一定的条件，如债务的种类相同、债务已到期等。抵销发生后，双方的债权债务关系在抵销的范围内归于消灭。

法定抵销的基础在于公平原则，目的是避免双方在互负债务的情况下重复支付或履行义务，从而简化交易流程，减少不必要的资金流动。

7.55　约定抵销

约定抵销指债权人和债务人通过协商一致，约定以双方互负的债务进行抵销，从而使双方的债权债务关系部分或全部消灭。与法定抵销不同，约定抵销并不要求双方的债务必须已经到期或完全符合法定抵销的条件，只要双方达成一致，即可进行抵销。

约定抵销的核心在于双方的合意，即债权人和债务人通过合同或其他形式的协议，自愿同意以各自的债务相互抵销。约定抵销通常适用于那些不符合法定抵销条件的债务，比如债务尚未到期、债务标的物不同等情况。

7.56 债权人代位权

债权人代位权指在债权债务关系中，当债务人怠于行使其对第三人的到期债权，导致债权人利益可能受损时，债权人可以依法代替债务人行使其对第三人的权利。换句话说，债权人为了保全自己的债权，可以在特定情况下代替债务人向第三人主张权利。这一权利的行使旨在防止债务人因为懈怠或不作为导致债权人的权益受损。

7.57 第三人履行

第三人履行指在债权债务关系中，除了债务人之外的第三方代替债务人履行其应承担的义务。这种履行行为通常是基于第三人与债务人之间的协议约定或法律规定，债权人接受第三人履行后，视为债务人的义务得以履行。第三人履行并不改变原债务关系的性质，债务人仍然是该债务的主体，第三人仅是代为履行义务的角色。

7.58 提存

提存指在债权人不行使债权或债权人下落不明、拒绝接受债务人履行债务等情况下，债务人可以将其应履行的标的物交由提存机关（通常是公证处或法院等法定机构）保管，从而视为债务已经履行完毕，债务人因此免除其履行的义务的一种法律制度。

提存的主要目的是解决债务人无法直接向债权人履行债务的特殊情况，避免债务人因无法履行而承担违约责任。通过提存，债务人可以将履行标的物交给第三方保管，债务视为已经履行，债权人可以在合适的时间从提存机关领取标的物。

有下列情形之一，难以履行债务的，债务人可以将标的物提存。

（1）债权人无正当理由拒绝受领。

（2）债权人下落不明。

（3）债权人死亡未确定继承人、遗产管理人，或者丧失民事行为能力未确定监护人。

（4）法律规定的其他情形。

7.59 善意取得

善意取得指在法律上，第三人以合理的方式从非权利人处取得某项财产（通常是动产或不动产），并且该第三人在取得财产时并不知道或不应知道该财产存在权利瑕疵或被他人主张权利，在这种情况下，法律会保护该第三人的所有权。这一制度的核心在于保护交易的安全和稳定，尤其是在财产的流转过程中，善意第三人的利益应优先于原权利人的利益，以维护交易秩序。

案例解读：A向银行申请了一笔贷款，并将公司的一台高价值的机器设备作为质押物提供给银行。质押合同签订后，机器设备并没有实际交付给银行，而是仍然留在A的工厂中使用。后来，A因为资金周转困难，将这台机器设备卖给了B，并且隐瞒了该机器设备已经质押给银行的事实。B并不知道该机器已经被质押，于是支付了合理的价格购买了这台机器设备，并将其运回了自己的工厂。

根据善意取得的原则，B虽然从无权处分人A手中购买了已经质押给银行的机器设备，但由于他是善意的、有偿的，并且已经取得了该机器设备的占有权，因此B可以合法取得该机器设备的所有权。银行虽然对该机器设备享有质权，但由于其已经被善意第三人B取得，因此，银行的质权也随之消灭。

7.60 孳息

孳息指物因自然生长或因被使用而产生的收益，通常分为天然孳息和法定孳息。天然孳息指物通过自然过程产生的收益，例如果树结出的果实、牲畜的繁殖等；法定孳息则是指物因法律关系或合同约定而产生的收益，例如租金、利息等。孳息的归属通常与原物的所有权相关，即孳息归属于原物的所有者，除非法律另有规定或合同另有约定。